LAW AND PRACTICE

新 アプリ法務ハンドブック

FOR APP BUSINESS

増田 雅史・杉浦 健二・橋詰 卓司 ―― 編著

上田 雅大・白井 俊太郎・末長 祐
門田 航希・中村 太智・古橋 悠 ―― 著

日本加除出版株式会社

まえがき

本書は、2015年に刊行された『アプリ法務ハンドブック』（レクシスネクシス・ジャパン）のコンセプトを引き継ぎ、現代のアプリ法務にとって必要な要素をもれなく盛り込みつつ、ハンドブックとしてのコンパクトさをさらに追求するという意欲的な目標をもとに製作されたものです。法務担当者のお役に立つべきことはもちろん、アプリ事業の現場では事業サイドの主体的な現場判断が求められることも多いことを念頭に、事業責任者・営業責任者や役員層の方々にとっても読みやすい内容とすることを心がけました。

本書は初代ハンドブックと同様、アプリ事業を３つのフェーズに大別し、その段階ごとに押さえておくべき法務トピックを取り上げる構成をとっています。

第１部（アプリ開発フェーズ）では、まず第１章「アプリ開発前に知っておくべき契約・権利保護の基礎」として、法律・契約の基礎をはじめとするアプリ法務の全体像に触れた上で、知的財産権の保護を取り上げています。著作権等を侵害する内容のアプリは当然ながらリリースできないことから、ある意味で最重要のトピックとしていち早く取り上げるものです。次に第２章「アプリ開発にあたり確認・締結が必要な文書とルール」では、アプリストア提供者が掲げるルール（デベロッパー向け規約）も同じく前提として極めて重要となるため、その基本的な成り立ちや内容を解説したうえで、巨大なプラットフォーマーであるアプリストア提供者にまつわる法規制等のトピックにも触れます。

第２部（アプリ提供フェーズ）では、まず、第３章「アプリ利用規約」および第４章「アプリプライバシーポリシー」において、ユーザーとの関係性を規律する上で重要な各ドキュメントについて、実例を交えながら詳細に解説します。続いて、課金を伴うアプリに関して重要な法規制として、第５章「特定商取引法」および第６章「資金決済法」を特に取り上げ、規制の概略を整理しつつ、いわゆる「特定商取引法に基づく表示」や「資金決済法に基づく表示」についても説明します。

第３部（アプリ運用フェーズ）では、まず、第７章「アプリ提供者に課されるユーザー保護規制」として、未成年者や消費者の保護を目的として設けられている様々な法規制を中心に、個別的なトピックを取り上げます。次に、

第８章「広告・キャンペーン・マーケティングに関する規制」として、広告表示に関する規制やキャンペーンに関する規制を、景品表示法を中心として概説します。

このように、本書はアプリ事業にまつわる法務トピックを広く扱いつつ、事業の進捗に合わせた各段階で参照しやすいように情報を整理し、文字どおりのハンドブックとして日々の業務に際して気軽にご参照いただけるよう製作されています。ぜひ本書を手の届きやすいところに置いていただき、現場での積極的な問題の発見・切り分けにつなげていただければと思います。

まえがきの結びとして、本書の制作に快くご賛同をいただいた前著の執筆陣の皆様（小野斉大さん、鎌田真理雄さん、東條岳さん、平林健吾さん）、刊行元が変更される形での全面刷新という難プロジェクトをリードいただいた日本加除出版の盛田大祐さんに、いずれも深く感謝申し上げます。

本書がアプリ事業に関わる皆様の一助となり、ひいては我が国におけるアプリ法務発展の一助となりましたら幸いです。

2022 年 10 月

増田雅史・杉浦健二・橋詰卓司

目 次

第1部 アプリ開発フェーズの法律知識

第2部　アプリ提供フェーズの法律知識

第5章 いわゆる「特定商取引法に基づく表示」とは 178

第3部 アプリ運用フェーズの法律知識

第8章　広告・キャンペーン・マーケティングに関する規制 249

凡　例

本書における主な略称は以下のとおりです。

[略称]	[正式名称]
デジタルプラットフォーム取引透明化法／DPF 透明化法	特定デジタルプラットフォームの透明性及び公正性の向上に関する法律
取引 DPF 消費者保護法／取引 DPF 法	取引デジタルプラットフォームを利用する消費者の利益の保護に関する法律
消費者裁判手続特例法	消費者の財産的被害の集団的な回復のための民事の裁判手続の特例に関する法律
電子商取引準則	経済産業省「電子商取引及び情報財取引等に関する準則」令和４年４月改訂
個人情報保護法	個人情報の保護に関する法律
特定商取引法	特定商取引に関する法律
資金決済法	資金決済に関する法律
出会い系サイト規制法	インターネット異性紹介事業を利用して児童を誘引する行為の規制等に関する法律
青少年インターネット環境整備法	青少年が安全に安心してインターネットを利用できる環境の整備等に関する法律
児童買春・児童ポルノ禁止法	児童買春、児童ポルノに係る行為等の処罰及び児童の保護等に関する法律
景品表示法	不当景品類及び不当表示防止法
プロバイダ責任制限法	特定電気通信役務提供者の損害賠償責任の制限及び発信者情報の開示に関する法律

第1部

アプリ開発フェーズの法律知識

アプリ開発前に知っておくべき契約・権利保護の基礎
他者の権利を侵害しないために気を付けるべきこと
第1章

I 法律・契約の基礎と、アプリ法務の全体像

アプリ事業と法との間には、どのような関係があるでしょうか。契約、知的財産、規制の3つを押さえることで、アプリ法務の全体像が見えてきます。

1 契約の基礎

契約は、当事者間にどのような権利・義務を発生させるか、何を遵守する必要があるかをお互いに合意した場合に成立します。契約に違反した場合には、契約を解除され関係を継続できなくなったり、損害賠償の請求をされたりします。このような形で、法的な拘束力が生じる点がポイントです。

契約書を作ることは必須ではなく、口頭で約束するだけでも契約は成立しますが、実際には契約をしたことの証拠を残すため契約書を作るのが典型的です。しかし、契約条件を一方的に示してそれに同意させる方法でも契約は成立します。アプリ法務の場合、アプリ提供者がユーザーに対して利用規約を示して、ユーザーがそれに「同意」するボタンをタップするなどしてサービスを利用開始したり、アカウントを作成したりするのが典型ですが、そのような明確な「同意」のアクションにより、利用規約に記載された内容で、アプリ提供者とユーザーとの間に契約が成立します（アプリ利用規約について97頁）。

契約関係は、ユーザーとの間のものに限られません。アプリの開発業務を委託する場合、開発業者との間で業務委託契約を締結するでしょうし、アプリストア提供者との間では、逆にサービスの利用者としての立場で、デベロッパー向け規約に従う必要があります（デベロッパー向け規約について44頁）。なおこれに関連して、デベロッパー向け規約の内容・アプリ審査の透明性および公正性の向上を図る目的で、デジタルプラットフォーム取引透明化法が施行されました。アプリ提供者が同法を知っておくことで、アプリストア提供者との問題に対処できる可能性が広がります（同法について83頁）。

このように、アプリ提供者は、アプリ事業に関係するあらゆる主体との間で契約関係を持つこととなりますので、その内容を理解しリスクをコントロールすることは、事業運営上、非常に重要といえます。

2　知的財産の基礎

アプリ事業の運営に際しては、著作権をはじめとする知的財産権その他の権利も意識する必要があります。自らの権利を守ることも大切ですが、それ以上に、他人の権利を侵害しないことが大切です。

とりわけ重要なのは著作権です（著作権について5頁）。著作権は、一定の個性のある表現には自動的に発生している上、そうした表現（データを含みます）をコピーしたり配信したりする行為は、原則として著作権侵害となるためです。いわゆる「パクる」行為にはこうしたリスクがありますし、アプリの開発業務を委託する場合やイラスト・音楽などの制作を委託する場合にも、納品される成果物の著作権その他の権利をどう扱うかは、しっかり契約で定めておく必要があります。

権利の内容や範囲を知ることで、無用な権利侵害を防止でき、自らの権利をどう保護し活用するかも見えてきます。

3　規制の基礎

いわゆる規制には様々な分野がありますが、とりわけアプリ事業においては、主に消費者との関係で問題となる規制を押さえておくべきこととなります。当事者間の問題である契約とは異なり、こうした規制への違反は、規制当局からの様々な制裁、果ては刑事罰といった重大な結果を生むことがあり、規制遵守はたいへん重要です。内容をある程度任意に決められる契約とは異なり、規制は法令という形であらかじめ存在していますので、自社事業がどのような法令に抵触し得るか、広い目線を持つ必要があります。

アプリでは「特定商取引法に基づく表示」というリンクやページをよく見かけると思います。これは、特定商取引法により、オンラインでサービス提供をする事業者には、消費者に対して一定の事項をあらかじめ表示することが義務付けられているためです（特定商取引法について178頁）。また、「プライバシーポリシー」や「個人情報保護方針」といった名称のものも、よく見かけると思います。これは、個人情報の収集や利用をする事業者は、個人情報保護法に基づき、利用目的を明示したりする必要があるためです（アプリプライバシーポリシーについて133頁）。こうした文書はウェブ上でたくさん他社サンプルを参照できるため、気軽に作ってしまいがちですが、そのように一見簡単に作成できるため実は間違いや不十分な内容も多く、また頻繁に法改正が起きる分野でもあることから、注意が必要です。

加えて、アプリ法務の観点からは金融規制、とりわけ資金決済法への留意が必要です。ゲーム分野を中心としてアプリ内で利用可能なポイントを販売したりするサービスを多く見かけますが、こうしたプリペイドの支払手段は「前払式支払手段」として規制され、その発行者は様々な規制を受けることとなります（資金決済法について191頁）。金融規制分野は、消費者保護の観点だけではなく、金融システムに与える影響や、マネー・ローンダリング（資金洗浄）対策といった視点から、他の分野と比較しても厳しい規制が課される場面も多く、一層の注意が必要です。

このほかにも様々な規制が存在しますが、アプリ事業で問題となりやすい規制はある程度絞り込むことができます（ユーザー保護規制について210頁、広告・キャンペーン・マーケティングに関する規制について249頁）。本書では重要性の高いものを中心に、実務上気を付けるべき点も含めて解説します。

Ⅱ　知的財産権の保護

1　知的財産権とは

「知的財産」とは、発明、考案、植物の新品種、意匠、著作物その他の人間の創造的活動により生み出されるもの、商標、商号その他事業活動に用いられる商品または役務を表示するものおよび営業秘密その他の事業活動に有用な技術上または営業上の情報をいいます。また、そのような知的財産について、特許権、実用新案権、育成者権、意匠権、著作権、商標権その他の知的財産に関して法令により定められた権利または法律上保護される利益に係る権利のことを総称して「知的財産権」といいます。

知的財産権は、自身の知的財産を「他人に無断で使用されない」ことをその内容とする権利であり、権利者は、自身の知的財産権を侵害する行為に対して差止めや損害賠償を求めることができます。例えば、アプリの企画段階で、既に存在するサービスやアプリを参考にすることは少なからずあると思いますが、参考にするだけのつもりであっても、もし何らかの形で他社の知的財産権を侵害してしまうと、他社から知的財産権侵害を理由にサービスの差止めを申し立てられたり、損害賠償を請求されたりするという、極めて重大な結果をもたらしてしまう可能性があるのです。

そのため、アプリ開発にあたっては、著作権、特許権、商標権、パブリシティ権などの関係するすべての知的財産権について、第三者の権利を侵害しないよう、事前に調査を行い、必要に応じて第三者から権利の譲渡や許諾を受けることが重要となります。これを実務上は「権利処理」といいます。

また、自社が苦労して開発したアプリについて第三者によるフリーライドを防ぐために、自社開発アプリに関して生じた知的財産権を事前かつ早期に権利化することも重要です。

このように、知的財産および知的財産権は、アプリサービスを開発する上で避けて通ることのできない重要なテーマです。以下では、アプリ開発により第三者の権利を侵害しないようにするためにはどうすればよいかという観点を中心に、アプリ開発に必要な知的財産および知的財産権の基本的な知識について解説していきます。

2　著作権

(1)　アプリ開発における著作権の重要性

アプリで使用される画像、音楽、テキスト、プログラム等は、著作権によって保護される著作物に当たります。著作権は、特許や商標と異なり、保護の対象が登録され公表されるものではないため、自社で制作した著作物が他人の著作物に偶然似通ってしまう場合や、外部に画像や音楽の制作を委託した際等に、他人の著作権を侵害していないかどうかを自社で判断することは容易ではない場合があります。

仮に他人の著作権を侵害してしまうと、著作権者から使用差止請求や損害賠償請求がなされ、アプリの開発や運営を継続できなくなるおそれがあります。また、著作権侵害を認識して行われた侵害行為は、刑事罰の対象ともなります[1]。

また、こうした請求や処罰を受けずとも、開発したアプリが他人の著作権を侵害しているという事実が露見した場合、SNSでの炎上といった形で自社および開発したアプリのレピュテーションが大きく毀損されるリスクがあります。ビジネス上は、こうしたレピュテーションリスクにも向き合う必要

1　著作権法違反の罪は通常、被害者からの告訴がなければ処罰されませんが（このような仕組みを親告罪といいます）、著作権法改正により、2018年以降、販売中の漫画や小説本の海賊版を販売する行為および映画の海賊版をネットで配信する行為は、例外的に告訴がなくとも処罰可能となりました。

図表1―1　著作権侵害リスクの検討ステップ

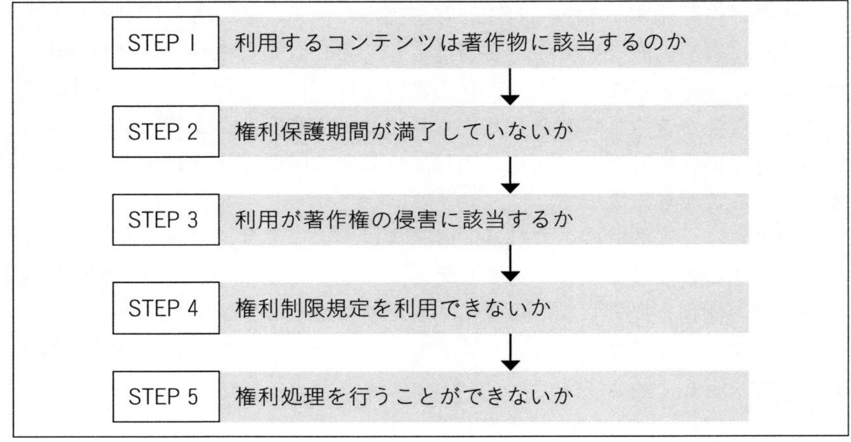

がありますが、著作権侵害はとりわけ炎上しやすいテーマの１つですので、注意が必要です。

このような事態を未然に防ぐため、アプリの企画・開発担当者やアプリ開発法務担当者としては、自社開発アプリが他人の著作権を侵害するリスクに勘所を持ち、自社内外の専門家を活用しながら、当該リスクの分析を実施することが重要となってきます。

具体的には、**図表１―１**のようなステップで、著作権侵害のリスクを検討するのがよいでしょう。

以下では、アプリ開発において著作権侵害リスクがある場面を把握することを目的に、⑵どのようなコンテンツが、⑶どれだけの期間、著作権により保護されるのかを確認した上で、⑷どのような行為が著作権を侵害することとなるのか、⑸どのような行為であれば著作権を侵害しないといえるのか説明していきます。

⑵　著作権が保護する範囲

著作権法上の「著作物」は、著作権によって保護されます。そのため、他人の著作権を侵害していないかどうかの検討の出発点として、利用しようとしている画像や音楽等が著作物に当たるかどうかを検討する必要があります。

著作物とは、「思想又は感情を創作的に表現したものであって、文芸、学術、美術又は音楽の範囲に属するもの」をいいます（著作権法２条１項１号）。

これを次の３つに分解して、特にアプリ開発の観点から、著作物になるもの・ならないものを見ていきましょう。

a　創作的な表現であること（創作性）
b　思想・感情を表現したものであること
c　文芸、学術、美術または音楽の範囲に属すること

a　創作的な表現であること（創作性）

最も重要な要件です。創作性が認められるには、何らかの個性が現れていること、オリジナリティがあることが必要となります。事実をありのまま正確に表現したにすぎないものや、ありふれた表現には創作性は認められません。

この創作性は高度なものである必要はないものの、作品のタイトル、物語の登場人物やキャラクターの氏名・名称等といった個々の細かな表現には、それ単独では創作性はないと一般に考えられています。

(a)　写真

写真は被写体を機械的にフィルムやデータに残すものですが、構図やカメラアングル、被写体の選択や組み合わせ、陰影のつけ方など写真の撮り方において、写真としての創作性が認められる場合があります。もっとも、平面的な絵画や版画などを撮影対象とし、原画をできるだけ忠実に再現した写真は、そうした観点からも創作性が認められず、著作物とはいえません。

もちろん、絵画を撮影した写真に創作性が認められない場合であっても、その絵画自体は著作物であるため、無断使用による著作権侵害とならないよう留意が必要です。

(b)　タイプフェイス

文字のタイプフェイス（いわゆるフォント。以下、「印刷用書体」ともいいます）にも著作物性が認められることがあります。

タイプフェイスの著作物性が争われた裁判では、最高裁が、文字のタイプフェイスが著作物といえるためには、「それが従来の印刷用書体に比して顕著な特徴を有するといった独創性を備えることが必要であり、かつ、それ自体が美術鑑賞の対象となり得る美的特性を備えていなければならない」と判断しました。この裁判で問題となったタイプフェイスの著作物性は否定され

ましたが[2]、タイプフェイスも著作物となり得ることを一般論として最高裁が認めた点は重要です。

(c) コンピュータープログラム

コンピューターのプログラムも著作物となることがあります。アプリはプログラムによって構成されていることから、アプリ自体も同じく著作物となるでしょう。ただし、プログラムの表現に選択の余地がない場合や、表現の選択の幅が著しく狭い場合には、著作物に当たらないと考えられています。

なお、プログラムを構成しているプログラム言語、プロトコルやアルゴリズムについては、著作権法による保護は及んでいません。これらは具体的な表現というより、アイデアやルールといえるものです。こうしたアイデアやルールを自由に利用できなくなると、表現行為自体ができなくなり深刻な影響が生じるためです。

(d) タイトル・キャッチフレーズ

先述のとおり、作品のタイトルなどのごく短い表現には創作性が認められないとされています。例えば、英会話教材の広告に掲載された「音楽を聞くように英語を聞き流すだけ　英語がどんどん好きになる」「ある日突然、英語が口から飛び出した！」などのキャッチフレーズや、「マナー知らず大学教授、マナー本海賊版作り販売」という新聞見出し記事は、裁判の結果、著作物が否定されました[3]。

作品のタイトルなどの表現は、それ単体では著作物としての保護は受けないものの、後述の著作者人格権によって保護を受ける点には留意が必要です。例えば、他人のマンガのタイトルを勝手に変更することは著作者人格権の侵害となり得ます。

(e) アプリの名称・ロゴマーク・アイコン

アプリの名称、ロゴマークなどについては、単に文字を意匠化しただけでは著作物性は認められません。デザイン書体に著作物性が認められるのは、

2　最高裁平成12年９月７日判決・民集54巻７号2481頁

3　一方で、「ボク安心、ママの膝よりチャイルドシート」という交通標語の著作物性が問題となった裁判では、著作物性が肯定されています。５・７・５という制約のある中での表現であるため、他のものと一概には比較できませんが、表現の長さだけで著作物性が簡単に決まるわけではないことには、留意が必要です。

図表１―２

Asahi　Asahi

上記(b)でタイプフェイスに関して説明したような場合に限られるからです。例えば、図表１―２の各ロゴマークについて、「ありふれたものであって、デザイン的特徴とまではいえない」「「Ａ」の書体は他の文字に比べてデザイン的な工夫が凝らされたものとは認められるが、右程度のデザイン的要素の付加によって美的創作性を感得することはできず、右ロゴマークを著作物と認めることはできない」として、著作物性を否定した裁判例[4]があります。

以上のとおり、イラストやキャラクターと文字が複合的に組み合わされたようなロゴや、極めてデザイン性の高いフォントでなければ、アプリのロゴマークに著作物性が認められることは稀と考えられます。また、スマートフォンアプリのアイコンにも著作権が生じる可能性はありますが、例えば通話アプリやカメラアプリなどのアイコンは、受話器やカメラの本体・レンズなどを意匠化したデザインとする以外に、表現の選択肢の幅が狭く、ありふれたデザインにならざるを得ないため、著作権が発生するケースは多くないでしょう[5]。

Column　キャラクターの著作物性

アニメや漫画のキャラクターには当然著作権が認められるというイメージがあるかもしれませんが、実際には違います。具体的な表現を離れて、キャラクター自体が著作物として直接保護されることはありません。

これは、著作物に当たるのはあくまで「表現」だからです。例えば、ゲームの世界観やアニメのキャラクターの設定は、（その見た目に関する

4　東京高裁平成８年１月25日判決・判時1568号119頁［「Asahi」ロゴマーク事件］
5　ただし、著作物性が認められない名称、ロゴマーク、アイコンであっても、別途商標権による保護が及ぶ場合があることは注意が必要です（後記４「商標権」参照）。

図表１―３

図表１―４

情報であっても）アイデアのレベルにとどまるもので、それ自体は著作物とは認められません。これに対し、イラストなどの具体的な表現となったものは、著作物として保護されるでしょう。

キャラクターの著作物性に関する著名な事案が「ポパイネクタイ事件」です[6]。原告は、著作権を有する一話完結形式の漫画である「シンプル・シアター」（**図表１―３**）の主人公であるポパイの図柄（**図表１―４**）を付したネクタイを販売する被告に対して、ネクタイの販売の差止めおよびネクタイからの同図柄の抹消を求めました。最高裁は、「一定の名称、容貌、役割等の特徴を有する登場人物が反復して描かれている一話完結形式の連載漫画においては、当該登場人物が描かれた各回の漫画それぞれが著作物」に当たるとし、具体的な漫画を離れた、いわゆるキャラクターの著作物性を否定しました。その理由として、「キャラクターといわれるものは、漫画の具体的表現から昇華した登場人物の人格ともいうべき抽象的概念であって、具体的表現そのものではなく、それ自体が思想又は感情を創作的に表現したものということができないから」であると述べています。

したがって、アプリにキャラクターがその名称のみで登場したとしても著作権侵害にはなりません。ただし、イラストやアニメの画像・映像

6　最高裁平成９年７月17日判決・民集51巻６号2714頁。図表は同判決より引用。

などを無断でコピーして利用する行為は複製権侵害として、また、ポーズ等を変更して自らイラストなどを作成する行為も翻案権侵害として、いずれも著作権を侵害することになります。
　また、冒頭でも述べたように、特に一般向けのアプリを開発するにあたっては、既存のアイデアの「パクり」であると世間から評価されることは、アプリや開発会社のイメージダウンにつながります。著作権侵害に該当しないアイデアの模倣であっても、慎重な検討をすべきでしょう。

b　思想・感情を表現したものであること

「思想又は感情」が表現されたものであるといえるためには、「人の考えや気持ち」といった精神活動の結果が現れたものであることが必要です。「人の考えや気持ち」が含まれない、単なるデータや歴史的事実は思想・感情が表現されたものとはいえず、著作物とはいえません。また、事実の伝達にすぎない雑誌および時事の報道は、著作物でないことが著作権法上も明らかにされています。
　歴史を扱う著作物を例に挙げると、歴史的事実自体は題材にすぎないので著作物に当たりませんが、その題材をベースに具体的に表現した文章表現（歴史小説）や、歴史的事実をもとに製作されたアプリ（いわゆる歴史モノアプリ）については、著作物に当たる可能性があります。
　また、データや事実を集積したものであっても、「素材の選択又は配列」によって創作性を有するといえる新聞や百科事典などの編集物や、「情報の選択又は体系的な構成」によって創作性を有するような一部のデータベースは、いずれも著作物として認められています。
　他にも、スポーツやゲームのルールも思想・感情が含まれていると考えられることがあり、これらのルールが表現された規則書や解説書が著作物に該当することがあります。裁判になった具体的な事案としては、ゲートボール競技に関する規則書やタロットカードのゲームの解説書に著作物性が認められた例があります。競技結果のうち、特に知的活動の産物といえる将棋の棋譜などについては、著作物かどうか議論があるところです。

c　文芸、学術、美術または音楽の範囲に属すること

ある表現が、文芸、学術、美術または音楽の範囲に属しているといえるためには、広く知的・文化的な範囲に含まれていればよい、という程度に考え

図表1―5

られています。著作物性を否定する要素とはなりづらく、実務上もあまり重視されません。

なお、純粋美術と異なり実用性、有用性を備えた美術（いわゆる応用美術）についても、著作物性が認められることがあります。例えば、「実用的機能を離れて美的鑑賞の対象となり得るような美的特性を備えている場合には、美術の著作物」と認められるとして、大阪城のピクトグラム（図表1―5）について著作物性を肯定した裁判例があります[7]。

(3)　著作権の保護期間

著作物には著作権が発生しますが、法定の保護期間が満了すると著作権は消滅します。保護期間は国ごとに異なりますが、日本の著作権法が定める保護期間は図表1―6のとおりです[8]。

図表1―6　著作権の保護期間

著作物の種類	保護期間
実名で公表された著作物	著作者の死後70年
共同著作物	最後に死亡した著作者の死後70年
無名または変名（ペンネーム等）の著作物	公表後70年（ただし、存続期間の満了前にその著作者の死後70年を経過していると認められるものは、その著作者の死後70年を経過したと認められる時）

7　大阪地裁平成27年9月24日判決・判時2348号62頁。図表は裁判所ウェブサイト「知的財産裁判例集」に掲載されたものを引用。

8　いずれも「70年」で統一されていますが、かつては一律50年であったものが、映画の著作物だけ先行して70年となり、その後、2018年施行の著作権法改正によって70年に統一されるという経過をたどりました。改正前に保護期間が満了した著作権は復活していませんので、保護期間延長のはざまにある著作物については、著作権が残っているかどうか慎重に判断しましょう。

団体名義の著作物	公表後70年（ただし、その著作物がその創作後70年以内に公表されなかったときは、その創作後70年）
映画の著作物	公表後70年（ただし、その著作物がその創作後70年以内に公表されなかったときは、その創作後70年）
著作者人格権	著作者の生存中（ただし、著作者人格権を侵害する行為などは、著作者の死後も禁止される）

なお、上記保護期間は、著作者の死亡日、著作物が公表された日、または著作物の創作の日ではなく、その日の属する年の翌年の１月１日から起算することとされています。例えば、実名で公表された著作物の著作者が2020年５月21日に死亡した場合には、その著作物の著作権の保護期間は、2021年１月１日に起算され、70年が経過する2090年の年末に満了します。このルールにより、著作権は公表の日付にかかわらず一律に年末まで保護されることとなります。

⑷　著作権を侵害する行為

著作物をどのように利用すると、著作権の侵害に当たるのでしょうか。

この点を理解するためには、著作権によってどんな権利が守られているのかを知る必要があります。

a　著作権と著作者人格権

著作物を創作した人、つまり「著作者」には、著作権と著作者人格権が発生します。このうち著作権は他人に譲渡可能であるため、著作権を有する者を「著作権者」と呼んで、「著作者」と区別することがあります。

⒜　特に重要な「複製権」と「翻案権」

著作権は、複数の権利の束となっています。この複数の権利のことを「支分権」と呼ぶことがあります。実際に含まれている権利を列記すると、複製権、上演権及び演奏権、上映権、公衆送信権、口述権、展示権、頒布権、譲渡権、貸与権、翻訳権、翻案権等および二次的著作物の利用権といった様々な種類のものがあります。アプリ開発において最も留意が必要なものは、複製権、公衆送信権と翻案権です。

著作物を無断で複製すると、複製権侵害となります（著作権法21条）。「複製」とは、印刷等の方法によって有形的に実質的に同一ものを作ることをいいます。要するに表現を再現してしまうような行為全般が「複製」に該当することとなり、その典型例は、スキャナーによるスキャン、コピー機による複写、録音録画等です。例えば他人のイラストや楽曲のデータをコピーする行為は、複製権の侵害に当たる可能性があります。

著作物を無断で不特定または多数の人物に送信したり、閲覧できる状態にしたりすると、公衆送信権侵害となります（同法23条）。アプリ上で著作物を利用すると、必然的にこうした行為を行うことになりますので、複製権侵害とセットで問題となりやすい権利です。

著作物を無断で「翻案」すると、翻案権侵害となりますが（同法27条）、「翻案」は少々聞きなれない言葉かもしれません。日常用語としては、改変する行為全般が「翻案」に該当しますが、最高裁によれば、もとの著作物の表現上の本質的特徴を直接感じられるような形で改変すると、翻案権侵害となります[9]。例えば、他人の創作した物語を改変してアプリゲームのストーリーとして流用する行為は、翻案権の侵害に当たる可能性があります。

翻案について重要なのは、翻案の結果として生まれた新たな表現物も、別の著作物となり得ることです。これを「二次的著作物」といいます。新たな著作物ですから、その創作をした人物が著作者となり著作権を得ることとなりますが、もとの作品の著作権者は、この新たな作品についても複製や翻案を禁止することができる権利を有することになります（二次的著作物の原著作者の権利。同法28条）。

(b)　著作者人格権

著作者人格権は、著作者が自己の著作物について有している人格的利益を対象とした権利です。公表権、氏名表示権、および同一性保持権から構成されています。

公表権（著作権法18条）とは、著作物を公表するかどうか、公表の時期や方法を決定する権利です。例えば、未公表の著作物を著作者に無断で公表した場合や、著作者の了承した方法と異なる方法で公表した場合に問題となります。

氏名表示権（同法19条）とは、著作物が公表される場合に、著作者の名義を表示するかどうか、表示する場合の名義を決定する権利です。例えば、複

9　最高裁平成13年6月28日判決・民集55巻4号837頁［江差追分事件］

数のペンネームを使い分けている作家が著作物に表示するペンネームを指定する権利です。

同一性保持権（同法20条）とは、作品の内容やタイトルを著作者の意に反する形で改変されない権利です。前記の翻案権侵害よりも更に広く、改変行為全般が同一性保持権侵害となり得ます。いわゆるパロディ行為は、原作の内容に何らかの改変を加えることが多いため、著作者の承諾が得られない場合には同一性保持権の侵害となることがほとんどでしょう。

これらの著作者人格権は、著作者の人格的利益と密接に結びついたものであることから、他者への譲渡ができません。また、著作者が死亡した場合には相続されずに消滅します。この点は、他者への譲渡や相続が認められている著作権とは大きく異なります。

もっとも、前記図表1―6のとおり、著作者の死後も、著作者の著作者人格権を侵害するような行為は禁止されています。

b　依拠性と類似性

著作物をそのまままたは改変して利用する行為は、前記のとおり複製権・翻案権の侵害に当たる可能性があります。しかし、著作権侵害となるためには、単に表現のコピーや改変行為がされただけでは足りず、その行為者が、もとの著作物を知った上でそれをした（これを「依拠」といいます）といえる必要があります。

そのため、例えばアプリ開発に自ら作成したイラストを使用したところ、偶然、他人のイラストと似通ってしまった場合や、自ら作曲した音楽をBGMに使用したところ、偶然、他人が作曲していた音楽のメロディーと似通っていることが判明した場合には、複製権・翻案権の侵害に当たりません。

この「依拠」性については、著作権侵害が疑われている物の作成経緯が問題となります。偶然似てしまったと主張しても、特徴的なデザインやメロディー等についてあまりにも似通っている場合には、依拠していない限りこれほど類似することは経験則上考えられない、よって著作権侵害である、と評価されがちです。

また、翻案権侵害となるためには、前記のとおり、侵害者側の表現が原著作物の表現上の本質的な特徴を直接感じられるものであることを要します。

実際には、この「依拠」や翻案権侵害の有無は、次に紹介する事例のように判断が難しいことが少なくありません。

図表１―７

図表１―８

(a)　釣りゲーム事件

携帯やスマートフォンのゲームにおける著作権の侵害の有無が問題となった事案として、携帯電話用釣りゲーム「釣りゲータウン２」が、「釣り★スタ」の著作権（翻案権）を侵害しているとして、訴訟が提起された事案があります[10]。

問題となったのは図表１―７（「釣り★スタ」のもの）と図表１―８（「釣りゲータウン２」のもの）の釣りの際の「魚の引き寄せ画面」ですが、第一審は翻案権侵害を認め、控訴審は翻案権侵害を否定しました。

控訴審である知財高裁判決では、釣りゲームにおいて、「水中のみを描くことや、水中の画像に魚影、釣り糸及び岩陰を描くこと、水中の画像の配色が全体的に青色であること」はありふれた表現であり、「水中を真横から水平方向に描き、魚影が動き回る際にも背景の画像は静止していることは、原告作品の特徴の１つでもあるが、このような手法で水中の様子を描くこと自体は、アイデア」というべきであるとしました。また、同判決は、「三重の同心円を採用することは、従前の釣りゲームにはみられなかったものであるが、弓道、射撃及びダーツ等における同心円を釣りゲームに応用したものというべきものであって、釣りゲームに同心円を採用すること自体は、アイデアの範疇に属するものである」として、「原告作品の魚の引き寄せ画面との共通部分と相違部分の内容や創作性の有無又は程度に鑑みると、被告作品の魚の引き寄せ画面に接する者が、その全体から受ける印象を異にし、原告作品の表現上の本質的な特徴を直接感得できるということはできない」として、翻案権の侵害を否定しました。

10　知財高裁平成24年8月8日判決・判タ1403号271頁

(b)　ドリームナイン事件

野球の携帯電話ゲームにおいて、野球選手の写真を用いたカードの表現が、他社の類似ゲームのカードについて複製権・翻案権を侵害しているのかが争われたドリームナイン事件も、複製権・翻案権の侵害の判断が難しいことを示しています。この事件の控訴審である知財高裁は、問題となった４名の選手のカードのうち２名のカードについてはスイングや投球の躍動感や迫力の類似性を指摘して、表現上の本質的特徴を同一にしていると評価しつつも、他の２名のカードについては選手の躍動感や迫力の違い、放射線状の閃光の表現の有無、選手の動きの違いなどを指摘して翻案権侵害を否定しています。

これらの事案が示すように、著作権侵害の判断は、表現の微妙な違いに左右され、その判断基準は一般には大変わかりづらいものです。アプリ開発の際にリスクありと感じた場合には、慎重な検討を心がけましょう。

c　みなし侵害規定

著作権や著作者人格権の侵害に当たる行為のほか、著作権法は一定の行為を著作権等の侵害とみなす旨の規定を置いています。アプリに関しては、著作権や著作者人格権を侵害する行為によって作成された物を、そのことを知って頒布する行為や、著作権を侵害して複製されたいわゆる海賊版プログラムなどを、そのことを知って取得して使用する行為が問題となりやすい行為類型です。

(5)　他人の著作権を侵害しないために

a　著作権の制限規定

著作物を利用する場合、常に著作権者の許諾が必要なわけではありません。許諾がなくても著作物を利用できる場面を定める著作権法の規定を権利制限規定といいます。私的利用のための複製、図書館等における複製等、教育機関における複製等など多くの場面が定められています。

この中で、アプリ開発との関係において重要となるのは、引用による権利制限です（著作権法32条）。著作権法に定められている要件は、かなり抽象的です。ざっくりいえば、「公正な慣行に合致するものであり」、「目的上正当な範囲内」であれば、無許諾でコピーして利用できますが、これだけではよくわかりません。実際にポイントとなるのは、以下の６要件です。

①引用する必要性があること：これが大前提です。その著作物を使う必然性まではなくともよいのですが、例えば「スペースを埋めたいから写真を貼り付ける」といった行為は、適法な引用とは認められません。

②公表された著作物の引用であること：未公表の著作物は、適法に引用できません（著作者の公表権について前記(4)a(b)参照）。

③引用している方が主で、引用されている方が従の関係にあること（主従関係）：いくら「引用した」といっても、引用した部分がほとんどを占めているような場合、適法な引用とはなりません。例えば、ニュース記事を転載して一言加える、といった形式の利用は著作権侵害となります（後記コラム「キュレーションアプリと引用」参照）。何パーセント以下であれば大丈夫、といった明確な線引きはできませんが、引用されている著作物の割合が地の部分（自らの表現部分）よりも多いと、多くの場合は適法な引用とは認められないでしょう。

④引用している方と引用されている方が、明瞭に区別できること（明瞭区別性）：例えば文章であれば、カッコで括る、本文と異なるインデントを設定するなどして、引用している部分を明白にする必要があります。

⑤引用した著作物の出所を明示すること：通常、上の明瞭区別性とセットになるのが、出所の明示です（同法48条）。引用した部分について、どこから引用したのか明記する必要があります。具体的な方法は慣行による部分も大きいのですが（例えば学術誌であれば、学会や雑誌ごとにルールがあるはずです）、インターネット上の著作物を引用するのであれば、ウェブサイトのタイトル、具体的に引用するページや記事のタイトル、URLを記載すれば概ね適切でしょう。

⑥著作者の意に反する改変をしていないこと：著作者には、自己の著作物を意に反して改変されない権利がありますが（同一性保持権について前記(4)a(b)参照）、上記①〜⑤の要件を満たしているのであれば、翻訳して引用をすることは著作権法上も許されています。ただし、「要約」しての引用が許されるかは、条文上ははっきりしません。要約した結果、著作者の意図が捻じ曲げられてしまう場合もあり得るでしょう。しかし、忠実に引用しようとするとコピーの範囲が大きくなりすぎるような場合にまで、一切の要約を許さないのは本末転倒です。引用する目的や文脈に応じて、原文の趣旨に忠実な形で要約をするような場合には、許されることも多いと思われます。

Column　キュレーションアプリと引用

キュレーションアプリ、つまりニュース記事やブログ記事などのコンテンツから収集した情報をまとめたり分類（キュレーション）したりするアプリは、第三者の著作物を利用することとなりますが、引用の要件を満たすでしょうか。結論としては、引用の要件を満たす余地はあるものの、多くのコンテンツに特段の論評などを加えることなく閲覧を容易にするというキュレーションアプリの性質上、引用の要件を充足するケースは稀といえるでしょう。したがって、第三者の著作物を利用する際には、利用許諾を得ることが原則となります。

また、ニュース記事の見出しのような、事実を短いを言葉で伝えるものにすぎないため著作物性がないと考えられるものについても、自由に利用できるかどうかは一度立ち止まって考える必要があります。著作権では保護されない場合でも、民法上の不法行為が成立するとした裁判例[11]があるからです。この裁判例では、新聞社が、自社の運営するウェブサイト記事の見出しをウェブサイト上で自動的に表示する機能を提供していた業者を相手として、記事の見出しの著作権侵害を主張したというものです。裁判所は、記事の見出しが著作権法10条2項に定める「事実の伝達にすぎない雑報及び時事の報道」に該当するとして著作物性を否定する一方で、その制作にあたっては工夫や多大な労力が費やされていることや、見出し自体が独立の取引対象になっていることなどから、法的に保護された利益があるとして、業者の行為について不法行為の成立を認め、損害賠償を命じました。

その後、同法において保護の対象外とされているものについては、民法上の不法行為によっても保護されないと判示した最高裁判例[12]が出たため、上記裁判例の先例的価値について疑問を呈する意見もあります。しかし、この最高裁判例は、著作権法で保護の対象としている利益（ある著作物を独占的に利用できる利益）以外の、営業権や思想・信条の自由などが侵害された場合の不法行為の成立を否定したものではないと考えられており、著作物でないものであっても、その利用態様によっては、

11　知財高裁平成17年10月6日判決・裁判所ウェブサイト［ヨミウリ・オンライン事件］
12　最高裁平成23年12月8日判決・民集65巻9号3275頁［北朝鮮映画事件］

無断利用が不法行為を成立する余地は未だにあると考えられます。
また、キュレーションアプリと類似する話として、記事にリンクを張る行為についてはどうでしょうか。著作権法上は、リンク元で複製も公衆送信も行われていない以上、複製権侵害も公衆送信権侵害も成立しませんが、やはり利用態様によっては、営業権侵害などの理由で不法行為が成立する余地があるといえるでしょう。

b　権利処理による対応

(a)　権利者からの利用許諾（ライセンス）

アプリ開発において、他人の著作物の利用をする必要が生じた場合で、当該著作物の保護期間は満了しておらず、権利制限規定を用いることもできない場合には、権利処理を行うことによって、著作権の侵害を回避することとなります。

実務上最も多い権利処理方法は、著作権者と利用許諾契約（いわゆるライセンス契約）を締結し、一定の金銭支払いと引き換えに著作物について利用許諾（ライセンス）を受けるというものです。

ライセンス契約においては、著作物のあらゆる利用について無限定に許諾を受けることは稀で、一定の期間、一定の利用行為に限定して許諾を受けることが通常です。著作物の利用が権利侵害とならないようにするためには、許諾を得たい利用行為について、できるだけ具体的な利用行為・態様を明記することが重要です[13]。また、許諾が自社に対する独占的なものであることを合意することで、契約期間中の他社による同様の利用行為を防ぐこともあります。そうしたライセンスを「独占的ライセンス」といいます。

さらに、著作者人格権については、譲渡や許諾ができない権利であるため、ライセンス契約の中で、著作者人格権を行使しないこと（不行使特約）を定めるようにするとよいでしょう。

(b)　権利者からの著作権譲渡

外部に著作物の制作を委託する場合などには、その著作物の著作者から著

13　このような方法を取らず、「複製」や「公衆送信」など、支分権に沿って許諾の範囲を記載しているライセンス契約書を見かけることもありますが、結局どのような行為を具体的に許していたのかがわかりづらく、あとで契約の解釈が争われるなど紛争の原因となりますので、あまりお勧めできない方法です。

作権の譲渡を受けるという処理も多く行われます。

例えば、アプリ内で使用するイラストの制作を外部のイラストレーターに委託する場面を想定しましょう。この場合、イラストレーターが描いたイラストは著作物であり、イラストレーターは著作権と著作者人格権を有します。仮にこのイラストレーターとの間で著作権に関して何らの取り決めをしていなかった場合には、納入されたイラストのデータをアプリ内で使用するためにコピーし、アプリを配信することが複製権や公衆送信権を侵害し、アプリ内での用途に合わせて色を変更するなど改変する場合には、翻案権や同一性保持権の侵害となりかねません。このような帰結を避けるため、実務上は、イラストレーターとの業務委託契約（制作委託契約）では、委託業務の中で制作されたイラストの著作権をイラストレーターから委託者（アプリ開発者）に対して譲渡し、著作者人格権を行使しないことを規定することが一般的です（ただし、著作権の譲渡ではなく、利用許諾で処理する場合もあります）。

重要な注意点として、著作権の譲渡を行う場合、すべての著作権の譲渡を受けたことを明確にするためには、契約書で、譲渡の対象となる著作権について「（著作権法第27条および第28条の権利を含む。）」と明記する必要がありますので、忘れないようにしてください。なぜなら、著作権法上、翻案権（同法27条）と二次的著作物の原著作者の権利（同法28条）については、譲渡の目的として特掲されていない限り、譲渡者に権利が留保される（譲渡されていない）と「推定」されてしまうからです（同法61条２項）。

(c)　音楽著作権管理団体からの使用許諾

アプリにおいて、音楽の利用は欠かせませんが、音楽については多くの楽曲が（楽曲の制作者ではなく）、音楽著作権管理団体により管理されているという実情があり、それらの管理団体から楽曲の使用許諾を得なければならない場合があることに注意が必要です。

特に、日本で最大の音楽著作権管理団体であるJASRAC（一般社団法人日本音楽著作権協会）に音楽著作権の管理を任せている作家は、楽曲の著作権について、その作家が保有するすべての著作権および将来取得するすべての著作権の管理をJASRACに任せることになっており、もし作曲等を依頼した作家が、自身の作品の著作権管理をJASRACに任せている場合には、新たにアプリ用に作曲してもらった楽曲も自動的にJASRACにより管理されることになるため、楽曲の使用許諾は作家ではなくJASRACから受ける必要があります[14]。仮に、アプリ制作者から作家に対して対価の支払いを行ったとしても、JASRACはアプリにおいて使用された楽曲の使用料を徴収することができ、二重に対価を支払うことになってしまいますので、注意してください。

なお、JASRACにおいては、ゲームで使用する音楽の管理の特例が認められており、ゲーム製作者からの依頼を受けて制作された楽曲（ゲーム委嘱作品）については、ゲーム製作者と著作者との間で合意した一定の範囲内の利用についてJASRACへ使用料の支払いは不要となります。「一定の範囲内の利用」としては、ゲームそのものへの収録は当然として、その流通（配信）や、広告などにおける利用（録音、配信や、イベント等における利用など）が含まれると考えられます。また、これらに限られず、続編ゲームにおける利用や、音楽配信やサントラCDなどの利用、ゲーム実況の配信・録音等の利用についても、「一定の範囲」に含まれると考えられます。

なお、ゲーム委嘱作品とするためには、JASRACに提出する作品届において委嘱作品であることを明記しなければならないといった留意点もあります。ゲーム委嘱作品としての利用を検討している場合は、JASRACと協議の上で登録、利用を行うとよいでしょう。

(d)　シナリオの著作権管理団体からの使用許諾

ゲームなどのアプリ開発で、シナリオの作成を外部のシナリオライター等の作家に依頼する場合がありますが、シナリオについても、基本的には他の著作物の権利処理と同様に、利用許諾や著作権の譲渡を受けることで権利処理をすることができます。

ただし、シナリオの作成を依頼した作家等が、「協同組合日本シナリオ作家協会」や「協同組合日本脚本家連盟」などの著作権管理団体に著作権の管理を任せている（信託している）場合には、音楽著作権についてJASRACに管理を任せている場合と同様に、将来的な著作物も含めて著作権管理団体による管理対象になります。この場合、シナリオ制作の対価とは別に、そのシナリオの使用料を著作権管理団体に支払う必要があります[15]。当該使用料は、

14　JASRAC以外の権利管理事業者である株式会社NexToneでは、権利の信託ではなく、管理委託契約による管理が行われているため、JASRACと同様の問題は起こりません。

15　シナリオについては、音楽についてJASRACが設けているゲーム委嘱作品のような例外はありません。仮に管理団体に加盟している作家との間で、作家が団体経由の使用料の徴収を希望せず、いわゆる権利の「買い切り」でもよいとの合意ができている場合でも、まずは管理団体に相談してみるとよいでしょう。

放送やビデオグラムなどの典型的な利用を除いては、明確な基準がなく協議の上定めることになるため、これらの管理団体に加盟している作家にシナリオ制作を依頼する場合には、事前に管理団体に連絡して、使用料の決定や権利処理の手順などを確認しておくとよいでしょう。

(e) 表明保証による手当て

アプリ開発において使用するイラスト、楽曲、プログラム等の制作を外部に委託する場合、委託先がどのように成果物を制作したのかを逐一確認することは現実的ではなく、その成果物が他人の著作権を侵害するか否かを確認することは通常困難です。

そこで実務上は、業務委託契約の際、その成果物が他人の知的財産権を侵害するものでないことを委託先に保証させる条項（表明保証条項）を規定することが一般的です。受託者はこれに違反した場合、業務委託契約への違反として損害賠償などの制裁を受けることとなりますので、委託者であるアプリ開発者は、アプリ開発に伴う著作権侵害のリスクを一定程度抑えることができます[16]。

(6) 自社の著作権を守るために

開発したアプリ（およびアプリを構成するプログラム等）に発生する著作権の管理や活用も、アプリビジネスを行う上で重要です。

法人等の事業として従業員等がアプリ開発を行った場合や、複数名の個人や複数の法人等でアプリ開発を行った場合に、そのアプリの著作権は誰に認められるのでしょうか。

a 職務著作

著作権は原則として、その著作物を創作した者、すなわち著作者に発生します。この原則によれば、アプリの著作権もまた、実際にプログラム等を記述した個々のエンジニア等の作業者に帰属することとなりそうです。

しかし、著作権法は、①法人等の発意に基づいて、②従業員等が職務上作成する著作物で、③その法人等が自己の著作の名義の下に公表するものの著

16　もっとも、実際に委託先が第三者の知的財産権を侵害してしまった場合には、その成果物を利用するアプリ開発者も同様に著作権を侵害していることとなります。表明保証条項がこうしたリスクまで解決するものでない点には、注意が必要です。

作者は、④契約等で特段の定めのない限り、その法人等となる旨を定めています（同法15条１項）。さらに、プログラムの著作物に関しては、それ自体が公表されることは稀であることを考慮し、自己の著作の名義の下に公表をせずとも（上記③参照)、その法人等が著作者となる旨を定めています（同法15条２項)。

アプリについては、通常は後者の方の規定の適用を受ける結果、会社のビジネスとして従業員が業務上作成したといえる場合には、契約で特別の定めがない限り、そのアプリの著作権は当該会社に認められることになります。

また、実際のアプリ開発には、会社と直接の雇用関係にない者（取締役、派遣会社との契約関係に基づいて派遣されてきた派遣労働者等）も関与する場合がありますが、職務著作が認められる範囲は従業員に限定されません。従業員と同様の指揮命令系統の下で働く者であれば、同様に職務著作が成立することとなります。

以上のように、著作権法上にも一定の定めがあることから確認的な趣旨となることもありますが、トラブル回避のためにも、雇用契約や就業規則の中で職務著作の取扱いを明記しておくことが一般的です[17]。

b　共同著作

将来的には起業を考えているものの、現時点では従業員等ではない何人かの個人が協力してアプリを開発した場合や複数の企業でアプリを開発した場合の著作権は、どのように取り扱えばよいのでしょうか。

著作権法は、複数の者が共同して創作したものであって、各人の寄与を分離して個別的に利用することができないものを「共同著作物」と定義し、その著作権は、共有者全員の合意によらなければ行使することができないとしています（同法65条２項)。著作者人格権も同様に、著作者全員の合意によってのみ行使できます（同法64条１項)。

これらの意味するところは、一部の者が利用したいと思っても、他の者が反対すれば著作物の利用自体をすることができない、ということです。個人間で共同してアプリを開発するような場合には、誰かが反対すれば、せっかく作ったアプリを公表できなくなるおそれがあります。このような事態を防

17　業務委託という整理で関与しているエンジニアとの関係では、そもそも指揮命令関係がないと判断される可能性があり（偽装請負となるリスクを回避する観点からは、むしろ労働法上は指揮命令関係がないと整理する必要がありそうです)、業務委託契約の中で著作権に関する整理をしておくことが重要となるでしょう。

ぐためにも、共同著作権の取扱いについては、書面等によりあらかじめ合意を行っておくことが望ましいといえます。原則として共同著作権者の各自が自由に利用や許諾をできることとし、例外的に事前協議が必要なケースを定めておくといった具合に、できるだけ自由度を増やすやり方が考えられるほか、映画やアニメなどで用いられる製作委員会方式でよく見られるやり方としては、共同著作権者の中で利用態様に応じた担当者を決めて、その範囲では当該担当者が自由に利用や許諾をできることとし（この担当者を「窓口」と呼び、担当分野で自由に利用できることを「窓口権」と呼んだりします）、その結果得られた収入は所定の算定式で各共同著作権者に分配する、といった方式も考えられます。

3　特許権

(1)　特許権とは

特許権は「発明」を保護する権利です。特許権を実施する権利を有しない者が、特許として登録されている発明を「実施」した場合に、特許権者は、その行為の差止めや損害賠償を求めることができます。

「発明」とは、「自然法則を利用した技術的思想の創作のうち高度のもの」（特許法２条１項）とされ、スポーツやゲームのルールといった人為的な取り決め等は含まれません。また、「実施」とは、発明の生産、使用、譲渡等の行為をいい、発明がプログラムである場合にはインターネット等による配信をする行為も含まれます（同法２条３項）。

特許というと、スマートフォンをはじめとする電子機器などの高度な製品を思い浮かべる人が多いかもしれませんが、特許が及ぶものは、そうした物体としての製品に限られません。ゲームに関して特許権侵害が争われた例も増えてきており、アプリ開発の領域においても、他社特許の調査・他社とのライセンス契約といった特許対応の必要性が高まっています。

例えば、近時耳目を集めたケースとしては、コロプラの人気スマートフォンゲームである「白猫プロジェクト」で用いられている「ぷにコン操作システム」（画面内に表示されるバーチャルパッドをタッチしてキャラクターを操作するシステム）のプログラムが、任天堂の保有しているプログラム特許を侵害しているとして、任天堂がコロプラを提訴し、最終的にコロプラが33億円もの和解金を支払ったという事例があります。

また、プログラムの発明そのものではなく、ビジネス方法の発明にも特許権が生じることがあり（ビジネスモデル特許）、特にコンピューターやソフトウェアを用いたビジネスモデル特許が多くあります。

ビジネスモデル特許について争われた事例として、家庭用ゲームに関するものですが、コーエーテクモゲームスのケースが知られています。同社の人気ゲームである「真・三國無双」シリーズなどで前作のソフトをゲーム機本体に入れると続編で新たなキャラクターが追加される機能、および「零」シリーズで敵の存在をコントローラーの振動で知らせる機能が自社の特許権を侵害すると主張して、カプコンがコーエーテクモゲームスを提訴した結果、特許権侵害が認められ、合計約1億4,000万円の損害賠償が命じられました[18]。

(2)　第三者の特許権を侵害しないために

それでは、第三者の特許権を侵害しないためには、どのようなことに気を付ければよいのでしょうか。まず、特許の場合は、特許として登録されている発明をその存在を知らずに実施した場合にも、特許権侵害が成立することに留意が必要です（著作権侵害で解説したような「依拠性」は必要ありません）。

そのため、アプリ開発に伴う特許権侵害を避けるためには、どのような特許が存在するのか、また、実施しようとしている技術が既存の特許発明の範囲に属するのかを事前に調査すること（特許調査）が重要になります。

しかし、登録されている特許はすべて公開されているとはいえ、国内・国外のあらゆる特許の内容を調べ尽くし、自社が開発したアプリがその特許発明の範囲に属するか否かを調査・検討することは、調査対象となる特許の数が膨大になり得ること、特許発明の範囲に属するか否かの検討には専門的な知識が必要であることから、現実的ではありません。

したがって、実務上は、特許権侵害のリスクを少しでも避ける方法として、類似する特許発明の有無を「特許情報プラットフォーム（J-PlatPat[19]）」などの特許検索サービスでキーワードを用いて簡易検索した上で、侵害の懸念がありそうな発明が見つかった場合に、ソフトウェアの特許に詳しい弁護士や弁理士に相談することになります（どこまでやるかは侵害をした場合のリスクと調査コストのバランスの問題ですが、開発予定のアプリの重要性によっては、

18　知財高裁令和元年9月11日判決・裁判所ウェブサイト

19　特許のほか、商標や意匠についても無料で検索することが可能なサービスです（https://www.j-platpat.inpit.go.jp/）。

十分なコストをかけて調査を行うことも考えられます）。

このように、特許権侵害を回避する完全な方法はなく、リスクを減らすために調査の範囲を広げるほどコストがかかってくることは覚えておくとよいでしょう。

なお、アプリ開発の一部を外部に委託している場合、外部委託先によるソースコードの流用などを原因として特許権侵害が生じることもあります。このリスクに備えるため、外部委託先との業務委託（請負）契約において、第三者の知的財産権を侵害しないことについての表明保証条項を入れることも実務上よく行われています。

(3)　アプリ開発に伴う自社特許の取得

a　特許出願

自社が開発したアプリに関する発明を無断で第三者に利用されないようにしたい、あるいは、発明を第三者にライセンスして対価を得たい場合には、その発明について特許権を取得する必要があります。

ただし、創作と同時に発生する著作権とは異なり、特許権を取得するためには、発明の詳細な内容を説明した特許明細書を特許庁に提出しなければなりません（登録出願手続）。この特許明細書は、その記載内容次第で特許の登録可否や範囲が決まる重要なものですので、ある発明について特許を登録して、ビジネス上活用していきたいという場合には、ソフトウェア等に詳しい弁理士に相談して出願を行うことが通常です。そのため、特許の登録のためには一定のコストが必要になります。また、特許を登録するとその特許は公開されてしまい、他社の知らないノウハウとして保持することができなくなります。

したがって、実務上は、特許登録しようとする発明の重要性、登録できる可能性の高さ、登録や維持に要するコスト、その発明が公開されることによる不利益などを考慮した上で、登録出願をするか否かを決定することになります。

b　職務発明

特許の対象となる発明をするのは、あくまで個人です。そして、「特許を受ける権利」（登録出願をすることができる地位）もまた、原則として当該個人である発明者自身に帰属します（特許法29条1項）。もっとも、会社が開発環境を整え、会社の費用で新たな開発を行う場合にも、常に発明者である従業員自身に「特許を受ける権利」が帰属することは不合理です。そのため、契約や職務発明取扱規程に、従業員による「職務発明」の特許を受ける権利は発明の時点から会社に帰属する旨を定めておくことが一般的に行われています。「職務発明」とは、①従業者等の発明であること、②使用者等の業務範囲に属する発明であること、および③従業者等の現在または過去の職務に属する発明であること、の3つの用件を満たす発明のことをいいます（同法35条1項）。

ただし、職務発明であれば会社が無償で取得できるというわけでもなく、発明をした従業員は、職務発明の対価として、相当の金銭その他の経済上の利益（「相当の利益[20]」）を受ける権利を有します（同法35条4項）。

他方で、職務発明に該当しない、例えば従業員が会社のサポートを受けずに私的に創り出した発明については、その特許を受ける権利をあらかじめ会社に移転させると定めた規定は無効となる（同法35条2項）ため、このような発明の「特許を受ける権利」については、発明の都度、個別に従業員から譲渡を受ける必要があります。

4　商標権、不正競争防止法

(1)　商標権

a　商標とは

アプリの名称（タイトル）は、そのアプリの人気を左右する重要なポイントといえますし、アプリのタイトルロゴを作成する場合もあるでしょう。それらを決める際に注意すべき権利が、商標権です。

商標制度は、商品やサービスに付される目印（標章）を「商標」として保護し、商標が付された商品やサービスの出所表示機能、品質保証機能および広告機能を持たせることにより、商標使用者の業務上の信用の維持を図るとともに、需要者の利益を保護するためのものです。

商標として保護される標章は、「人の知覚によって認識することができる

20　この相当の利益の定め方については、「特許法第35条第6項に基づく発明を奨励するための相当の金銭その他の経済上の利益について定める場合に考慮すべき使用者等と従業者等との間で行われる協議の状況等に関する指針」（平成28年4月22日経済産業省告示）が参考になります。（https://www.jpo.go.jp/system/patent/shutugan/shokumu/document/shokumu_guideline/guideline_02.pdf）

もののうち、文字、図形、記号、立体的形状若しくは色彩又はこれらの結合、音その他政令で定めるもの[21]」のうち、①業として商品を生産し、証明し、または譲渡する者がその商品について使用をするもの、または②業として役務を提供し、または証明する者がその役務について使用をするもの（商標法2条1項）です。簡単にいえば、商品またはサービス（役務）について使用される「標章」が保護の対象です。

b　商標権の及ぶ範囲と効力

商標権は、特許権と同様に、特許庁への登録出願手続を行うことによって発生します。特許庁の審査を経て登録された商標を「登録商標」といいます。

商標を登録するためには、登録したい商標を使用する商品・サービスの範囲を特定する必要があり、その商標の権利が及ぶ範囲となる商品やサービスを「指定商品」や「指定役務[22]」といいます（以下、まとめて「指定商品役務」といいます）。特定の指定商品役務について商標を登録することにより、商標権が発生し、その指定商品役務の範囲では、第三者の商標を気にすることなく、かつ、独占的に、登録した商標を使用することができるようになります。

このように、商標権は、商標権者に登録商標の独占的・排他的な使用権を与えるものであり、また、その効力は、全く同一の指定商品役務や標章だけではなく、それらに「類似」する指定商品役務や標章にまで及びます。

アプリ開発では、アプリで使用する名称やロゴマークの使用が第三者の商標権を侵害しないかどうか、つまり第三者の登録商標と同一または類似する標章を無断で使用していないかを、事前に調査しておく必要があります。特許権の場合と同様、「特許情報プラットフォーム（J-PlatPat）」を利用して簡易検索をして、同一または類似する登録商標がないかを確認し、懸念がある

21　従来、商標として保護される対象は、文字や図形、立体的形状等に限られていましたが、平成27年4月1日の法改正で、商標の定義が見直され、これまで商標として保護することができなかった「動き」「ホログラム」「音」「位置」「色彩」なども商標法の保護対象として認められることとなりました。

22　商品・サービスは、国際分類に従って第1類から第45類までの区分に分類され、さらに各区分の中に細かい商品やサービスが含まれています。商品・サービスごとに付された「類似群コード」というコード番号が付され、これが一致する商品・サービスは原則として類似するものとして取り扱われますが、商品と商品を提供するサービスは別の指定商品役務とされており、別々の類似群コードが割り振られています（例えば、「電子計算機用プログラム」という商品には「11C01」、「電子計算機用プログラムの提供」というサービスには、「42X11」という類似群コードが割り振られています）。指定商品役務の詳細については、特許庁のホームページを参照してください（https://www.jpo.go.jp/system/trademark/gaiyo/bunrui/index.html）。

場合には、使用を予定している標章と登録商標の類似性[23]について弁護士や弁理士といった専門家に相談すべきでしょう。

また、逆に、アプリに使用する名称やロゴマークの独占的使用を確保したり、第三者に無断で商標登録されることを防止するためには、自らその標章について商標登録出願を行い、商標権を取得する必要があります。登録出願手続については弁理士に相談するとよいでしょう。

c　商標権侵害になる「使用」とはどのようなものか

商標権には独占的・排他的使用権があると述べましたが、あらゆる商標の使用が、商標権侵害になるわけではなく、商標としての機能、つまり出所表示機能または自他商品識別機能を発揮する形で使用した場合に限られます(商標法26条1項6号)。このような使用態様を「商標的使用」といいます。

要するに、登録商標を無断で「商標的使用」した場合には商標権侵害となりますが、「商標的使用」に該当しなければ、登録商標を使用しても商標権侵害とはならないということです。

そこでまず、商標の「使用」について考えます。商標法上は、商品やその包装に商標を付したり、それを譲渡・引渡し等することや、サービスの提供を受ける者に利用させる物に商標を付したものを用いてサービスを提供する行為、商品やサービスの宣伝広告において商標を付して展示・頒布・配信する行為などが「使用」に当たります。詳しくは同法2条3項各号に列挙されていますが、ややわかりにくいかもしれません。アプリでの商標の使用について、商標権の効力が及ぶ場合（第三者の商標権を侵害する態様）と及ばない場合（侵害しない態様）をどのように区別すればよいのでしょうか。

まず、登録商標と同一または類似の名称が付されたアプリやゲームを、インターネット上で配信する行為や、そのようなアプリの宣伝広告を行う行為は、商標的使用に当たることになります。また、ソフトウェアを実行した導入部で用いられる標章には出所表示機能があるとする裁判例[24]もありますので、アプリのいわゆる「オープニングロゴ」として登録商標を表示する場合

23　ある登録商標とある標章が「類似」しているかどうかの判断（「類否判断」といいます）は、「称呼」「外観」「観念」という３つの観点から検討されます。原則として、この３つのいずれかが類似と判断されれば、類似商標と判断される可能性が高いと考えてよいでしょう。なお、この３つのうち、１つが類似する場合であっても、他の２つが著しく相違している場合や、取引の実情等に照らして、出所の誤認混同が生じるおそれがない場合には、類似商標と判断されない場合もあります。しかし実務上は、無用な紛争を避けるためにも、例えば称呼が類似しているだけでも、その標章の使用は基本的には避けておくべきでしょう。

には、商標的使用に当たるでしょう。なお、ゲームのタイトルについては、裁判例でも原則として商標的使用に当たるとされており[25]、例外的に、「三國志[26]」のようにそれだけでは自他商品識別機能が働かない場合に限り、商標的使用が否定されると考えられています。

次に、例えば自社のゲームアプリの紹介文で、「フェラーリやポルシェなどの有名車が多数登場」などと、商標登録されている有名なブランド名を引用した場合、商標権侵害となるのでしょうか。結論からいえばこれは原則として商標権侵害となりません。なぜなら、アプリの紹介や説明文中に登録商標である単語やロゴマークが登場したとしても、それはそのアプリサービスの出所を表示するものではないからです。

では、ゲーム内のセリフや動画の中に、登録商標が登場する場合はどうでしょうか。これもまた、前述した「オープニングロゴ」の場合を除き、出所表示機能を有するとはいえず、「商標的使用」には当たらない場合が多いといえるでしょう。

さらに、アプリで使用する画像や映像に第三者の商標が含まれている場合はどうでしょうか。例えば、写真や動画を利用するアプリの写真や動画に、街頭の「TOYOTA」や「Coca-Cola」の看板などのロゴマークが写り込んでしまう場合が想定されますが、これも単に画像に第三者の商標が写り込んでいるだけでは商標権の侵害にはなりません。

このように、登録商標の使用でも、「商標的使用」に当たらず商標権侵害にはならないケースもあります。もっとも、第三者の登録商標が、アプリ内において恒常的に登場したり、またそのアプリの宣伝広告の中で登場する場合などには、出所表示機能が認められる可能性が生じてくるため、注意が必要です。また、商標権者からライセンスや協賛等を受けていると消費者が誤認するおそれがある場合には、後述する不正競争防止法に基づき差止めや損

---

24 「ソフトウェアは、一般に、その記憶媒体のいかんにかかわらず、プログラム自体が商品の本質をなすという特質を有するものである。そして、ソフトウェアを実行した場合にその導入部で表示される標章は、需要者に認識され、出所識別機能を果たすものであるから、商標として使用されているというべき」として、パチスロ機の隠しムービー中に「CRAZYRACER」からなるロゴマークを使用したことが商標的使用に当たるとされた事件があります（大阪地裁平成16年1月15日中間判決・裁判所ウェブサイト［クレイジーレーサー事件］）。

25 東京地裁平成14年5月31日判決・判時1800号145頁［ぼくは航空管制官事］、商品等表示について東京高裁平成16年11月24日判決・裁判所ウェブサイト［ファイアーエムブレム事件］など。

26 三國志事件（東京高裁平成6年8月23日決定・知的裁集26巻2号1076頁）は、消費者が「三國志」という名称を見ただけで当該商標権者の商品であると認識するということについてまでの疎明がないとして、商標権侵害を否定しました。

害賠償の請求を受けるおそれもあります。

したがって、商標権侵害のおそれが低いからといって、アプリに第三者の登録商標を積極的に用いることには慎重になるべきでしょう。

Column　マルアール表示（Ⓡ）

登録商標が使用される場合、「Ⓡ登録番号第○号」といった表示が付されている場合があります。「マルアール表示」などと呼ばれますが、どのような意味があるのでしょうか。

日本の商標法では、商標の使用の際、商標登録表示を付する努力義務を定めており（同法73条）、これに基づき商標法施行規則17条でその記載方法について「「登録商標」の文字及びその登録番号又は国際登録の番号とする」と定められています。したがって、本来は「登録商標第○号」という記載にしなければならず、Ⓡによる表示は、商標法74条にいう「紛らわしい表示」といえますが、努力義務であり違反の制裁がないため、正しい表示例は浸透していないようです。

また、登録商標が普通名称化して効力を失ってしまうことを防止するために、登録商標を使用する場合はⓇマークを付すといった対策が行われている例もあります。

逆に、登録されていない商標についてⓇマークを付すなどして商標登録表示を行ったり、指定商品役務以外の商品役務に商標登録表示を行う場合、虚偽表示として罰則が設けられているので注意しなければなりません（商標法74条、80条）。特に海外展開を行う場合、その国において商標登録を行わずにⓇ表示を行うことが現地での法令違反となり、刑罰の対象となる可能性があるので、海外でⓇマークを表示する場合は、現地の法令調査と表示の管理を十分に行う必要があるでしょう。例えば、アメリカなど、Ⓡ表示を行わない場合は権利行使ができないと法定されている国もあるので、注意が必要です。

⑵　不正競争防止法

a　不正競争防止法とは

商標法とあわせて問題となりやすい重要な法律として、不正競争防止法があります。特許権、商標権、著作権などは、ある権利を法律で付与するという方法で知的財産の保護を図るものですが、不正競争防止法は一定の行為を「不正競争（行為）」として規制する方法で、そのうち一部の行為類型は、知的財産の間接的な保護として機能しています。

「不正競争」に該当する行為は、差止請求（同法３条）や損害賠償請求（同法４条）の対象となるほか、刑事罰（同法 21 条）が課される場合もあります。

以下、同法が定める「不正競争」のうち、アプリ開発で特に関係してくる類型である「周知表示混同惹起行為」「著名表示冒用行為」「商品形態模倣行為」および「ドメイン名不正取得等行為」にフォーカスして説明します。

b　周知表示混同惹起行為（不正競争防止法２条１項１号）とは

周知表示混同惹起行為とは、他人が使用している商品等表示で、消費者に広く知られているもの（周知表示）と同一または類似した商品等表示を使用して商品やサービスを提供するなどして、その他人の商品または営業との混同を生じさせる行為のことをいいます。なお、「商品等表示」とは、例えばアプリのタイトルなど、その商品やサービスの製造・販売・提供の主体を示す表示のことであり、「周知」とは、「需要者の間に広く認識されているもの」をいいます。

周知表示混同惹起行為に対する規制は、「商品の出所または営業の主体を示す表示」の使用が規制されるという点では商標権と類似しています。商標の場合、「商標的使用」でなければ侵害とならないのと同様に、周知表示混同惹起行為に該当する行為も、周知表示と同一または類似する表示を、商品出所表示機能と自他識別機能を果たす態様で使用するものに限られます（後述する著名表示冒用行為においても同様です）。一方で、不競法の場合、自己の商品等表示が消費者に広く知られており（周知）、その周知表示と混同を生じさせるサービスの提供等がされていれば、登録手続などを経ずとも不正競争行為であると主張できる点で、商標権とは異なります。

要するに、消費者によく知られたサービス名称について、商標が取得されていないからといって、そのサービス名称と同一または類似する名称をアプリの制作・販売・広告に用いて、そのサービスと関連があるかのような混同を生じさせる行為は、不正競争行為となってしまうため、注意が必要です。

周知表示混同惹起行為が問題となった事例として、例えば、あるゲーム(「ファイアーエムブレム」)と類似する商品等表示(「エムブレムサーガ」)を付したゲームについて、ファイアーエムブレムシリーズに連なるゲームソフトであると関連付けて広告した行為が、周知表示混同惹起行為であると認められた裁判例があります[27]。

c　著名表示冒用行為（不正競争防止法２条１項２号）とは

著名表示冒用行為とは、自己の商品等表示として他人の「著名」な商品等表示と同一もしくは類似のもの（著名表示）を使用して商品やサービスを提供するなどして使用する行為をいいます。

周知表示混同惹起行為では、商品等表示が「周知」(需要者に広く認識されているもの）であることが必要でしたが、著名表示冒用行為の場合、「著名」であること、すなわち特定の指定商品役務の需要者にとどまらず、特定の商品役務を示す表示として世間一般に広く知られていることが必要とされています。その代わりとして、他人の商品または営業との混同が生じなくとも規制対象となる点に特徴があります。

これまで裁判で「著名な商品等表示」と認められた具体例には、「MOSCHINO」「JACCS」「虎屋」「J-PHONE」「青山学院」「ELLE」「菊正宗」「Budweiser」「マクセル」「ルイ・ヴィトン（モノグラム柄)」「三菱（スリーダイヤマーク)」「マリオカート／ MARIO KART」などがあります。これらにとどまらず、世間一般で「著名」と思われる商品等表示をアプリに使用した場合、その表示が商標登録されているかどうかにかかわらず不正競争行為となってしまうため、注意が必要です。

d　商品形態模倣行為（不正競争防止法２条１項３号）とは

不競法は、他人の商品の形態を模倣した商品を譲渡等する行為（商品形態模倣行為）も不正競争行為として定めており、いわゆるデッドコピーの対象が著作物や登録商標でない場合でも、不正競争行為として差止めや損害賠償請求の対象となる場合があります。

また、ソフトウェアを起動する際に表示される画面やメニュー画面につい

27　東京高裁平成16年11月24日判決・裁判所ウェブサイト［ファイアーエムブレム事件］

ても、商品形態模倣行為における「商品の形態」に該当し得るため[28]、他社アプリの画面表示や映像をデッドコピーするアプリを作成することは、著作権侵害の問題だけでなく、不正競争防止行為に該当するリスクがあります。

e　ドメイン名不正取得等行為（不正競争防止法２条１項19号）とは

不競法は、インターネットドメインネーム（ドメイン名）を「インターネットにおいて、個々の電子計算機を識別するために割り当てられる番号、記号または文字の組合せ（IPアドレス）に対応する文字、番号、記号その他の符号又はこれらの結合」と定義しています。さしあたり、ウェブサイトにアクセスする際のURLのうち、例えば「google.com」のような部分だと考えておけばよいでしょう。

このドメイン名について、不正の利益を得る目的で、または他人に損害を加える目的（図利加害目的）で、他人の特定商品等表示（人の業務に係る氏名、商号、商標、標章その他の商品または役務を表示するもの）と同一もしくは類似のドメイン名を使用する権利を取得し、もしくは保有し、またはそのドメイン名を使用する行為は、不正競争行為として規制の対象となります。

図利加害目的とは、公序良俗、信義則に反する形で、自己または他人の利益を不当に図る目的であったり、他人に対して財産上の損害、信用の失墜等の有形無形の損害を加える目的のことをいい、他人の顧客吸引力を不当に利用しようとすることもこれに当たります。そのため、そのような図利加害目的を有して、アプリやアプリの宣伝広告をするウェブサイトのURLに、他社の特定商品等表示（人の業務に係る氏名、商号、商標、標章その他の商品または役務を表示するもの）と同一または類似のドメイン名を取得したり、使用したりすることはできませんので、注意が必要です。

逆に、ドメイン名の不正使用をされた場合には、どのように対応すればよいでしょうか。まずは不正使用者に対して使用中止などを求めて警告し、なお使用を中止しない場合には、不正競争行為に当たるとして差止めを求めて裁判を起こすことが考えられます。JPドメイン名については、日本知的財産仲裁センターによる紛争処理制度の利用も可能で、この手続は比較的低コストかつ迅速に結論が出ること、ドメイン名の登録抹消だけでなく、ドメイ

28　ソフトウェアを起動する際にタブレットに表示される画面や各機能を使用する際に表示される画面の形状、模様、色彩等も該当し得るとした裁判例として、東京地裁平成15年1月28日判決・判時1828号121頁、東京地裁平成30年8月17日判決・裁判所ウェブサイトがあります。

ン名を自己に移転するよう請求できる点でメリットがあります。相手方が裁定に納得できない場合、裁判で争うことも可能ではありますが、JPドメイン名に限らず、ドメイン名紛争処理の特徴は、ドメイン名の管理をする機関が定めたルール上で仲裁が行われることで、その結果を直ちにドメイン名の登録変更や抹消といった形で実現できることにあります。これにより、国境をまたいだ紛争処理を含め、どこの裁判所を使うのか、その結果を強制的に実現するのかといった問題を回避できるので、その点では極めて有効性の高い手続といえます。実際、ドメイン名の紛争処理のほとんどは、裁判ではなく仲裁により行われています。

5　その他の知的財産権（意匠権、肖像権・パブリシティ権）

(1)　意匠権

a　意匠権とは

意匠権とは、新たに創作された意匠（物品の形態）について与えられる権利です。特許権や商標権と同様に、権利の発生には、特許庁の審査を経た上での登録が必要です。意匠に該当するためには、①物品性があること、②物品の形態であること、③視覚性があること、④美感があること、という要件を満たす必要があります。

意匠権は、あくまで物品についての権利であり、意匠を実施すること、すなわち、「意匠に係る物品の製造、使用、譲渡、貸渡し、輸出、若しくは輸入又はその譲渡若しくは貸渡しの申出（譲渡又は貸渡しのための展示を含む。以下同じ。）をする行為」（意匠法２条２項１号）を禁止する権利なので、意匠登録されている自動車、家具などをアプリに登場させるだけでは「実施」に当たらず、意匠権の侵害には当たりません[29]。

b　画面UIについての意匠権

そういった意味では、意匠権はこれまで、アプリ制作においては問題になりにくい権利といえました。しかし、2020年４月１日に施行された改正法

29　ただし、こうしたデザインを仮想空間サービスで利用可能にする行為についても保護を及ぼすべきではないか、といった議論もあります（自由民主党『デジタル・ニッポン2022』62頁「デジタル空間におけるデザイン保護」参照）（https://jimin.jp-east-2.storage.api.nifcloud.com/pdf/news/policy/203427_1.pdf）。

図表１―９　【意匠登録 1698162】[30]

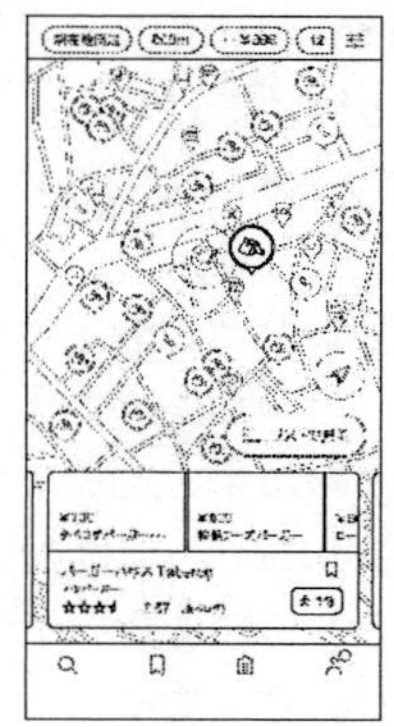

図表１―10　【意匠登録 1698163】[31]

により、それまで保護対象ではなかった画面表示に特徴的なUI（ユーザーインターフェース）も「画像意匠」として保護対象となりました。

具体的には、従来はスマートフォン等の物品に記録・表示されてその物品と一体として用いられる画像のみが保護対象とされていましたが、物品を離れた、アプリの特徴的な画面UIのような画像のみでも保護されることになったのです。

改正後の意匠登録例としては、「食べログ」のアプリの画面UIについて、店舗の位置を示す地図とその店舗に関するメニュー等の情報とを組み合わせて表示する画面UIの意匠や、店舗の地図と注文した商品に関する情報とを組み合わせて表示する画面UIの意匠などがあります。特許庁によれば、2022年９月１日時点の画像意匠の登録出願件数は3,083件、登録件数は1,568件となっています[32]。

⑵　肖像権・パブリシティ権

a　肖像権・パブリシティ権とは

肖像権とは、みだりに自己の容貌等を撮影あるいは描写され、それを公表

30　https://www.j-platpat.inpit.go.jp/c1800/DE/JP-2021-004569/FD1E2EB26522A20557FE2952967A3CF9B9E9C4F6291D8532D2D9B7C98F34D311/30/ja

31　https://www.j-platpat.inpit.go.jp/c1800/DE/JP-2021-004605/2962EEB973A132015A0CBF434F47741BF68D596DAB4439C4F088ECDDACD5BE06/30/ja

32　https://www.jpo.go.jp/system/design/gaiyo/seidogaiyo/document/isyou_kaisei_2019/shutsugan-jokyo.pdf

されない権利をいいます。また、パブリシティ権とは、肖像権の財産的側面と説明されることもあるように、人の氏名や肖像等が商品の販売等を促進する顧客吸引力を有する場合に、その顧客吸引力を排他的に利用する権利をいいます[33]。いずれも、法律の明文規定はありませんが、裁判を通じて確立された権利です。

例えば、タレントやアーティスト、スポーツ選手など、著名人の氏名や肖像が商品やサービスに付されることで、消費者はその商品やサービスを好意的に見たり、注目したりするようになります。その結果、商品やサービスがよく売れるようになったりするという効果があります。これが「顧客吸引力」であり「ブランド価値」などと呼ばれたりもします。

タレントなどの著名人には、こういった権利が存在することから、制作するアプリにおいて、自分で撮影したタレントの写真や、単に著名人の名前を使用する場合であっても、パブリシティ権を侵害しないように注意する必要があります。写真などのいわゆる「肖像」の使用だけでなく「人の氏名（芸名)」の使用の際にも問題となることに注意してください。

b　人の肖像権・パブリシティ権が及ぶ範囲

裁判例では、以下のような「専ら氏名、肖像等の有する顧客吸引力の利用を目的とするといえる場合」にパブリシティ権侵害が成立するとされています（ただし、あくまで例示であることに注意が必要です)。

① 氏名、肖像等それ自体を独立して鑑賞の対象となる商品等として使用する場合
② 商品等の差別化を図る目的で氏名、肖像等を商品等に付す場合
③ 氏名、肖像等を商品等の広告として使用する場合

①の典型的な例は、写真集や画像の配信サービスであり、②の例は、いわゆる「キャラクター商品」や「アーティストグッズ」が該当しますが、アプリについていえば、アーティストやタレントの公式アプリなどがこれに該当することになるでしょう。アプリ内で使用する画像・動画、アプリタイトル、キャラクター名などに、著名人の氏名、肖像等を利用する場合のほとんどは、

33　最高裁平成24年2月2日判決・民集66巻2号89頁［ピンク・レディー事件］

上記の①または②と考えられますので、アプリにおいて著名人の氏名、肖像等を使用する場合は、原則としてパブリシティ権を管理している所属事務所などを通じて許諾を得る必要があると覚えておくとよいでしょう。

c　物（「モノ」）のパブリシティ権は認められるか

人ではなく、自動車や動物などの物（「モノ」）についても、パブリシティ権はあるのでしょうか。例えば、アプリで、実在するスポーツカーの名称や写真を利用する場合や、競走馬などの動物[34]の名称や写真を利用する場合に、スポーツカーのメーカーや馬主等の許諾なしに制作することができるのか、という問題です。

結論としては、パブリシティ権は、「人格の商業的価値」に由来するものであり、人格権に基づくとされているため、人格のない「モノ」には人格権もそれに基づくパブリシティ権も認められていません[35]。したがって、法的には、モノの所有者などの許諾なしに、そのモノの名称や写真を利用することができることになり、商品化等の契約を締結する必要はないことになります（ただし、名称については商標権や不正競争行為が、写真については著作権などの問題が別途生じます）。

もっとも、例えば実在の自動車が登場するゲームなどのアプリにおいては、契約を締結して「許諾」という体裁をとることで、車体のCADデータの提供を受けたり、エンジン音の提供を受けたりできる場合があるなど、契約を締結して「許諾」を得る一定のメリットがある場合もありますし、競争馬についても、実務上は馬主から許諾を得ていることが通常です。

最終的には、作成するアプリの内容や、利用するコンテンツの態様、予算、契約を締結することによって得られるメリットを比較して、物のパブリシティに関して所有者の許諾を得るかどうかを検討することにはなりますが、原則的には、許諾を得る方向で検討することが望ましいでしょう。

34　法律上は、動物は物（「モノ」）であるとされているため、いわゆるタレント犬なども、自動車などと同様に「モノ」として取り扱われます。

35　最高裁平成16年2月13日判決・民集58巻2号311頁［ギャロップレーサー事件］

Column　OSS

1　OSSとは

アプリを開発するにあたっては、様々なソフトウェアを利用することが想定されますが、その一部として、オープンソースソフトウェア(Open Source Software：OSS）を利用する場合があります。

OSSは、ソースコードが一般に公開され、商用か非商用かを問わずソースコードの利用・修正・再配布が可能であるという特徴を有するソフトウェアです[36]。これに対し、改変や複製が制限されているソフトウェアは、仮に無償のもの（フリーソフトウェア）であったとしても、OSSには該当しません[37]。OSSがこのような特徴を有している背景には、世界中のユーザーがソースコードを共有の知的財産として扱い、修正や改良を重ねていくことを通じて、OSSがより良いソフトウェアへと改善されていく、という考え方があります。

上記のような特徴から、OSSは、入手が比較的容易であり、コスト削減効果を得られることはもちろんのこと、多数のユーザーがその開発や改善に関与していることから、高機能でかつ不具合も少なく、不具合があったとしても素早く修正されるというメリットも有しています。こうした側面が注目され、OSSは、個人の開発者が制作するアプリから、多額の開発費を投じて制作されるメジャーなアプリまで、幅広く利用されています。

2　OSSのライセンス

OSSは、商用か非商用かを問わずソースコードの利用・修正・再配布が可能であるといっても、著作権が放棄されているわけではありません。こうした特徴を実現するために、一定のライセンス条件の下で提供されています。

36　より詳細なOSSの定義は、米国の公益法人Open Source Initiative（OSI）のWebサイト（https://opensource.org/osd）によって公表されており、一般社団法人オープンソース・グループ・ジャパンのWebサイト（https://opensource.jp/osd/）がその日本語訳を公表しています。

37　ただし、インターネット等で「OSS」や「フリーソフトウェア」といった用語が用いられている場合でも、必ずしも上記のような定義や意味合いであるとは限らない点には、注意が必要です。

(1)　代表的なOSSのライセンス

OSSのライセンスには様々な種類がありますが、Open Source Initiative（OSI）が「人気があり、広く利用され、または強いコミュニティを有するライセンス」と分類しているものは以下のとおりです[38]。

①　Apache License 2.0
②　BSD 3-Clause “New” or “Revised” license
③　BSD 2-Clause “Simplified” or “FreeBSD” license
④　GNU General Public License (GPL)
⑤　GNU Library or “Lesser” General Public License (LGPL)
⑥　MIT license
⑦　Mozilla Public License 2.0
⑧　Common Development and Distribution License
⑨　Eclipse Public License version 2.0

(2)　OSSのライセンスの類型―コピーレフト型と非コピーレフト型

OSSのライセンスは、「コピーレフト型ライセンス」と「非コピーレフト型ライセンス」に大別できます。

「コピーレフト（Copyleft）」とは、著作権を意味する「コピーライト（Copyright）」に対する概念として考えられたもので、すべての者が、著作物の利用・修正・再配布を許されるべきであるという考え方をいいます。「コピーレフト型ライセンス」は、GPL型ライセンス（上記④や⑤等）に代表されるもので、ライセンシーに対して、ライセンシーが制作した二次的なソフトウェア（OSSを改変して制作したソフトウェア）にも同じライセンスの適用を要求するのが特徴です。その結果、コピーレフト型ライセンスに基づきライセンスされたOSSを利用してソフトウェアを制作する場合には、新たに制作された当該ソフトウェアについても、それを第三者に提供する際にはソースコードの公開が求められたり、コピーレフト型ライセンスに基づくライセンスが強制されるなど、柔軟なライセンスを実現し難くなるという不都合が生じ得ることとなります。

38　OSI「Licenses & Standards」(https://opensource.org/licenses)。同Webサイト上には各OSSのライセンスの原文が英文で記載されています。なお、オープンソース・グループ・ジャパンのWebサイト（https://licenses.opensource.jp/）は、各ライセンスの日本語参考訳を掲載しており参考になりますが、あくまで「参考」であり、ライセンスの正文は英語である点に注意してください。

他方で、「非コピーレフト型ライセンス」は、BSD型ライセンス（上記②や③等）に代表されるもので、ライセンシーに対して自由な利用・修正・再配布を認めつつも、ライセンシーが制作した二次的なソフトウェアに対して同じライセンスの適用を要求しない点がコピーレフト型ライセンスと異なります。これにより、ライセンシーは自己の制作した新たなソフトウェアについて自由なライセンス設定が可能となります。また、非コピーレフト型ライセンスには、以下の例のように、著作権表示やライセンス事項の添付といった簡易な方法で利用することができるものもあり、そうしたものはアプリの開発に適した使いやすいライセンスといえます。

（参考：BSD 3-Clause “New” or “Revised” license の利用条件）

以下の条件を満たす場合に限り、再頒布及び使用が許可される。

- ソースコードを再頒布する場合に、所定の著作権表示、この条件の一覧、所定の免責条項を含めること。
- バイナリ形式で再頒布する場合に、頒布物に付属するドキュメント等に、所定の著作権表示、この条件の一覧、所定の免責条項を含めること。
- 書面による特別の許可なく、本ソフトウェアから派生した製品の宣伝等に、当該ソフトウェアの著作権者の名称等を使用しないこと。

3　OSSを利用する際のリスク

上記1で述べたように、OSSは多くのメリットを有しており、アプリ開発の分野においても幅広く利用されてきています。その反面、OSSを利用することによって生じるリスクも存在するため、注意が必要です。

特に、OSSには、それぞれ異なるライセンス条件が付されているため、実際にアプリ開発に際してOSSを利用する場合には、利用するOSSのライセンス条件を正確に把握しておく必要があります。上記のとおり、OSSの著作権は放棄されていませんから、ライセンス条件に違反した利用は著作権侵害となり、損害賠償や差止めの請求を受けるリスクがあります[39]。

また、上記2で述べたように、GPL型ライセンスのようなコピーレフト型ライセンスが宣言されたOSSを利用する場合には、当該OSSを利用した二次的なソフトウェアについてもソースコードの公開や同一ライセンスでの提供が強制されることがあります（自由なライセンス設定ができなくなるだけでなく、Apple や Google 等のデベロッパー向け規約との抵触も問題となり得ます）。そのため、コピーレフト型ライセンスで提供されている OSS をアプリの制作に利用することは原則として控えるべきであると考えられます。

また、アプリ開発においては、一部の制作を外部に委託する場合もあります。その際には、自社で使用する OSS にとどまらず、委託先から納品されるソフトウェアに OSS が含まれていないかどうかや、含まれている場合にはどのようなライセンス条件が付されているかといった点について、十分に確認を行うことが必要です。例えば、委託先がライセンス条件を遵守せずに OSS を使用していたり、アプリのプログラムがコピーレフト型ライセンスに基づきライセンスされた OSS を含んだりする場合には、アプリ提供者自身がライセンス違反の責任やソースコードの開示義務を負うおそれが生じるからです。よって、委託先に対して OSS の使用を禁止・制限したり、委託先の使用する OSS の情報を適切に把握したりする必要があります。

39　海外では、ライセンス違反に対する訴訟に発展するケースも複数みられます。

第2章 アプリ開発にあたり確認・締結が必要な文書とルール

I デベロッパー向け規約

1　デベロッパー向け規約はアプリビジネスの「胴元」ルール

スマートフォンアプリを介したアプリサービスと、ブラウザベースで提供されるウェブサービスの大きな違いは、アプリ特有の販売・決済プラットフォームを備えているという点にあります。そして、このことは、アプリ提供者が抱える法的なリスクのあり方にも、大きく影響を及ぼしています。

ウェブサービスにおいては、ウェブサービス提供者は一般的にユーザーと直接契約を結ぶ関係にあります。これに対し、アプリサービスでは、アプリ提供者とアプリ利用者との契約に、デジタルプラットフォーマー（DPF）が介在します。ここにいうDPFとは、具体的には、Apple・Googleといった、自社で開発するOS（オペレーティングシステム）と一体化したスマートデバイスを開発・販売するとともに、アプリストアを中心とするエコシステム（ビジネス生態系）を提供している事業者であり、いわばアプリビジネスの「胴元」です。

DPFは、OSと端末を掌握することによってアプリ提供者とアプリ利用者の間に介在し、「アプリ」を販売するストアを設け、決済を一元化し、アプリ利用者の利便性を高めています。加えて、スマートフォンを所有するアプリ利用者のアカウントと、クレジットカード・通信キャリア課金・プリペイドカード課金とを紐付けた決済機能を、アプリ提供者とアプリ利用者の双方に提供しています。これにより、それまで敷居の高かったインターネットサービスにおけるユーザーへのコンテンツ課金を、より簡便かつ安全なものにしています。

DPFが提供するコンテンツ課金の仕組みを利用するためには、アプリ提供者は、プラットフォーム機能を提供するDPFと契約を結ぶ（デベロッパー向け規約に同意する）必要があります。一方、アプリ利用者も、スマートフォンのOSと決済機能を利用するにあたり、DPFの定める利用規約に同意しています。これによって、アプリ利用者のアカウントと決済ルートは、すべてDPFに掌握され、契約条件に拘束されることとなります。

もし、アプリ提供者がDPFとの契約に違反し、DPFから契約を解除されてしまうと、アプリ提供者にとって一番大切なアプリ利用者との決済機能も切断され、それまでアプリから得られた売上が得られなくなってしまいます。

図表2－1　デジタルプラットフォーマーとの関係

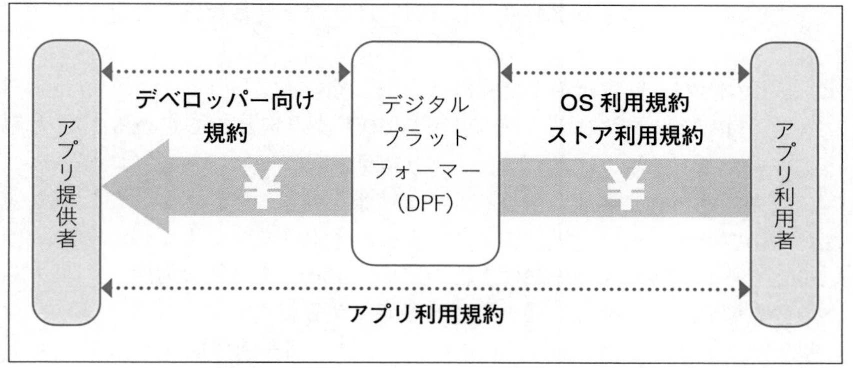

これはアプリ提供者にとって死を意味します。DPFとの契約に記載されている契約上のリスクを把握しておくことがアプリビジネスに携わる上での最優先事項といっても過言ではありません。

そこで本章においては、AppleやGoogleのデベロッパー向け規約の一部を紹介しながら、その契約関係と具体的なリスクを確認していきます。

2　アプリ提供者とDPFとの契約関係

まず、DPF・アプリ提供者・アプリ利用者の関係について確認してみましょう。

アプリサービスの契約関係を捉える上での最大のポイントは、アプリサービスをアプリ利用者に対して販売する「販売当事者」は誰かという点です。この点、アプリの決済機能を掌握するDPFがアプリ利用者に対する販売当事者である、と捉えることもできそうです。しかし実際には、Apple・GoogleらDPFは、

① アプリ利用者に対する販売当事者はアプリ提供者自身であり、DPFは、アプリ提供者の代理人となること
② DPFは、アプリ提供者に対し、アプリストアとその接続に必要なソフトウェアを提供し、アプリのプロモーション、販売、配布、売上の回収、セキュリティの維持といったプラットフォーム機能の利用をライセンスしているにすぎないこと

③　アプリに不具合等があった場合は、アプリ提供者がアプリ利用者に対する法的な責任を負うものとし、DPF は責任を負わないこと

を、デベロッパー向け規約上で強調し表明しています[1]。

また、DPF は、デベロッパー向け規約の下位規定として定めるアプリストア審査ガイドラインにおいて、アプリ提供者が行うアプリのプロモーション、販売、配布等に関する厳格なルール（禁止行為）を定めていることにも注意が必要です。アプリ提供者がこの審査ガイドラインに違反した場合、上位規定であるデベロッパー向け規約の定めにより、アプリの削除・アカウントの停止等のペナルティを課すことが可能となるためです。

以下では、Apple と Google が定めるデベロッパー向け規約およびアプリストア審査ガイドライン（2022 年９月７日現在有効なもの）の条文構造と、その中で特に理解しておくべき重要な規定について解説します。

なお、デベロッパー向け規約は、プライバシー保護の要請の高まりや巨大 DPF に対する規制強化の流れを受け、近年更新頻度が上昇する傾向にあります。常に最新版を確認するようにしてください。

3　Apple デベロッパー向け規約

(1)　規約の全体構造（80 頁・81 頁、図表２―13 参照）

アプリ提供者が App Store でアプリを販売するためには、アカウントを取得し、Apple が指定する方法にのっとりアプリを制作し、Apple の審査を通過しなければなりません。このアプリ開発者アカウントを取得するにあたっては、Apple が定める規約を確認の上、これに同意する必要があります。

Apple のデベロッパー向け規約の全体構造は、アプリ提供者向けサイト内にある「Apple デベロッパ向けの契約およびガイドライン」のページに全 18 の文書ファイルが一覧化され、以下１～３のカテゴリー別に大きく３分類されています。

1　岡田淳・中野玲也・古市啓・羽深宏樹編著『プラットフォームビジネスの法務〔第２版〕』（商事法務、2020）48 頁は、このような DPF のスタンスについて言及した上で、①名板貸し責任（商法 14 条または会社法９条の類推適用）、②不法行為責任、③アプリ利用者との間で適用される利用規約に基づく債務不履行責任が DPF に生じる場合があることを指摘しています。

1　プログラム使用許諾契約
- Apple Developer Program 使用許諾契約（①）
- 有料 App 契約（Apple Developer Program 使用許諾契約の別紙２と別紙３）（②）
- Apple Developer Enterprise Program 使用許諾契約
- iOS Developer University Program 使用許諾契約

2　契約と利用規約
- Apple Developer 契約（③）
- Xcode と Apple SDK の利用規約
- App Store Connect サービス規約
- TestFlight サービス利用規約
- Apple Developer Forum 利用規約

3　ガイドライン
- App Store Review ガイドライン（④）
- Human Interface Guidelines
- App Store でのマーケティングリソースとアイデンティティに関するガイドライン
- Apple 商標および著作権使用に関するガイドライン
- App Store プロモーション用アートワークに関するガイドライン
- Apple Pay マーケティングガイドライン
- Web 上の Apple Pay の利用に関するガイドライン
- 「Apple ウォレットに追加」に関するガイドライン

iOS デバイス向けのアプリを配信したいアプリ提供者は、最初に Apple が発行する開発者アカウントを取得する必要があります。この開発者アカウント作成時に同意を求められる規約が、①「Apple Developer Program 使用許諾契約（アカウント作成時には英語版のみが表示され、翻訳版は表示されません）」です。

これに加えて、アプリ提供者が App Store でアプリ配信を行う際のソフトウェアの使用条件や主な権利義務の内容については、②「有料 App 契約（Apple Developer Program 使用許諾契約の別紙２と別紙３）」および③「Apple Developer 契約」に、アプリ提供者がアプリ配信にあたって遵守すべき事項の詳細が④「App Store Review ガイドライン」に、それぞれ具体的に定められています。

図表２―２　Apple デベロッパ向けの契約およびガイドライン一覧ページ[2]

図表２―３　Apple Developer Program 登録画面[3]

Developer

Apple Developer Program 登録

Takuji Hashizume　サインアウト

確認と承諾

本契約は、貴組織とAppleとの間における法的な合意事項です。

PDF（英語）をダウンロードする

PLEASE READ THE FOLLOWING APPLE DEVELOPER PROGRAM LICENSE AGREEMENT TERMS AND CONDITIONS CAREFULLY BEFORE DOWNLOADING OR USING THE APPLE SOFTWARE OR APPLE SERVICES. THESE TERMS AND CONDITIONS CONSTITUTE A LEGAL AGREEMENT BETWEEN YOU AND APPLE.

Apple Developer Program License Agreement

Purpose

You would like to use the Apple Software (as defined below) to develop one or more Applications (as defined below) for Apple-branded products. Apple is willing to grant You a limited license to use the Apple Software and Services provided to You under this Program to develop and test Your Applications on the terms and conditions set forth in this Agreement.

Applications developed under this Agreement for iOS Products, Apple Watch, or Apple TV can be distributed in four ways: (1) through the App Store, if selected by Apple, (2) through the Custom App Distribution, if selected by Apple, (3) on a limited basis for use on Registered Devices (as defined below), and (4) for beta testing through TestFlight. Applications developed for macOS can be distributed: (a) through the App Store, if selected by Apple, (b) for beta testing through TestFlight, or (c) separately distributed under this Agreement.

□ 私はこのチェックボックスを選択して「続ける」ボタンをクリックすることにより、Apple Developer Program License Agreementの内容を読み、その内容に拘束されることに同意するものとします。また、私は居住する地域における法的な成人年齢（多くの地域では18歳以上）に達しています。

戻る

これらの規約群の中で、アプリ提供者にとって実務上最も参照頻度が高いのは、Appleがアプリ配信条件の詳細を明文化した④です。ただし、同ガイドラインに違反した場合の契約上の効果（ペナルティ）を規定しているのは①〜③であるため、これらもあわせて理解しておく必要があります。

また、①・②については、アプリプラットフォームビジネスの先駆者であるAppleが、過去アプリビジネス業界で発生した様々な問題に対応すべく変更・修正を重ねてきた経緯から、追加の契約条件が付属書・別紙・添付書類として追加された（増改築が重ねられた歴史的建造物のような）重層構造となっており、非常に読みにくい文書となっています。

アプリ提供者は、こうした全体構造を把握した上で、①〜④の規約の内容について、ポイントを絞って理解・確認しておく必要があります。

⑵　規約中、特に理解しておくべき基本的な事項

a　アプリ提供者は、アプリ提供者の代理人としてApple（iTunes株式会社）を指名し、アプリ利用者に対してアプリを販売させる（Apple Developer Program使用許諾契約別紙２第１条、同契約添付書類Ａ第１条、同契約添付書類Ｃ第５条）

アプリ提供者がAppleを「代理人」または「コミッショナー」として指名し、Appleに対しアプリの販売をライセンスすべきことを定めています。

Appleが「代理人」と「コミッショナー」のどちらに当たるかについては、販売国ごとに異なります。なお日本については、「デベロッパは、以下の地域におけるマーケティングおよび以下の地域【著者注：日本】に所在するエンドユーザーによるライセンスアプリケーションのダウンロードの代理人として、日本国民法第643条に従い、iTunes株式会社を指名するものとします。」と定められています。

なお、Appleが「代理人」または「コミッショナー」として行う業務の内容は、同契約別紙２第1.2条において、以下のとおり定義されています。

① アプリのユーザーへの販売
② 勧誘および受注

---

2 https://developer.apple.com/jp/support/terms/
3 https://developer.apple.com/enroll/agree

③　ホスティングサービスの提供、ユーザーへの請求書発行等

b　iOS デバイスへのアプリの配信は、App Store を経由しなければならない（Apple Developer Program 使用許諾契約目的条項）

iPhone、iPad 等の iOS デバイスに商用アプリを配信する場合、Apple が運営する App Store 経由で配信する必要があり、これ以外の配信方法が禁止されています。Android OS/Google Play では可能なサイドローディングが、iOS/App Store では認められていないという点に、DPF として大きなスタンスの違いがあります。

この理由について、Apple は、スマートデバイスのセキュリティとユーザーのプライバシーを保護するためと説明し、2021 年６月にはホワイトペーパー「数百万のアプリのために信頼できるエコシステムを築く―App Store の保護が果たす重要な役割」を作成・公開しています[4]。

c　有料アプリを配信するアプリ提供者は、Apple に対し手数料の支払い義務を負う（Apple Developer Program 使用許諾契約第 7.2 条、同契約別紙２第 3.4 条）

有料アプリを配信する場合には、アプリ開発者は、Apple が提供するサービスの対価として、手数料を支払わなければなりません。

この手数料は、App Store のサービス開始以来、2020 年末まで一律でアプリ売上高の 30%（ただし、サブスクリプションで提供されるアプリについては、課金２年目以降は 15%）と定められていました。しかし、2021 年１月１日より開始した「App Store Small Business Program」により、事業者の年間売上高によって、以下２種類の料率が適用されることとなりました。

①　年間売上高 100 万米ドル未満の利用事業者：15％
②　年間売上高 100 万米ドル以上の利用事業者：30％

手数料は、アプリ利用者が支払う金額から Apple が天引きして徴収するため、アプリ開発者から Apple に対する支払手続は発生しません。

4　https://www.apple.com/jp/privacy/docs/Building_a_Trusted_Ecosystem_for_Millions_of_Apps_J.pdf

d　Appleは、アプリ提供者のアカウントおよびアプリの生殺与奪権を持つ（Apple Developer契約第10条、Apple Developer Program使用許諾契約第6.9条、同契約第11.2条、同契約別紙2第7.3条）

Appleは、理由のいかんを問わず、アカウント停止・アプリ配信停止を含むアプリ提供者との契約の解除が可能であることが契約に定められています。

これによりアプリ開発者のアカウント停止やアプリ配信停止に至った場合を想定し、アプリ開発者からAppleに対し異議申立てを行う仕組みが用意されています。しかしながら、Appleからの停止理由通知によっても停止原因が明確にされないケースなどでは、アプリ開発者が原因を特定し、アプリを改修し、停止状態を解消するまでに相当の時間がかかり、その間のアプリ配信収入も途絶えることになります。

こうしたAppleが持つアカウント・アプリの生殺与奪権は、事実上のペナルティ措置としての効果が大きく、アプリ提供者に大きな影響を与えるものとなっています。

e　Appleは、アプリ提供者・アプリ利用者双方に対し、損害賠償責任等を負わない（Apple Developer Program使用許諾契約第13条、同契約別紙2第3.1条、Apple Developer契約第14条）

前記aで確認したとおり、Appleは、アプリ提供者の代理人として指名を受ける一方で、Apple Developer Program使用許諾契約では、アプリ提供者とアプリ利用者の契約関係において発生する紛争等については、何らの責任を負わないと定めています。あわせて、アプリ提供者が発生させた損害については、間接損害を含めAppleが免責されること、さらに、何らかの事由でAppleが直接損害に対する責任を負う場合でも、特約のない限り、その金額は50米ドルを超えない旨が定められています。

f　紛争解決は、カリフォルニア州法を準拠法とし、米国裁判所を管轄とする（Apple Developer契約第17条、Apple Developer Program使用許諾契約第14.10条、同契約別紙2第3.1条）

契約の準拠法をカリフォルニア州法とし、裁判管轄についてはカリフォルニア州地方裁判所、連邦裁判所等を独占的裁判地とすることに同意が求められます。

(3)　アプリ提供者に課される主な制約

a　アプリ開発者向けソフトウェアサービスの使用条件およびアプリ制作時のプログラム要件遵守（Apple Developer Program 使用許諾契約第 3.2 条～ 3.3 条）

アプリ提供者は、第 3.2 条の使用条件および第 3.3 条のプログラム要件に従ってアプリを開発・運用しなければならないことが定められています。

以下、この使用条件・プログラム要件の中で、特に注意すべきポイントをピックアップします。

(a)　アプリを介したアプリ利用者データの収集制限（Apple Developer Program 使用許諾契約第 3.3.8 条～ 3.3.17 条、App Store Review ガイドライン第 5.1 条）

アプリ利用者の事前の承諾なく、マイク・カメラ・ソフトウェア・Health Kit 等の API・広告識別子・位置情報対応 API 等により、利用者のデータまたは端末データを収集する、またはデバイスを一意に識別する目的で識別子やデータを使用するアプリは禁止されています。

アプリ利用者のデータや端末データを収集する場合には、アプリを Apple に提出する際の App Store Connect の設定画面において、アプリ利用者から収集するデータとその利用方法について回答する必要があります[5]。

図表２―４　App Store Connect App のプライバシーに関する質問

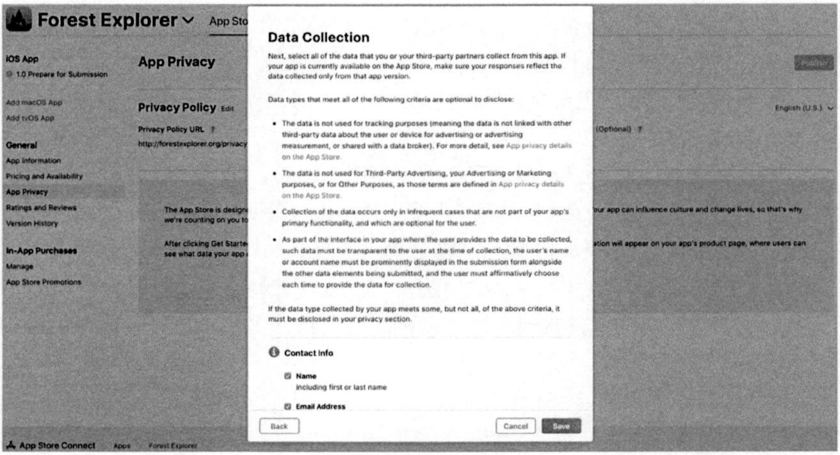

図表２―５　プライバシーラベル（Privacy Nutrition Labels）の例

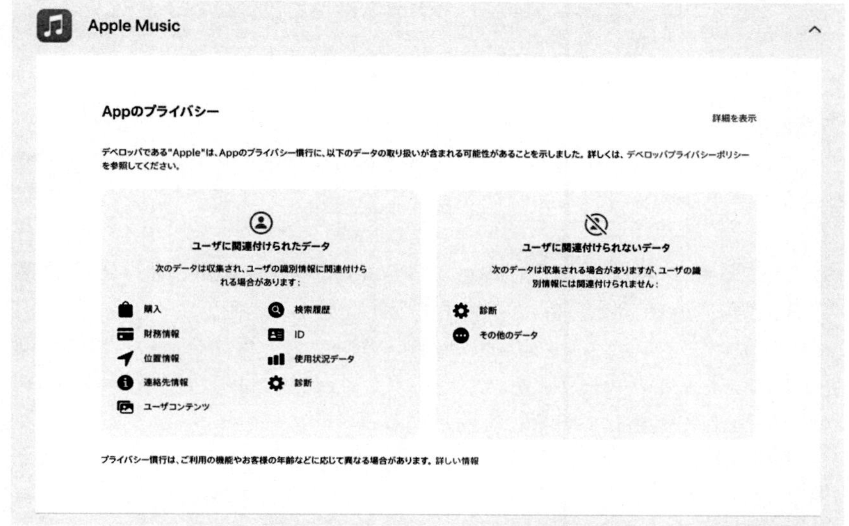

この設定により、アプリ利用者に対し；当該アプリによって収集されるデータとその利用方法が「プライバシーラベル（Privacy Nutrition Labels）」と呼ばれるアイコンと文字でApp Storeに表示されます[6]。

(b)　アプリ内コンテンツに対する制限（Apple Developer Program使用許諾契約第3.3.18条～3.3.24条、App Store Reviewガイドライン第1.1条～1.3条、5.2条）

アプリ内に含まれる楽曲、コンテンツ、オープンソースソフトウェア（OSS)、ユーザー生成コンテンツ（UGC）について、権利処理を行わずにアプリ内に含めることを禁止しています。特に、

①　米国外で配信するアプリに楽曲を含める場合、著作権管理団体の管理作品に該当せず、かつ著作権者からの独占的ライセンスを受けておくべきこと

5　App Store Connectヘルプ「Appのプライバシーの管理」（https://help.apple.com/app-store-connect/?lang=ja#/dev1b4647c5b）
6　Apple「何よりも透明性が大切です」（https://www.apple.com/jp/privacy/labels/）

② アプリ内にApple Music、YouTube、SoundCloud、Vimeoなどからコンテンツを保存、変換、ダウンロードする機能を設けないこと

等、楽曲コンテンツの知的財産権処理については、ガイドラインに詳細な規定があります。

また、卑猥、性的、中傷的、差別的、暴力的なコンテンツ、マルウェアや有害なコードを含めてはならないことが定められています。

(c) プロモーションの制限（Apple Developer Program使用許諾契約第3.3.23条、App Store Reviewガイドライン第3.1.1条）

アプリのプロモーションのために懸賞・コンテスト機能を含める場合、適法な方法であることは当然として、さらに、Appleとは何ら関係なく単独スポンサーとして実施している旨を明示するよう求めています。

また、プロモーションに関連して、アプリ内で「ルートボックス」や「ガチャ」と呼ばれるランダム型アイテム提供方式を採用する場合は、アイテムの入手確率を明記して、アプリ利用者が購入前に確認できるようにすることを求めています。

(d) アプリの適法性担保のための制限（Apple Developer Program使用許諾契約第3.3.28条、App Store Reviewガイドライン第5.3条）

アプリが配信される国で適用され得るあらゆる法律、規則等を遵守すべきことが規定されています。特に、アプリ内で行う賭博、ギャンブル、宝くじ／ロトに関しては、ガイドラインに詳細な規定があります。

b　アプリ公開時・更新時の審査（Apple Developer Program使用許諾契約第6.1条、6.9条、App Store Reviewガイドライン「はじめに」および「提出前」）

App Storeで配信する場合、アプリ公開時・更新時にAppleによる事前審査を受ける必要があります。

審査にかかる期間について、従前はアプリをAppleに提出してから10日前後の期間を要しましたが、最近では短縮される傾向にあります。Appleの報告によれば「平均すると、提出されたアイテムの90%が24時間以内に審査」されていること、主なアプリの却下理由は以下13項目であること、そのうち「平均すると、未解決の問題の40%が、ガイドラインの『2.1—パ

フォーマンス：App の完全性』に記載されている、クラッシュ、プレースホルダコンテンツ、不完全な情報などに関連」するとの説明があります[7]。

① クラッシュとバグ
② 無効なリンク
③ プレースホルダコンテンツ
④ 不完全な情報
⑤ プライバシーポリシーに関する問題
⑥ 不明確なデータアクセスリクエスト
⑦ 不正確なスクリーンショット
⑧ 基準に満たないユーザーインターフェイス
⑨ Web のクリップ、コンテンツアグリゲータ、リンク集
⑩ 類似 App の複数提出
⑪ ユーザーの誤解を招く
⑫ 持続的な価値の不足
⑬ 提出元が不適切な場合

c　アプリ内課金システム利用の強制（Apple Developer Program 使用許諾契約付属書 2 第 1 条、同契約別紙 2 第 3.11 条、App Store Review ガイドライン第 3.1 条）

Apple は、アプリ提供者がアプリ利用者に対し、アプリ内課金 API（In-App Purchase API：IAP）を介さずに（例えば、外部の決済サービス等を利用して）課金することを原則として認めていません。

これに関連して、アプリ利用者がシリアルコードを入力することでアプリ内の機能解除（unlock）・コンテンツ追加を行うアプリは、シリアルコードを外部サイト等で販売する手法により IAP を介さずに課金することにもつながるため、原則禁止とされています。ただし、Kindle アプリに代表されるような、外部のウェブサービス上で以前に購入したコンテンツまたはコンテンツのサブスクリプション（具体的には、雑誌、新聞、書籍、オーディオ、音楽、ビデオ）に、ユーザーがアクセスできるようにするためのいわゆる「リーダー App」は、IAP を介さなくてよい例外として特別に認められてい

7　Apple「App Review」（https://developer.apple.com/jp/app-store/review/）

ます。

こうしたIAPの利用の強制と、それに伴ってアプリ提供者に手数料を一律に課すルールを不服として、2020年8月に人気ゲームアプリ「Fortnite（フォートナイト）」を運営するEpic Gamesが、ゲーム内アイテムをApp Storeの販売価格よりも安く自社サイト経由で購入できるようにし、Appleから取引を停止（アプリをストアから削除）された事件があります[8]。

さらに、アプリ内課金に関連して、暗号通貨をアプリ内で取り扱うことに関し、ガイドラインに詳細な規定があります。

d　利用期限付販売の制限（Apple Developer Program使用許諾契約付属書2第2.3条、App Store Reviewガイドライン第3.1条）

App Storeでは、サブスクリプションベースのアプリサービスを除き、アプリやコンテンツに利用期限を付けて販売することを認めていません。

また、アプリ内コインを前払式支払手段として販売し、そのコインを消費してアプリ内アイテムに交換させるゲームアプリの販売手法がありますが、このような手法に対する日本国内の規制として、資金決済法があります（第6章参照）。同法は、このようなアプリ内コインは前払式支払手段と位置付け、発行者に対し、財務局への届出義務、供託金の保全、払戻しに関する規制を課しています。こうした資金決済法上の義務を回避すべく、アプリ内コインに6か月未満の利用期限を定め、アプリ内コインを同法の適用除外としたいニーズがアプリ提供者にあります。しかし、このような販売方式を採用するアプリをApp Storeで展開しようとする場合、Appleのこの規約により、利用期限を定めることができないことになります。

e　価格帯チャートの任意変更権（Apple Developer Program使用許諾契約別紙2第3.1条）

App Storeでのアプリ販売およびアプリ内コンテンツ販売にあたっては、価格帯チャート（Tier）があらかじめAppleによって定められており、この価格帯チャートに設定されていない販売価格帯でアプリおよびコンテンツを

8　EpicはAppleに対し訴訟を提起し、現在も各国で係属中です（https://www.epicgames.com/site/en-US/free-fortnite-faq）。

販売することができません[9]。

さらにAppleは、この価格帯チャートを随時変更（アップデート）することがあると定めています。実際に、2015年4月には通知から約24時間後に100円の価格帯を120円へと変更した事例があり、2022年9月19日には通知から約2週間後の10月5日より120円の価格帯を160円へ変更する旨を発表した事例があります[10]。

Appleがこのような変更を行う場合、アプリ提供者としては、Appleの価格帯チャート変更に追従する形でアプリの決済画面の価格表示を修正するとともに、アプリ利用者への案内を速やかに行う必要が生じます。

f　アプリ提供者による払戻しの禁止・Appleによる任意の返金（Apple Developer Program使用許諾契約付属書2第3.4条、同契約別紙2第6.3条）

Appleは、アプリ提供者によるアプリ利用者に対するアプリ売上の返金（払戻し）を禁止する一方、以下のいずれかの場合、Apple自身は自己の判断でアプリ利用者に払い戻すことができると規定しています。

① アプリ利用者が購入した日から90日以内、もしくは自動更新サブスクリプション期間が終了してから90日以内（かかる自動更新サブスクリプション期間が90日未満である場合）に、アプリ利用者が返金を希望している旨の通知もしくは請求をAppleが受け取った場合

② アプリがアプリ提供者の仕様、デベロッパの製品保証、もしくは適用法令の要件に準拠していない旨の通知もしくは請求をAppleが受け取った場合

アプリについて問題が発生した際など、Appleがアプリ利用者からクレームを受けた場合に迅速に対応ができることを目的としていると想像できます。アプリ提供者としては、ユーザーからのクレームを受け返金の要否について争っている間にAppleから突然返金が行われてしまい、争う余地を失うこ

9　最新の価格帯チャートについては、App Store Connectツールからリンクされるファイル「App Store Pricing」に記載されます。

10「AppおよびApp内課金の税金と価格の変更について」（https://developer.apple.com/jp/news/?id=e1b1hcmv）

とがあるなど、特にクレーム対応の場面で影響が大きい点といえます[11]。

g　アプリ提供者によるアプリ利用者への使用許諾（Apple Developer Program 使用許諾契約別紙2第4.2条、同添付書類D）

アプリ提供者は、アプリ配信の条件として自身が作成したエンドユーザー使用許諾契約を Apple に対して提出できますが、その場合、当該使用許諾契約には以下10項目を最低条件として盛り込み、この最低条件との齟齬があってはならないとの制約が課されています。これは、アプリ提供者が定める利用規約が、アプリに関する何らかの法的責任をアプリ利用者から Apple に対して直接問えるものではないことを担保するためのものです。

① 了解事項
② ライセンスの範囲
③ メンテナンスおよびサポート
④ 保証
⑤ 製品に関する申立て
⑥ 知的財産権
⑦ 法令遵守
⑧ アプリ提供者の名前および住所
⑨ 第三者の契約条件
⑩ 第三者受益者

(4)　近年改定・追加された重要な事項

a　正常に機能しなくなったAppの削除（Apple Developer Program 使用許諾契約第4条、App Store Review ガイドライン「提出前」）

過去3年間に更新がなく、最小ダウンロード数の基準を満たさない（App が全くダウンロードされていない、もしくは12か月連続でダウンロード数が非常に少ない）アプリは、Apple からの通知メールの後、90日以内にアップデート提出による改善がない場合に App Store から削除される「App Store の改

11　岡田ほか・前注1・49頁では、DPF がアプリ利用者に対し任意の返金を行う場合に、返金対象のアプリ等の販売について売上が上がっていないという整理をし、アプリ提供者に対して売上から手数料を控除した額を支払わないことで返金の負担をアプリ提供者に負わせることとなれば、独占禁止法上の優越的地位の濫用に当たり得ると指摘します。

善」プログラムが、2022年4月29日より開始されました[12]。

なお、現在利用中のアプリ利用者については、App Storeからの削除後も引き続きそのアプリを利用でき、サービスが停止されることはなく、アプリ内課金の購入も可能とされています。

b　自動更新サブスクリプション（Apple Developer Program使用許諾契約別紙2第3.8条～3.12条）

自動更新サブスクリプションとは、Appleの通知文によれば、「ユーザーがAppのコンテンツ、サービス、プレミアム機能を継続的に利用できるようにするもの」と定義されています[13]。いわゆる定期購入のことです。

従来、アプリ開発者がサブスクリプションの価格を引き上げる場合、アプリ利用者が事前にその価格を承諾（オプトイン）する必要がありました。しかし、Appleは、2022年5月16日より、以下3つの条件を満たす場合は、事前にユーザーへの通知を行うことで、ユーザーの承諾アクションなく（オプトアウト）サブスクリプションの価格を引き上げることを可能とする独自のルールを通知しました[14]。

①　値上げが1年に1回のみであること
②　値上げ幅が5米ドルおよび50％（年間サブスクリプションの場合は50米ドルおよび50％）を超えないこと
③　現地の法律により許容されていること

Column　自動更新サブスクリプションと特定商取引法の規制強化・消費者契約法との衝突

自動更新サブスクリプションは、価格改定をきっかけにアプリ利用者からサブスクリプションを解約されたくないアプリ提供者にとっては、都合のよい制度です。

しかし、この制度を採用することについて、日本においてはリスクが

12　「App Storeの改善プロセスに関する要件の明確化とタイミングの延長について」（https://developer.apple.com/jp/news/?id=gi6npkmf）
13　「自動更新サブスクリプション」（https://developer.apple.com/jp/app-store/subscriptions/）
14　「サブスクリプションの通知に関するアップデート」（https://developer.apple.com/jp/news/?id=tpgp89cl）

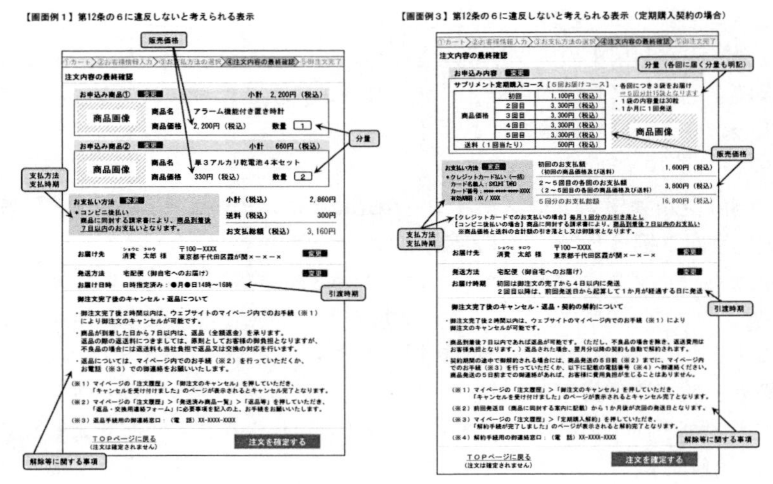

あると言わざるを得ない状況があります。2022年６月施行の改正特定商取引法において、サブスクリプション課金を悪用する詐欺的な定期購入商法への規制強化が盛り込まれたためです。

この規制強化と合わせ、消費者庁から2022年２月９日付で関連するガイドラインも公開されています[15]。そこには、今回の法改正で新設された「特定申込みを受ける際の表示」の具体例が示されています。こうした表示規制は、表示を確認したアプリ利用者（消費者）の「申込み意思」を、承諾・同意ボタン等で取得する前提として設けられていると考えるのが自然です。

さらに、消費者契約法上への抵触も懸念されます。アプリ利用者による承諾という具体的行為がないまま、アプリ提供者（およびApple）からの「通知」だけで契約の核心部分である料金を変更可能とする今回の機能を適法なものとするには、当該「通知」を閲覧したにもかかわらず解約をしないというアプリ利用者の不作為を「値上げに対するみなし承諾」と評価するぐらいしかありませんが、このような整理は、消費者契約法10条にも抵触することとなりそうです。

15　消費者庁「通信販売の申込み段階における表示についてのガイドライン」（https://www.caa.go.jp/policies/policy/consumer_transaction/specified_commercial_transactions/assets/consumer_transaction_cms202_220209_07.pdf）

（消費者の利益を一方的に害する条項の無効）
第10条　消費者の不作為をもって当該消費者が新たな消費者契約の申込み又はその承諾の意思表示をしたものとみなす条項その他の法令中の公の秩序に関しない規定の適用による場合に比して消費者の権利を制限し又は消費者の義務を加重する消費者契約の条項であって、民法第１条第２項に規定する基本原則に反して消費者の利益を一方的に害するものは、無効とする。

以上をまとめると、同機能を利用して通知のみでサブスク値上げをしたいアプリ提供者としては、上記３要件（具体的には前記ｂの①と②）について規約で定めておき、アプリ利用者からあらかじめ同意を得ておくことがリスク低減のためには有益といえるでしょう（第３章117頁参照）。もっとも、値上げ幅等によってはやはり消費者契約法上の問題が払しょくされない点には留意が必要です。

ｃ　外部リンクのアカウントエンタイトルメント（App Store Reviewガイドライン第3.1.3条）

前記(3)ｃでも述べたとおり、Appleは、アプリ提供者がアプリ利用者に対し、アプリ内課金API（In-App Purchase API：IAP）を介さずに課金することを原則として認めていません。

一方で、Kindleアプリに代表されるような、外部のウェブサービス上で以前に購入したコンテンツまたはコンテンツのサブスクリプション（具体的には、雑誌、新聞、書籍、オーディオ、音楽、ビデオ）に、ユーザーがアクセスできるようにするための「リーダーApp」については、App内課金以外の購入方法を認めてきました。

ただし、この「リーダーApp」であっても、アプリからApp外の購入方法へ直接誘導する「アウトリンク」については、使用許諾契約の原則に立ち返り、これを認めてきませんでした。

そのため、ユーザーがKindleのデジタルコンテンツを購入しようとする際には、一時的にKindleアプリから離脱し、ブラウザ（Safari等）からAmazonのウェブサイトにログインして、自身のKindleアカウントによってデジタルコンテンツを購入した後、もう一度Kindleアプリを開き直してアプリに反映された購入済みコンテンツにアクセスするといった手間が発生していました。

Appleによるこのような制約については、独占禁止法の観点から問題視した日本の公正取引委員会が調査を開始していましたが、その後、Appleが改善措置を実施したことを確認したとして、2021年9月2日付で、審査を終了しています[16]。そしてAppleは、約半年後の2022年3月31日にApp Store Reviewガイドライン第3.1.3条および同3.1.3条(a)を変更し、アプリから直接のアウトリンクを認めることとしました。

ただし、アプリ提供者がこれを採用する場合には、Appleが指定するExternal Link Account APIを実装し、アプリが条件に適合しているか審査を受ける必要があります。なお、ゲームアプリ等、リーダーApp以外での適用は認められません。

d　アカウントの削除機能に関する要件の適用（App Store Reviewガイドライン第5.1.1条）

2022年6月30日より、利用者にアプリ内でアカウントを作成させるアプリについては、利用者自身がアプリ内でそのアカウントを削除できる機能を提供することが義務化されました。

具体的な要件については、ガイドラインからリンクされたサポートページ

図表2—6

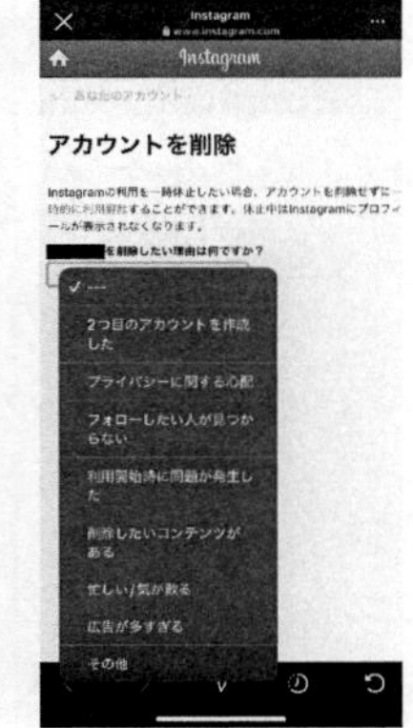

16　公正取引委員会「（令和3年9月2日）アップル・インクに対する独占禁止法違反被疑事件の処理について」（https://www.jftc.go.jp/houdou/pressrelease/2021/sep/210902.html）

「App 内でのアカウント削除機能の提供[17]」を読み解く必要がありますが、主なポイントは以下３点です。

① 「レコード全体および関連する個人データ」をアプリ提供者のデータベースから削除しなければならず、単なるアカウントの無効化では要件を満たさない
② 法令上で個人情報の削除請求権が規定されていない国・地域においても、Apple 独自のプライバシー保護施策として対応が必要
③ ゲストアカウントであっても対象

一例として、Instagram アプリでは、アプリ内メニューの「アカウント削除」をタッチして進むと、アプリ内で Web ブラウザが立ち上がり、アプリ内でのログイン情報を引き継いだ形で Instagram ウェブサービス上にあるアカウント削除申請ページに接続され、利用者による削除請求が可能となっています（図表２—６）。

このような実装方法については、Apple の上記サポートページに「App Store Review ガイドライン４に記載されているように、App 内のリンクからデフォルトの Web ブラウザに転送してサインインやアカウント登録する方法は、使い勝手が悪いため不適切です。」との記載があることに注意が必要です。アプリ内から削除申請が完結できず、デフォルト Web ブラウザを起動し申請プロセスをスタートさせる（改めてサービスにログインし直させる）実装方法を採用した場合、Apple の審査上、ネガティブな結果につながることが想定されます。

e HTML 5 ゲームや Bot など（App Store Review ガイドライン第 4.7 条）

アプリストア経由で配信しインストールさせることなく、ブラウザ上で実行可能な HTML5 を用いてアプリ（ミニアプリ）を配信するニーズが高まっています。これに対し、Apple は、2020 年６月 30 日付で、HTML5 ベースのゲームや Bot などをアプリに組み込んで配信することにつき以下の条件を満たすことを要求するガイドライン改定を行いました。

17 https://developer.apple.com/jp/support/offering-account-deletion-in-your-app/

① 無料で提供されているか、App 内課金で購入できること
② 標準の WebKit ビューで利用可能な機能のみを使用していること
③ Apple Developer Program に参加しており、Apple Developer Program 使用許諾契約に署名しているデベロッパによって提供されていること
④ 現実のお金を使用する賭博ゲーム、宝くじ／ロト、または慈善寄付活動へのアクセスを提供していないこと
⑤ 本「App Store Review ガイドライン」の規約に準拠していること
⑥ 販売を目的としたデジタル商品またはデジタルサービスを提供していないこと

上記②により、ブラウザアプリを iOS で配信するためには、Apple が中心となって開発された WebKit をブラウザエンジンとして採用する必要があります。しかしこの WebKit は、ブラウザ上で実行可能なミニアプリをネイティブアプリと同等に動作させるための機能をサポートすることには消極的です。Apple は、iOS 上で動くブラウザエンジンに技術的制約を課すことにより、ブラウザで実行するミニアプリに関して、自社プラットフォーム上で配信されるネイティブアプリとの競争を発生させない意図があるのでは、という指摘があります[18]。

こうした技術的制約に加えて、ガイドラインが上記①〜⑥の制約を課していることにより、アプリ提供者は、iOS デバイスに対しブラウザ上で独自のミニアプリを配信・販売し収益を上げることが困難になっています。

f　Apple でサインイン（Apple Developer Program 使用許諾契約第 3.3.54 条、App Store Review ガイドライン第 4.8 条）

ID・パスワードを入力させる認証方式の手間を削減する解決策として、SNS 等のアカウント情報と連携するボタンを画面上に設置し、アプリへのログインを簡単にするソーシャルログインと呼ばれる仕組みがあります。特に、Google、Facebook、Twitter のアカウントと連携するソーシャルログインが有名です。

アプリ開発者がこうしたソーシャルログイン機能をアプリ利用者に提供す

18　デジタル市場競争会議「モバイル・エコシステムに関する競争評価中間報告」2022 年 4 月 26 日 159 頁（https://public-comment.e-gov.go.jp/servlet/PcmFileDownload?seqNo=0000235358）

る場合、Appleが提供するソーシャルログイン「Appleでサインイン」についても、同等の選択肢として組み込まなければならず、例えば「Googleでサインイン」ボタンだけを提供することは認められていません。

4　Googleデベロッパー向け規約

(1)　規約の全体構造（82頁、図表2—14参照）

アプリ提供者がGoogle Playストアでアプリを販売するためには、アカウントを取得しGoogleが指定する方法にのっとりアプリを制作し、Googleの審査を通過しなければなりません。このアプリ開発者アカウントを取得するにあたっては、Googleが定める規約を確認の上、これに同意する必要があります。

Googleのデベロッパー向け規約は、

① Google Playデベロッパー販売／配布契約
② Google Playデベロッパープログラムポリシー

この２つに、

③ Google Play Console利用規約

を加えた３つに大きく分類されます。

Google Playストアでアプリを配信したいアプリ提供者は、Googleの開発者アカウントを取得します。この開発者アカウント作成時に画面上で同意を求められる規約が、①の「Google Playデベロッパー販売／配布契約」および③の「Google Play Console利用規約」です。

また、②の「デベロッパープログラムポリシー」は①を補足する文書ですが、一部にアプリ開発者によるGoogle Playストアの利用を制約する重要な記述が含まれていることに注意が必要です。

これらの規約群の中で、アプリ提供者にとって実務上最も参照頻度が高いのは、Google Playストアにおけるアプリ配信条件の詳細を明文化した②です。ただし、このデベロッパープログラムポリシーに違反した場合の契約上の効果（ペナルティ）を規定しているのは①・③であるため、これらもあわせて理解しておく必要があります。

図表2―7　Google Play Console デベロッパーアカウント登録画面[19]

なお、Google が定める規約群は、Apple のそれと異なり、PDF ファイル形式の不動文字で提供されておらず、ウェブサイトに HTML で動的に記述・表示される形式で提供されます。規約の内容やその修正点についても、個別テーマや条項別に URL が分割されていて、一覧で表示・確認できません。

このような事情から、Google の規約群は全体像、個別規約ともに把握がしにくいことに十分留意しながら、①〜③の内容について、ポイントを絞って理解・確認しておく必要があります。

⑵　規約中、特に理解しておくべき基本的な事項

a　アプリ提供者は、マーケットプレイスサービスプロバイダとして Google（Google Asia Pacific Pte. Ltd.）を任命・指定し、アプリ利用者に対してアプリを販売させる（Google Play デベロッパー販売／配布契約第 3.1 条）

アプリ提供者が Google を「マーケットサービスプロバイダ」として指名

19　https://play.google.com/console/u/1/signup/playSignup

し、Googleに対しアプリの販売をライセンスすべきことを定めています。

マーケットサービスプロバイダの法的位置付けがどのようなものかについて、規約上明確な定義はありません。一見すると代理人のようですが、Google Playデベロッパー販売／配布契約第3.4条および同条よりリンクされた「最終販売責任を負う商業者」対象国リスト[20]において、「デベロッパー販売／配布契約においてGoogleは、デベロッパーを本人とするデベロッパーの代理人として、以下の国／地域内のユーザーに販売または提供される対象製品について最終販売責任を負う商業者です」と定めたリストに日本が含まれていないことから、Googleは自身を日本における民法上の代理人には当たらないものと位置付けていることがわかります。この点、自身を日本の民法上の代理人と位置付けたAppleとスタンスが異なっています。

なお、Googleが「マーケットサービスプロバイダ」として行う業務の内容は、「ユーザーが表示、ダウンロード、および購入できるようにデベロッパーの対象製品を表示および提供」することと記載されています。

b　アプリの配信はGoogle Playストアを経由することが前提、ただし他社が運営するアプリマーケット等を経由した配信も禁止されていない（Google Playデベロッパー販売／配布契約第8.4条）

Googleは、Google Pixelのような自社開発端末に加え、Samsung Galaxy等のAndroid OS端末メーカーおよび認定プロバイダ（対象端末のユーザーに販売された対象製品について販売手数料を受け取ることを認められた者）と販売契約を締結し、Google Playストアアプリをプリインストールさせ、アプリ提供者がAndroid OS端末にアプリを配信する場合にはGoogle Playストア経由で配信できるよう環境整備を行っています。他方、アプリ提供者がGoogle Playストアを介さずにアプリ配信を行う（ユーザーにダウンロードさせる）ことも禁止していません。

このような、OSを管轄する事業者が運営するストアの事前審査等を介さずに、第三者が運営するアプリストアやウェブサイトから端末にアプリをダウンロードする行為を、一般に「サイドローディング」と呼びます[21]。Android OS端末では、このサイドローディングが可能である点が、App Storeを経由しないアプリダウンロードが一切認められていないiPhone等

20　https://support.google.com/googleplay/android-developer/answer/7645364

21　デジタル市場競争会議・前注18・98頁

iOSデバイスとの大きな違いです。

なお、Android OSの仕様上、サイドローディングされるアプリについてはGoogleがアプリ審査を行っておらず、セキュリティを保証できないことから、インストールを許可するための特別な操作がアプリごとに必要となります。

c　有料アプリを配信するアプリ提供者は、Googleに対し手数料の支払い義務を負う（Google Playデベロッパー販売／配布契約第3.4条）

アプリ提供者がGoogle Playストア上で設定し販売した販売価格に対しては、「サービス手数料」が課されます。Googleは、2021年7月より年間売上高を管理するためのアプリ提供者の登録制度を設けた上で、その手数料を以下のように定めています。

①　15％のサービス料ティアに登録済みのアプリ提供者の場合、
　年間売上高100万米ドルまで：15％
　年間売上高100万米ドルを超える部分：30％
②　15％のサービス料ティアに登録していないアプリ提供者の場合：30％
③　サブスクリプションで提供されるアプリ：15％

d　Googleは、アプリ提供者のアカウントおよびアプリの生殺与奪権を持つ（Google Playデベロッパー販売／配布契約第8.3条、同契約第10.3条）

アプリが以下の条件に該当する場合、Googleは、自身の単独の裁量において、アプリを非承認（承認拒絶）、Google Playストアまたは端末から削除、公開停止等ができる旨が定められています。

①　適用される法律に違反している場合
②　Google Playデベロッパー販売／配布契約に違反している場合
③　端末メーカーおよび認定プロバイダとの販売契約に違反する場合
④　Googleまたは認定プロバイダに悪影響を及ぼす可能性がある場合

また、以下の条件に該当する場合には、直ちに（適用法によって義務付けられている場合は30日前までに書面にて通知することにより）契約を終了し、アカウントを停止（Play Consoleへのアクセス停止）する旨が定められています。

① 本契約、秘密保持契約、その他のGoogle PlayストアまたはAndroidプラットフォームに関連する契約の規定に違反した場合
② 法律により解約を義務付けられた場合
③ アプリ提供者が認定デベロッパーでなくなった、必要な条件を満たすデベロッパーでなくなった、またはAndroidソフトウェアの使用を禁止された場合
④ GoogleがGoogle Playストアの提供を終了すると決定した場合
⑤ デベロッパー、もしくはデベロッパーの対象製品が、Google、ユーザー、または第三者パートナーに、経済的、レピュテーションまたは安全上の悪影響を及ぼす可能性がある場合

従来は、Googleが本条を根拠にアプリの非承認や削除、アカウント停止を行うケースはAppleと比較すると少ないと認識されていましたが、近年ではGoogleも厳格な基準で取締りを行うようになり、こうした生殺与奪権の存在がアプリ提供者に大きな影響を与えています。

e　Googleは、アプリ提供者・アプリ利用者双方に対し、損害賠償責任等を負わない（Google Playデベロッパー販売／配布契約第4.10条、同契約第13条～14条）

アプリおよびアプリ提供者の行為の結果として生じた損害については、アプリ提供者が単独で責任を負い、Googleはデベロッパーに対して間接損害・偶発的損害・特別損害・結果的損害・懲罰的損害を含む一切の責任を負わず、アプリ提供者が発生させた損害等についてGoogleを補償し免責すべき旨が定められています。

f　紛争解決は、カリフォルニア州法を準拠法とし、米国裁判所を管轄とする（Google Playデベロッパー販売／配布契約第16.8条）

契約の準拠法をカリフォルニア州法とし、裁判管轄をカリフォルニア州地方裁判所、連邦裁判所等を独占的裁判地とすることに同意が求められます。

(3) アプリ提供者に課される主な制約

a　アプリ開発者向けサービスの使用条件およびアプリ制作時のプログラム要件遵守（Google Play デベロッパー販売／配布契約第 4.1 条）

アプリ提供者は、デベロッパープログラムポリシーを遵守してアプリを開発・運用しなければならないことが定められています。

以下、デベロッパープログラムポリシーの中で、特に注意すべきポイントをピックアップします。

(a) アプリを介したアプリ利用者データの収集制限（ポリシーセンター＞プライバシー、詐欺、デバイスの不正使用＞ユーザーデータ）

アプリ利用者の個人情報・機密情報の収集は、アプリの機能の提供や改善に直接関係するものに限定すべきこと、これらを使用して広告を配信するアプリは、Google の広告ポリシーを遵守すること、最新の暗号手法を用いて安全に扱うべきこと、Android の権限によって制限されているデータへのアクセス時には可能な限り実行時の権限をリクエストすること、アプリ利用者の個人情報や機密情報を販売しないことが定められています。

また、データの収集・使用・共有時には、（プライバシーポリシーや利用規約等に掲載するだけでなく）アプリ内でアクセスまたは取集するデータの種類、どのように使用・共有するかを説明するとともに、アプリ利用者から明示的な同意を取得することが求められており、以下のサンプルフォーマットが提示されています。

図表２—８　アプリ利用者データ取得同意文言のサンプルフォーマット[22]

> **ポリシーの要件を遵守するには、認識しやすい開示に関する以下のサンプルフォーマットを必要に応じて参照することをおすすめします。**
>
> - **「[このアプリ] は、[機能] を可能にするために、[想定される状況]、[データの種類] を [収集 / 転送 / 同期 / 保存] します。」**
> - **例: 「Fitness Funds は、フィットネスの記録を可能にするために、アプリが閉じているときや使用されていないときでも、位置情報を収集します。また、位置情報は広告をサポートするためにも使用されます。」**
> - ***例: 「Call buddy は、組織への連絡を可能にするために、アプリが使用されていないときでも、通話履歴の書き込みと読み込みのデータを収集します。」***

22　https://support.google.com/googleplay/android-developer/answer/11995078

図表2—9　「データセーフティフォーム」で申告が必要となるデータ（一部抜粋）[23]

カテゴリ	データの種類	説明
位置情報	おおよその位置情報	3平方キロメートル以上の地域でのユーザーまたはデバイスの物理的な位置情報（例：ユーザーがいる都市、Android の ACCESS_COARSE_LOCATION 権限によって提供される位置情報）。
	正確な位置情報	3平方キロメートル未満の地域内にあるユーザーまたはデバイスの物理的な位置情報（例：Android の ACCESS_FINE_LOCATION 権限によって提供される位置情報）。
個人情報	名前	ユーザーの姓名、ニックネームなど、ユーザーが自身を表記する方法。
	メールアドレス	ユーザーのメールアドレス。
	ユーザー ID	特定できる個人に関連する識別子。（アカウント ID、アカウント番号、アカウント名など）。
	住所	ユーザーの住所（送付先住所や自宅の住所など）。
	電話番号	ユーザーの電話番号。
	人種、民族	ユーザーの人種や民族に関する情報。
	政治信条、宗教	ユーザーの政治信条または宗教に関する情報。
	性的指向	ユーザーの性的指向に関する情報。
	その他の情報	生年月日、性同一性、従軍経験など、その他の個人情報。
財務情報	ユーザーのお	クレジット カード番号など、ユーザーの金融口座に関する情報。

さらに、2022年7月20日以降は、アプリの配信・更改にあたって、Play Consoleから「データセーフティフォーム」の送信が義務付けられ、アプリ利用者から収集するデータの種類と用途の申告が求められるようになりました。

この設定により、アプリ利用者に対し、当該アプリによって収集されるデータとその利用方法が、ストア内の「データセーフティ（Data Safety）」欄にアイコンと文字で表示される仕組みになっています（次頁図表2—10）。

23　https://support.google.com/googleplay/android-developer/answer/10787469

図表２―10　アプリがユーザーデータを共有する場合に表示される情報[23]

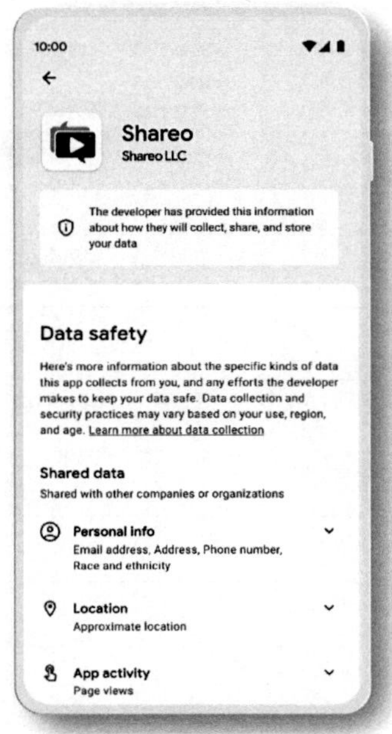

(b)　アプリ内コンテンツに対する制限（ポリシーセンター＞制限されているコンテンツ＞不適切なコンテンツ、ポリシーセンター＞知的財産権＞知的所有権）

有害または不適切なコンテンツとして以下の基準が定められ、これらの内容を含むコンテンツをアプリ内で提供することが禁止されています。

①　性的なコンテンツと冒とく的な表現
②　ヘイトスピーチ
③　暴力
④　配慮が求められる事象（国家の非常事態、自然災害、公衆衛生上の緊急事態、紛争、死、その他の悲劇的な事象に対する配慮を欠く、またはそのような事象）
⑤　いじめや嫌がらせ
⑥　危険なプロダクト（爆発物、銃器、弾薬、特定の銃器用品の販売を促進するアプリ）

⑦　マリファナ
⑧　タバコとアルコール

また、以下のような、他者の知的所有権を侵害するまたは侵害を助長・誘導するアプリの配信も認めないとしています。

①　著作権で保護されているコンテンツの無断使用
②　著作権侵害の助長
③　商標権侵害
④　偽造品

(c)　プロモーションの制限（ポリシーセンター＞制限されているコンテンツ＞現金を伴うギャンブル、ゲーム、コンテスト、ポリシーセンター＞ストアの掲載情報とプロモーション）

アプリのプロモーション方法に関し、Apple と比較して詳細な制約が課されています。

まず特徴的な点として、ギャンブル性・ゲーム性・コンテスト性のあるプログラムについて、オンラインクレーンゲームについては日本のみを対象に2023 年 7 月 11 日までを「試験運用期間」としてパイロットプログラムを用意し、一定の手続の下提供を可としています。

また、実世界の賞品または金銭的に同等のものをユーザーに提供するポイントプログラムについては、一定の比率（文書による開示が必要）／スケジュールに基づくポイント特典のみを許可しています。アプリ内で「ルートボックス」や「ガチャ」と呼ばれるランダム型アイテム提供方式を採用する場合も、この制約に服することになると考えられます。

その他、メタデータ、アプリ利用者の評価、IARC（International Age Rating Coalition）に準拠したコンテンツのレーティングに基づき、プロモーション方法を審査する旨が定められています。

b　アプリ公開時・更新時の審査（Google Play デベロッパー販売／配布契約第 8.3 条）

Google Play ストアでアプリを配信する場合、アプリ公開時・更新時に Google による事前審査を受ける必要があります。

審査にかかる期間について、従前はアプリを Google に提出して数時間内に公開され、公開後に審査対象とされるケース（つまり事後審査）がほとんどでしたが、最近は事前審査に数日を要するようになり、長期化する傾向にあります。Googleのヘルプページには、「一部のデベロッパーアカウントについては、通常より時間をかけて詳細に審査することがあります。最大で7日程度ですが、例外的にさらにかかる場合もあります。」との記載があります[24]。

なお、Googleは主なアプリの却下理由を公開していません。

c　アプリ内課金システム利用の強制（Google Playデベロッパー販売／配布契約第3.4条）

Appleが原則としてApp Storeを介さない外部課金を認めていないのに対し、Googleは規約上、

① 認定プロバイダ：Google Playを通じてアプリ利用者に販売した製品に対する支払いをアプリ提供者が受けるためのサービスを提供することをGoogleに承認された、Google以外の第三者の事業体

② 決済代行業者：アプリ提供者がGoogle Playを通じて販売する製品に対する支払いを受けるためのサービスを提供する、Googleと提携関係にある事業体

を経由した課金を認めています。さらに、Android OSではGoogle以外の第三者がアプリストアを運営することも可能とされていますが、ストアにアプリ提供者が集まるほどアプリ利用者も集まる「間接ネットワーク効果」等の特性により、Androidについても、アプリストアレイヤーは事実上Google Playストアの寡占状態にあるといわれています[25・26]。

このようなアプリストアの寡占およびアプリ提供者に手数料を一律に課すルールを不服として、2020年8月に人気ゲームアプリ「Fortnite（フォートナイト）」を運営するEpic Gamesが、ゲーム内アイテムをGoogle Playスト

24　https://support.google.com/googleplay/android-developer/answer/9859751

25　デジタル市場競争会議・前注18・31頁

26　日本においても、2015年に楽天アプリ市場などの第三者アプリストアが立ち上げられ、アプリ開発者から徴収する手数料をGoogle Playストアの半額とし、アプリ利用者にもポイント還元するなどの販売手法が展開されましたが、サービスを終了しています。「アプリストア『楽天アプリ市場』終了へ　サービス開始から1年で」（https://www.itmedia.co.jp/news/articles/1609/12/news122.html）

アの販売価格よりも安く自社サイト経由で購入できるようにし、Googleから取引を停止（アプリをストアから削除）された事件があります[27]。

また、Kindleアプリに代表されるような、外部のウェブサービス上で以前に購入したコンテンツまたはコンテンツのサブスクリプション（具体的には、雑誌、新聞、書籍、オーディオ、音楽、ビデオ）に、ユーザーがアクセスできるようにするためのいわゆる「リーダーApp」については、Google Playストアで配信されたアプリであっても、Google Playストアの課金システムを利用せずにコンテンツを購入することも認めてられていました。そうした中、Googleは、このアプリ課金ルールについて、2020年9月に大きな軌道修正を発表し、リーダーApp内でGoogle Playストアの決済システムを利用しないコンテンツ販売を原則禁止することとしました[28]。この変更ルールの適用には一定の猶予期間（当初は2021年9月30日まで、その後申請に基づく延期が認められ2022年3月末日まで）が設けられ、こうしたGoogle Playストアの課金システム外でデジタルコンテンツを販売していたKindle、Netflix等のリーダーAppが対応を迫られる結果となりました。

日本での具体例としては、2022年2月、カルチュア・コンビニエンス・クラブ、東芝、凸版印刷らが運営する電子書籍リーダーアプリ「ブックライ

図表2—11　ブックライブ「ブックライブ for Androidアプリの提供方法の変更について」[29]

配信スケジュール	アプリ配信元	2月16日	3月30日
ブックライブ for Android ~Ver3.5.1（現行アプリ）	Google Play	GooglePlayでの配信（アップデートが可能なアプリです）	GooglePlayでの配信を停止
ブックライブ PLUS Ver3.6.0~（新公式アプリ）	ブラウザのブックライブストア	ブックライブストアでの配信	
ブックライブ for Android Ver1.0.0（ストア機能のないアプリ）	Google Play		GooglePlayでの配信

27　EpicはGoogleに対し訴訟を提起し、現在も各国で係属中です（https://www.epicgames.com/site/en-US/free-fortnite-faq）。なお、Androidでは独自アプリストアの開設が可能であるため、同社はGoogle Playからアプリを削除された後も、Epic Games Appを介してFortniteの配信と販売を継続しています。

28　https://android-developers.googleblog.com/2020/09/listening-to-developer-feedback-to.html

29　https://www.booklive.co.jp/archives/13991

ブ」が、

① Google Play ストア版の現行アプリは、2022 年 3 月 30 日をもって配信を停止
② Google Play ストア外で配布する新公式アプリでは、これまでの決済手段を利用可能
③ 2022 年 3 月 30 日配布開始の Google Play ストア版の新アプリは販売機能のない閲覧アプリ化

とすることを利用者向けに告知し、新アプリへの移行を促すプレスリリースを掲出しています。

d　Google による任意の返金（Google Play デベロッパー販売／配布契約第 3.8 条）

Google は、Apple のスタンスと異なり、アプリ提供者によるアプリ利用者に対するアプリ売上の返金（払戻し）を禁止していません。その上で、購入から 48 時間以内であれば、アプリ利用者が Google Play ストア上で払戻しをリクエストすることにより、Google が自己の判断でアプリ利用者にアプリ売上を返金するとしています。この返金は初回購入分であれば無条件で返金されます。一方、48 時間経過後は、アプリ利用者からアプリ提供者に直接返金請求をするよう誘導しています。

アプリについて問題が発生した際など、Google がアプリ利用者からクレームを受けた場合に迅速に対応ができることを目的としていると想像できます[30]。

なお、Apple が 90 日以内の返金を任意に行うとしているのと比較すると、期間が短く設定されているのが特徴です。

30　岡田ほか・前注 1 および 11 参照。

(4)　近年改定・追加された重要な事項

a　韓国における外部課金システム利用の容認（Google Play デベロッパープログラムポリシー＞収益化と広告＞お支払い第８項）

韓国のユーザーからのアプリ内購入に対する支払いについては、アプリ提供者は、Google に対し追加のアプリ内課金申告フォームの提出を完了し、追加規約とプログラム要件に同意することにより、Google Play ストアの課金システムに加えて、独自のアプリ内課金システムまたは第三者が提供する課金システムを利用したアプリ決済を行うことができます。

ただし、この場合であっても、Google Play ストアを経由してアプリを配信している以上、Google に対する手数料の支払いが不要になるわけではない点、注意が必要です。具体的には、Google Play ストア所定の 15％または 30％の手数料のうち４％分のみ引き下げられ、11％または 26％の手数料率が適用されることとなります[31]。

b　User Choice Billing に関するパイロットプログラム

2022 年３月 23 日、Google は、アプリ提供者が Google 以外の決済システムを提供できるようにするパイロットプログラムを開始し、最初のパートナーとして Spotify を選んだことを発表しました[32]。同年９月１日には、以下地域のゲーム以外のアプリに対象を拡大し、パイロットプログラムの適用申請を受け付けることを発表しています[33]。

- 欧州経済領域（EEA）諸国
- オーストラリア
- インド
- インドネシア
- 日本

このパイロットプログラムへの参加により、韓国における外部課金システム利用の場合と同様、15％または 30％の手数料のうち４％分が引き下げら

31　https://developers-kr.googleblog.com/2021/11/enabling-alternative-billing-in-korea-en.html
32　同記事の日本語翻訳・加筆版は 2022 年７月 22 日に掲載されています（https://android-developers-jp.googleblog.com/2022/07/user-choice-billing.html）。
33　https://support.google.com/googleplay/android-developer/answer/12570971

れ、11％または26％の手数料率が適用されることとなります。

c　定期購入の解約オプション提供（Google Play デベロッパープログラムポリシー＞収益化と広告＞定期購入）

Google Play ストア上で定期購入形式での課金を行う場合、アプリ利用者がその購入手続と同様にアプリ内から簡単に解約ができるよう、アプリのアカウント設定またはそれに相当するページに、以下のいずれかのリンクを設置することが必要となりました。

① Google Play ストアの定期購入センターへのリンク（Google Play ストアの課金システムを使用するアプリの場合）
② 解約手続に直接アクセスできるリンク

図表2—12　定期購入の解約オプションリンク設置例[34]

定期購入 例

①
アプリの「プロフィール」セクション内に、アプリ内で定期購入を解約するためのオプションが表示されています

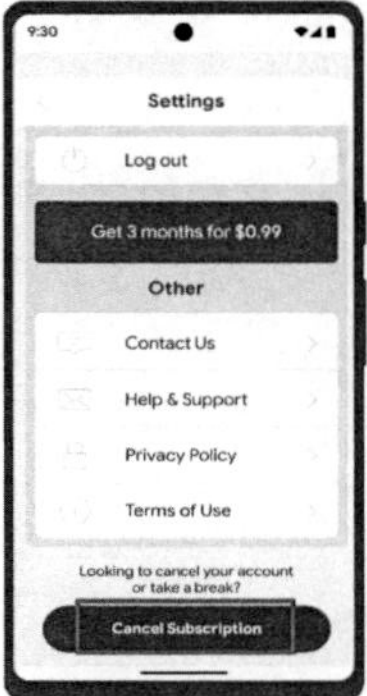

②
Google Play の「お支払いと定期購入」センター内で解約オプションが提供されています

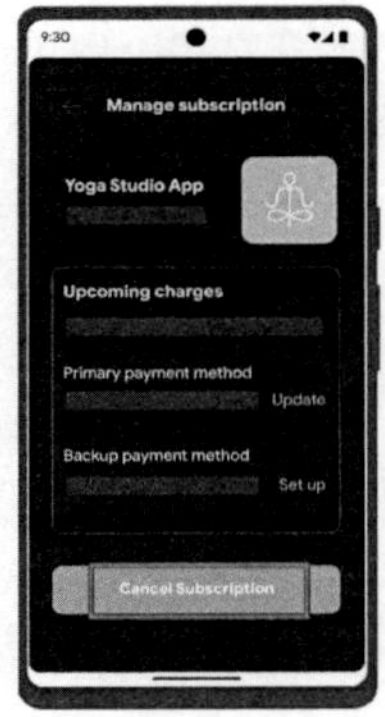

34　Google Play PolicyBytes - 2022年7月ポリシーアップデート（https://youtu.be/oPrj3-mAWs8）

Column アプリ削除・アカウント停止事例調査から規約条文を理解する

デベロッパー向け規約は、長大で条文構造も複雑です。それだけに、一度や二度最初から最後まで読み通したとしても、その内容を把握・理解できるアプリ提供者はほとんどいないはずです。

そこで規約を読み込む前にお勧めしたいのが、実際過去にDPFとアプリ提供者の間で発生し、デベロッパー向け規約が適用されたトラブルを調査する作業です。

「アプリ　ガイドライン　審査　リジェクト」

「Apple/Google　アプリ　削除　規約　事例」

「アプリデベロッパー　規約　アカウント停止　お知らせ」

このような検索ワードでネットを検索すると、少なくない数のアプリ提供者が、DPFが定めたデベロッパー向け規約の適用について体験談を共有しています。また、デベロッパー向け規約に定める禁止条項に抵触し、アプリを削除またはアカウントを停止されるなど、審査の結果取引を拒絶された旨を公式にプレスリリースしている企業の実例も見つけることができます。

規約条文をこうした実例と照らし合わせながら読むことで、アプリ提供者のどのような行為がどの規約の定めに抵触することになるのか、リアリティを伴って具体的に把握・理解できるようになります。

図表２―１３　Apple デベロッパー向け規約　全体構造

契約	構成		項目
① Apple Developer Program 使用許諾契約	目的		
	1. 本契約の受諾、定義		
	2. 内部使用ライセンスおよび制限		
	3. デベロッパの義務		
	4. プログラム要件または契約条項の変更		
	5. Apple 証明書；取消し		
	6. アプリケーションの提出および選定		
	7. アプリケーションおよびライブラリの配布		
	8. プログラム料金		
	9. 秘密保持		
	10. 補償		
	11. 契約期間および解除		
	12. 補償の免除		
	13. 責任の制限		
	14. 一般法的条項		
	付属書１（本契約に対する）Apple プッシュ通知サービスおよびローカル通知に関する付加条件		
	付属書２（本契約に対する）In-App Purchase API の利用に関する付加条件		
	付属書３（本契約に対する）Game Center に関する付加条件		
	付属書４（本契約に対する）iCloud の使用に関する付加条件		
	付属書５（本契約に対する）パスに関する付加条件		
	付属書６（本契約に対する）Apple マップサービスの使用に関する付加条件		
	付属書７（本契約に対する）Safari 拡張機能に関する付加条件		
	付属書８（本契約に対する）WeatherKit API の利用に関する付加条件		
	付属書９（本契約に対する）Apple Developerアプリケーションを通じて購入したサブスクリプションに関する付加条件		
	別紙１		
② 有料 App 契約（Apple Developer Program 使用許諾契約の別紙２と別紙３）	別紙２		1. 代理人およびコミッショナーの指名
			2. Apple へのライセンスアプリケーションの配信
			3. エンドユーザーへのライセンスアプリケーションの配信
			4. 所有権およびエンドユーザーへの使用許諾
			5. コンテンツの制約およびソフトウェアのレーティング
			6. 義務および責任
			7. 終了
			8. 法的影響
	別紙３		1. 代理人およびコミッショナーの指名
			2. Apple へのカスタムアプリケーションの配信
			3. エンドユーザーへのカスタムアプリケーションの配信
			4. 所有権およびエンドユーザーへの使用許諾
			5. コンテンツの制約およびソフトウェアのレーティング
			6. 義務および責任
			7. 終了
			8. 法的影響
	添付書類 A		1. 代理人としての Apple
			2. コミッショナーとしての Apple
	添付書類 B		
	添付書類 C		1. オーストラリア
			2. ブラジル
			3. カナダ
			4. チリ
			5. 日本
			6. 韓国
			7. マレーシア
			8. メキシコ
			9. ニュージーランド
			10. シンガポール
			11. 台湾
			12. タイ
			13. 米国
			14. 添付書類A第２条に記載されている地域におけるエンドユーザー
	添付書類D	デベロッパのエンドユーザー使用許諾契約の最低条件に関する指示事項	
	添付書類E	App Store 追加規約	1. App Store での見つけやすさ
			2. App Store データへのアクセス
			3. 苦情および調停に関する P2B 規則

③ Apple Developer 契約	1. Apple との関係、AppleID とパスワード	
	2. Developer の特典	
	3. 制限	
	4. 秘密保持	
	5. Apple 秘密情報の開示および利用の禁止	
	6. 秘密性のあるプレリリース資料のライセンスおよび制限	
	7. デベロッパコンテンツのライセンスおよび制限	
	8. 互換性検証ラボ、Developer Technical Support（DTS）	
	9. 修正契約、連絡	
	10. 契約期間および終了	
	11. Apple による独立した開発	
	12. Apple の商標、ロゴ等の利用	
	13. 保証の否認	
	14. 責任の否認	
	15. 第三者の通知および製品	
	16. 輸出管理	
	17. 準拠法	
	18. エンドユーザーが政府である場合	
	19. その他	
④ App Store Review ガイドライン	はじめに	
	提出前	
	1. 安全性	1.1　不適切なコンテンツ
		1.2　ユーザー生成コンテンツ
		1.3　「子ども向け」カテゴリ
		1.4　物理的な危害
		1.5　デベロッパ情報
		1.6　データのセキュリティ
		1.7　犯罪行為の報告
	2. パフォーマンス	2.1　App の完全性
		2.2　ベータ版テスト
		2.3　正確なメタデータ
		2.4　ハードウェアの互換性
		2.5　ソフトウェア要件
	3. ビジネス	3.1　支払い
		3.2　その他のビジネスモデルの問題
	4. デザイン	4.1　模倣
		4.2　最低限の機能性
		4.3　スパム
		4.4　Extension
		4.5　Apple のサイトとサービス
		4.6　App の代替アイコン
		4.7　HTML5 ゲームや Bot など
		4.8　Apple でサインイン
		4.9　ストリーミングゲーム
	5. 法的事項	5.1　プライバシー
		5.2　知的財産
		5.3　賭博ゲーム、ギャンブル、宝くじ／ロト
		5.4　VPN App
		5.5　モバイルデバイス管理
		5.6　デベロッパ行動規範
	提出後	

図表２―14　Google デベロッパー向け規約　全体構造

規約	項目	細目
① Google Play デベロッパー 販売／ 配布契約	1. 定義	
	2. 本契約への同意	
	3. 取引関係、価格、支払い、および税金	
	4. デベロッパーによる Google Play の使用	
	5. 許可	
	6. ブランド表示および広報	
	7. プロモーション活動	
	8. 対象製品の削除	
	9. プライバシーおよび情報	
	10. 本契約の終了	
	11. 表明および保証	
	12. 保証に関する免責事項	
	13. 責任の制限	
	14. 補償	
	15. 契約の変更	
	16. 法的一般条項	
② Google Play デベロッパー プログラム ポリシー	制限されているコンテンツ	児童を危険にさらす行為
		不適切なコンテンツ
		金融サービス
		現金を伴うギャンブル、ゲーム、コンテスト
		違法行為
		ユーザー作成コンテンツ
		健康に関するコンテンツおよびサービス
	なりすまし	
	知的財産	
	プライバシー、詐欺、デバイスの不正使用	ユーザーデータ
		機密情報へのアクセスに関する権限と API
		デバイスやネットワークでの不正行為
		虚偽の振る舞い
		不実表示
		秘密情報へのアクセスに関する権限と API
	収益化と広告	お支払い
		広告
		定期購入
		ファミリー向け広告プログラム
	ストアの掲載情報とプロモーション	アプリのプロモーション
		メタデータ
		ユーザーの評価、レビュー、インストール
		コンテンツのレーティング
		ニュース
	スパムと最低限の機能	スパム
		最低限の機能
	マルウェア	
	モバイルの望ましくないソフトウェア（MUwS）	モバイルの望ましくないソフトウェア
		悪意のあるダウンローダ
		広告の不正行為
		システム機能の不正使用または模倣
		ソーシャル エンジニアリング
	ファミリー	子供向けやファミリー向けにアプリを設計する
		広告と収益化
	その他のプログラム	
	違反に対する措置（施行）	ポリシーの範囲
		施行プロセス
		ポリシー違反の管理と報告
		Play Console 要件
	Google Play の仕組み（デベロッパー向け）	デベロッパーの皆様の成功を支援する Google Play
		アプリの検出とランキング
		データへのアクセス
		機能とサービスの提供状況
③ Google Play Console 利用規約	1. 適用される規約	
	2. 定義	
	3. プライバシーおよび情報	
	4. 利用に関する制限	
	5. サービスの変更および終了	
	6. 法的一般条項	

Ⅱ デジタルプラットフォーム取引透明化法

1　アプリストアとアプリ提供者との関係を規律する透明化法

アプリ提供者（デベロッパー）にとって、自社のアプリを配信しているApp StoreやGoogle Playストアなどのアプリストアから、突然デベロッパーアカウントが停止されたり、アプリが削除されたりすると死活問題になります。また、アプリ審査が通らなかった場合に、その理由や審査基準が示されなければ、アプリ提供者として適切な対応をとることができません。

デジタルプラットフォーム取引透明化法（以下、本章において「透明化法」または「法」、特定デジタルプラットフォームの透明性及び公正性の向上に関する法律第四条第一項の事業の区分及び規模を定める政令を「政令」、特定デジタルプラットフォームの透明性及び公正性の向上に関する法律施行規則を「施行規則」といいます）を知っておけば、このような問題にも対処できる可能性が広がりますので、本章では透明化法の概要と、アプリ提供者が押さえておくべきポイントを解説します。

2　透明化法の概要

(1)　透明化法の制定経緯

2019年10月、公正取引委員会が公表した実態調査報告書[35]では、アプリ提供者向け規約（デベロッパー向け規約）を一方的に変更され、規約の変更に同意しないとアプリストア上のサービスを制限されるため同意せざるを得ないこと、アプリストアが一定期間内に無条件でユーザーへの返金に応じてしまうこと、別の事業者が運営するアプリストアをダウンロードすることがOS上で制限されていること、手数料についてアプリ提供者はアプリストア提供者よりも不利な立場に置かれていること、アプリ外決済に誘導する行為が禁止されていることなどが指摘されました。

これらの実態調査を踏まえた上で、デジタルプラットフォーム（DPF）の透明性や公正性の向上を図ること等を目的とした透明化法が2020年5月に成立し、2021年2月1日に施行されました。

35　公正取引委員会「デジタル・プラットフォーマーの取引慣行等に関する実態調査報告書（オンラインモール・アプリストアにおける事業者間取引）について」（2019年10月）

(2) 透明化法の概要

透明化法の成立時は、アプリストアとオンラインモールのみが規制の対象とされていましたが、2022年7月、政令が改正され、新たにデジタル広告分野についても規制対象に追加されました[36]。透明化法は一定規模以上のDPF（特定DPF）を提供する事業者のみを規制の対象としており、特定DPF提供者として指定されている事業者は図表2—15のとおりです（本書執筆時点）。

図表2—15　特定DPF提供者として指定された事業者と特定DPF

事業の区分	規模	特定DPF提供者として指定された事業者	特定DPFまたは規制対象となる事業の内容（参考）
アプリストア（BtoCに限る）	国内流通総額が2,000億円以上	Apple Inc. およびiTunes株式会社	App Store
		Google LLC	Google Play ストア
オンラインモール（BtoC総合物販に限る）	国内流通総額が3,000億円以上	アマゾンジャパン合同会社	Amazon.co.jp
		楽天グループ株式会社	楽天市場
		ヤフー株式会社	Yahoo! ショッピング
デジタル広告	①メディア一体型広告DPF[37]国内売上額が1,000億円以上	Google LLC	広告主向け広告配信役務である「Google広告」、「Display & Video360」等を通じて「Google検索」または「Youtube」に広告を表示する事業
		Meta Platforms, Inc.	広告主向け広告配信役務である「Facebook広告」を通じて「Facebook（Messenger含む）」または「Instagram」に広告を表示する事業
		ヤフー株式会社	広告主向け広告配信役務である「Yahoo! 広告」を通じて

36　法4条1項、政令1項
37　自社の検索サービスやポータルサイト、SNS等に、主としてオークション方式で決定された広告主の広告を掲載するDPF。

			「Yahoo!JAPAN（Yahoo! 検索含む）」に広告を表示する事業
	②広告仲介型DPF[38] 国内売上額が500億円以上	Google LLC	広告主向け広告配信役務である「Google 広告」、「Display & Video360」等を通じて、「AdMob」、「Adsense」等により、媒体主の広告枠に広告を表示する事業

アプリビジネスにおける当事者（アプリストア提供者、アプリ提供者、アプリ利用者）と、透明化法における定義の関係は以下のとおりとなります（図表2—16）。

図表2—16　アプリビジネスにおける当事者と透明化法における定義の関係

アプリビジネスにおける当事者	透明化法における定義
アプリストア提供者（プラットフォーマー）（Apple Inc.、iTunes 株式会社および Google LLC）	特定 DPF 提供者（法２条６項）
アプリ提供者（デベロッパー）	商品等提供利用者（法２条３項）
アプリ利用者（ユーザー）	一般利用者（法２条４項）

透明化法は、DPF 提供者自身が DPF の透明性と公正性向上のための取組を自主的かつ積極的に行うことを基本としており、国の関与その他の規制は必要最小限とされています（法３条）。透明化法のように、規制の大枠を法律で定めつつ、詳細を事業者の自主的取組に委ねる規制手法は「共同規制」と呼ばれます。具体的には、特定 DPF 提供者は、毎年度、自己評価を付した報告書を経済産業大臣に提出することが義務付けられており、経済産業大臣は、提出された報告書をもとに取引先事業者や消費者、学識者等も関与して各特定 DPF の運営状況の評価を行い（モニタリングレビュー）、報告書の概要とともに評価結果を公表することとされています（法９条）。

3　アプリ提供者が知っておくべき透明化法のポイント

透明化法は「特定 DPF 提供者と商品等提供利用者（DPF を利用して商品

38　広告主とその広告を掲載するウェブサイト等運営者を、主としてオークション方式で仲介する DPF。

やサービスを提供する事業者）との間の取引関係」を規律する法律ですが[39]、これをアプリビジネスに置き換えると「AppleやGoogleといったアプリストア提供者とアプリ提供者（デベロッパー）間の取引関係」と言い換えることができます。本書はアプリ提供者に向けた内容ですので、透明化法をアプリストア提供者とアプリ提供者の関係に絞って解説します[40]。

アプリ提供者が押さえておくべき透明化法の重要なポイントは、以下の3点です。

(1)　アプリストア提供者はアプリストア提供条件の開示義務を負っている
(2)　アプリの削除等がなされる場合、理由等の通知を日本語で受けられる
(3)　アカウントの削除等やアプリ提供条件の変更がなされる場合、理由等の通知を事前に日本語で受けられる

以下、順に解説します。

(1)　アプリストア提供者はアプリストア提供条件の開示義務を負っている

アプリストア提供者は、アプリストアを提供する条件（アプリストア提供条件）のうち、一定の事項について開示する義務があります（法5条2項）。アプリストア提供条件には、デベロッパー向け規約（第2章Ⅰ）の本体のみならず、別紙や審査ガイドライン等も含まれると考えられます[41]。

アプリストア提供条件のうち、開示が義務付けられる一定の事項は以下のとおりです（図表2—17）。

39　一部、アプリ利用者に対する開示事項を定めている部分が存在します（検索順位等の決定に用いられる主要な事項、アプリ利用者のデータを取得・使用する場合における当該データの内容、取得・使用の条件。透明化法5条2項2号）。なおアプリ利用者とDPF提供者間を規律する法律としては、ほかに取引DPF法があります（後記第7章）。

40　透明化法では、本書で解説した内容のほかにも、特定DPF提供者が商品等提供利用者との間の相互理解の促進を図るために必要な措置を講じる義務があることや（法7条）、経済産業大臣に提出する報告書に記載すべき内容（法9条）等についても定められていますが、これらの説明は本書では割愛しています。

41　安平武彦「デジタルプラットフォームをめぐる規制の到達点と実務(2)」NBL1196号60頁は「利用規約、ガイドライン、審査基準等の名称の如何を問わず、特定デジタルプラットフォーム提供者と利用者との間の契約関係やその解釈・運用について規定するものであれば、これに当たると思われる。ただし、交渉に基づいて合意された個別の契約や取引条件は当たらないであろう」と言及しています。

図表２―17　アプリストア提供者（特定DPF提供者）がアプリ提供者（商品等提供利用者）に対して開示を要するアプリストア提供条件

	開示を要する提供条件	アプリストアにおける具体例
①	特定DPFの提供を拒絶する場合の判断基準（法５条２項１号イ）	デベロッパーアカウント停止、アプリ削除、審査リジェクトの基準など
②	特定DPFの提供に合わせて有償で商品やサービス等の受け入れを要請する場合は、その内容および理由（同号ロ）	アプリ内決済の強制、アプリストアが提供する有償サービスへの加入強制など
③	検索順位等の決定に用いられる主要な事項（特定DPF提供者へ支払う広告費等が順位の決定に影響を及ぼす可能性がある場合はその旨）（同号ハ）	検索結果の表示順、ランキングの表示順の決定要素となる主要な事項（※）
④	商品等の売上額の推移等のデータを取得・利用する場合は、そのデータの内容、取得や使用に関する条件（同号ニ）	アプリ売上額の推移等のデータをアプリストアが取得・使用する場合は、そのデータの内容、取得・使用条件
⑤	商品等提供利用者が、他社の商品等の売上額の推移等のデータを取得したり提供を受けたりすることの可否、可能な場合におけるそのデータの内容、取得や提供に関する方法や条件（同号ホ）	アプリ提供者が他のアプリ提供者のアプリ売上額の推移等のデータを取得したり提供を受けたりする場合における、データの内容、取得・提供に関する方法や条件
⑥	商品等提供利用者が特定DPF提供者に苦情の申出や協議の申入れをするための方法（同号ヘ）	アプリストアに対する苦情申出等を行う方法（異議申立てや相談窓口）
⑦	いわゆる最恵国待遇を求める場合は、その内容および理由（同号ト（以下⑧⑨⑩において同じ）、施行規則６条）	アプリの価格やラインナップ等について、他のアプリストアと同等以上の取扱いを求める場合
⑧	自己または自己の関連会社と異なる取扱いを行う場合は、その内容および理由（施行規則６条）	アプリストア提供者が自社優遇を行う場合
⑨	消費者からの返品等について、商品等提供利用者の負担において受け入れを求める場合は、その内容および条件（施行規則６条）	アプリ提供者の負担でユーザーからのアプリ購入契約（使用許諾契約）等のキャンセル（返金）に応じさせる条項
⑩	商品等提供利用者に対し、売上金の支払いを留保する場合は、その内容および条件（施行規則６条）	アプリ提供者の売上金について、アプリストア提供者が支払いを留保する場合

※　表示順位の決定に大きな影響を与える要素の開示が求められており、決定を行うアルゴリズムやプログラム自体の開示が求められているわけではありません[42・43・44]。

なおアプリストア提供者は、アプリストア提供条件の開示にあたって、①アプリ提供者にとって明確かつ平易な表現を用いて提供条件を記載すること、②アプリストア提供条件が外国語で作成されているときは、日本語の翻訳文を付すこと、③提供条件の開示時にやむを得ず翻訳文を付すことができないときは、開示時に期限を明示した上で、その期限までに翻訳文を付すこと、といった義務を負います（施行規則5条）。

(2)　アプリの削除等がなされる場合、理由等の通知を日本語で受けられる

アプリストア提供者が、アプリ提供者に対して、配信済みアプリの削除やアプリの審査のリジェクトをする場合、アプリ審査において審査ガイドラインに記載がない作業を強いる場合（提供条件によらない要請）、売上金の支払いを留保する場合（以上の3つをあわせて、以下「アプリの削除等」といいます）は、アプリの削除等を行う際において、その内容と理由を通知する義務があります（図表2—18、法5条3項）。

図表2—18　アプリストア提供者が行為時に通知を義務付けられている事項

	特定DPF提供者が行為時にその内容と理由の通知を義務付けられている事項	アプリストアにおける具体例
①	提供条件によらない取引の実施を要請する場合は、その内容および理由（法5条	アプリ審査やアプリ削除からの回復時において、審査ガイドライン等の

42　北島洋平・安平武彦・岡本健太・佐久間弘明「特定デジタルプラットフォームの透明性及び公正性の向上に関する法律の概要」NBL1174号15頁、伊永大輔「プラットフォーム取引透明化法の意義と解釈運用の方向性」法律のひろば74巻5号32頁。なお透明化法の制定にあたって参考にされたEUにおけるP2B規則においても、ランキングのアルゴリズム自体の公開は求められていませんが（P2B規則5条6項）、ランキングの根拠となる主要なパラメータに加えて、そのパラメータが相対的に重要とされる理由についての開示が義務付けられています（同5条1項）。詳細についてはP2B規則5条のランキング透明性要件についてのガイドライン（Guidelines on ranking transparency pursuant to Regulation (EU) 2019/1150 of the European Parliament and of the Council）をご参照ください。

43　各アプリストアにおける検索順位・ランキング表示に関する開示事項については、経済産業省プラットフォームエコノミクス研究会・第7回参考資料1（https://www.meti.go.jp/shingikai/mono_info_service/platform_economics/pdf/007_s01_00.pdf）が参考になります。

44　東京地裁令和4年6月16日判決は、飲食店ポータルサイト「食べログ」において飲食店の評価を算出するためのアルゴリズムの変更が、独占禁止法における「優越的地位の濫用」に当たるとして、運営会社に対して不法行為に基づく損害賠償として3,840万円の支払を命じましたが、変更後のアルゴリズムの使用差止めについては認めませんでした（本書執筆時点で控訴中）。

	3項1号）	アプリ提供条件に記載がない事項を強いられる場合
②	取引の一部拒絶をする場合は、その内容および理由（同項2号）	アプリの削除、アプリの審査リジェクトがなされる場合
③	売上金の支払いを留保する場合は、その内容（金額・留保期間を含む）および理由（同項3号、施行規則10条）	アプリストア提供者がアプリ提供者に支払うべき売上金の支払いを留保する場合

アプリストア提供者によるこれらの通知は、事前の通知ではなく、行為時における通知で足りるとされていますが、アプリ提供者にとって明確かつ平易な表現でなされる必要があります（施行規則7条1項）。

またこれらの通知が外国語でなされた場合、アプリ提供者はアプリストア提供者に対し、日本語の翻訳文を請求することができ、この請求がなされた場合、アプリストア提供者は遅滞なく日本語の翻訳文を開示しなければなりません（同条2項）。

アプリの削除等がなされる場合、理由が示されなかったり、理由が示されても英語表記のみだったりした場合も過去にはあったところ、透明化法では、これらの理由について日本語の翻訳文を請求できる旨が定められたことは重要です。

ただし、アプリストア提供者が上記の行為を行う場合であっても、以下の場合は、例外的に、理由を含めた通知は不要と定められています（施行規則9条）。

① アプリ提供者が反復してアプリ提供条件に違反する行為をし、かつ、当該違反行為により特定DPFの事業運営に支障を生ずるおそれがあると認められる場合（同条1号）
② アプリ提供者が暴力団員等に該当するおそれがあると認められる場合（同条2号）
③ 法令等により取引の一部拒絶（アプリ削除や審査リジェクト）等を行う場合であって、理由を開示することにより、特定DPF提供者やアプリ利用者等の正当な利益を害するおそれがあると認められる場合（同条3号）

(3)　アカウントの削除等やアプリ提供条件の変更がなされる場合、理由等の通知を事前に日本語で受けられる

アプリストア提供者が、アプリ提供者のアカウント（デベロッパーアカウント）の削除や停止（以下「アカウントの削除等」といいます）を行う場合は、アカウント削除等を行う旨とその理由を、原則としてアカウント削除等を行う30日前までに通知しなければなりません（図表２—19の②）。

また、アプリストア提供者が、アプリ提供条件の変更を行う場合、変更後のアプリ提供条件の内容と変更の理由を、原則として変更を行う15日前までに開示することが義務付けられています（図表２—19の①）。

図表２—19　アプリストア提供者が事前の通知を義務付けられている事項

	特定DPF提供者が、事前にその内容と理由の通知を義務付けられている事項	アプリストアにおける具体例
①	提供条件の変更をする場合は、その内容および理由 【事前通知期間】 取引条件の変更に伴い、商品等提供利用者に作業や調整のために15日以上要すると見込まれる場合は、当該作業や調整のために要すると見込まれる合理的な日数。 上記以外は15日。ただし商品等提供利用者が、提供条件変更の内容について同意したときは、15日を経過したものとみなされる。（法５条４項１号、施行規則11条１項１号・２号、２項）	デベロッパー向け規約や審査ガイドラインの変更
②	取引の全部拒絶を行う場合は、その旨および理由（法５条４項２号、施行規則11条１項３号）	アカウントの削除等

アプリストア提供者によるこれらの事前通知が、アプリ提供者にとって明確かつ平易な表現を用いて記載される必要があること、またこれらの事前通知が外国語でなされた場合、アプリ提供者は日本語の翻訳文を請求することができる点は、アプリ削除等における場合と同様です（施行規則８条１項・２項）。

ただし以下の場合は例外的に、事前の通知や、理由の通知が不要になるとされています（施行規則12条）。もっとも透明化法が、アプリストア提供者を含む特定DPF提供者に対して理由開示や事前の開示を求めた趣旨が、アプリ提供者の予見可能性を高めてアプリ提供者の利益を保護する点にあるこ

とからすれば、これらの例外事由はあくまで限定的に解釈されるべきであると考えられます[45]。

【アプリ提供条件の変更がなされる場合の事前通知が例外的に不要となる場合】
- 変更内容が極めて軽微な場合（施行規則12条1項1号）
- 法令等により、速やかにアプリ提供条件の変更を行う必要があると認められる場合（同項２号）
- サイバーセキュリティを確保するため、又は詐欺その他不正な手段を用いた侵害行為若しくは公の秩序若しくは善良の風俗に反することが明らかな行為に対応するため、速やかにアプリ提供条件の変更を行う必要があると認められる場合（同項３号）

【アカウントの削除等がなされる場合の理由通知や事前通知が例外的に不要となる場合】

①　事前通知および理由通知義務の例外
- アプリ提供者が反復してアプリ提供条件に違反する行為をし、かつ、当該違反行為により特定DPFの事業運営に支障を生ずるおそれがあると認められる場合（施行規則12条２項1号）
- アプリ提供者が暴力団員等に該当するおそれがあると認められる場合（同項２号）

②　理由通知義務の例外
- 法令等により取引の全部拒絶（アカウントの削除等）を行う場合であって、理由を開示することにより、特定DPF提供者やアプリ利用者等の正当な利益を害するおそれがあると認められる場合（同項３号）

③　事前通知義務の例外
- 法令等により取引の全部拒絶（アカウントの削除等）を行う場合であって、かつ、速やかにこれを行う必要があると認められる場合（同項４号）
- サイバーセキュリティを確保するため、又は詐欺その他不正な手段を用いた侵害行為若しくは公の秩序若しくは善良の風俗に反することが明らかな行為に対応するため、速やかに取引の全部拒絶（アカウントの削除等）を行う必要があると認められる場合（同項５号）

45　経済産業省「特定デジタルプラットフォームの透明性及び公正性の向上に関する法律施行規則（案）に対する意見公募の結果」（2021年３月２日）35番、40番

4　透明化法が遵守されていない場合にアプリ提供者が取り得る手段

(1)　経済産業大臣への申出

アプリ提供者[46]は、アプリストア提供者が、アプリストア提供条件の開示義務（前記３(1)）や、一定の行為をする際の通知義務（前記３(2)、(3)）を遵守していないこと等を理由として、経済産業大臣に対して、その旨を申し出て、適当な措置をとるべきことを求めることができます（法10条１項）。アプリ提供者がこの申出および求めをしたことを理由として、アプリストア提供者がアプリ提供者に対してアプリストアの提供を拒絶し、その他不利益な取扱いをすることは禁止されています（同条２項）。

また、経済産業大臣は、アプリストア提供者がアプリストア提供条件の開示義務（前記３(1)）や、一定の行為をする際の通知義務（前記３(2)、(3)）を遵守していない等と認めた場合、アプリストア提供者に勧告を行いその旨を公表することができます（法６条および８条）。アプリストア提供者が勧告に対して正当な理由なく従わなかったときは、命令・公表の対象となります。

さらに経済産業大臣は、アプリストア提供者について、アプリストアの透明性および公正性を阻害する行為があり、その事実が独占禁止法に違反していると認めるときは、公正取引委員会に対し、同法に従い適当な措置をとるべきことを求めることができます（法13条。アプリストア提供者の当該行為が、多数のアプリ提供者に対して行われていると認められる場合等は、適当な措置をとるべきことを求める義務があります[47]）。

(2)　私法上の効力が無効であるとの主張はできるか

アプリストア提供者に透明化法違反に該当する行為があった場合、アプリ提供者は当該行為が無効であると主張できるでしょうか。透明化法は、消費者契約法や特定商取引法のように、違反した場合の私法上の効力について定めていないため、当該行為の有効性は解釈に委ねられることになります。そ

46　アプリ提供者のほか、アプリ利用者も同様の申出が可能です。

47　経済産業省「第四次産業革命に向けた横断的制度研究会報告書」（2016年）では、「研究会での議論では、決済手段の拘束や、不透明な返金処理については、優越的な地位の濫用等にあたり得るという指摘があった。」との言及がなされています。また、デジタル市場競争会議「モバイル・エコシステムに関する競争評価中間報告（2022年）」（前注18参照）においても、決済システムの利用義務付けや、他の課金システム等の情報提供等の制限、サイドローディングの禁止・制限等について、競争上の懸念が生じているおそれがあることが指摘されています。

のため、アプリストア提供者に透明化法に違反する行為（例えば本章Ⅱ 3(3)記載の例外要件を満たすことなく、事前の通知なしにアカウントの削除等をする行為）があった場合でも、当該行為の私法上の効力が直ちに無効と判断されるわけではないと考えられますが、個別の事案によっては、公序良俗違反（民法 90 条）として無効と解釈される余地は残るように思われます[48]。

(3)　経済産業省が設置する「相談窓口」の活用

アプリ提供者にとって、経済産業大臣に申出を行うことや、アプリストア提供者との間で直接交渉を行うことのハードルは相当に高いものと思われます。そこで、経済産業省が設置する無料の相談窓口である「デジタルプラットフォーム取引相談窓口（アプリストア利用事業者向け[49]）」を活用することが考えられます。

経済産業省が公開した資料[50]によると、2021 年（令和３年）度に同相談窓口（アプリストア利用事業者向け）に寄せられた相談・情報提供の内訳は「取引条件の変更に関する事項」が最も多く、次いで「取引の一部拒絶（出品禁止等）に関する事項」「検索順位・ランキング等に関する事項」とのことです。

48　なお特定 DPF 提供者として指定されている各アプリストアのデベロッパー向け規約では、準拠法が米国法又はカリフォルニア州法と定められているため、アプリ提供者が各アプリストア提供者に対して日本の民法に基づく主張をすることには一定の困難が存する場合がある点は留意する必要があります。日本の事業者と国外事業者の間の取引における準拠法の適用については、電子商取引準則Ⅳ―１も参照ください。

49　https://www.app-developers.meti.go.jp/

50　経済産業省「令和３年度におけるデジタルプラットフォーム取引相談窓口の運用状況について」（令和４年７月）

第2部

アプリ提供フェーズの法律知識

アプリ利用規約　第3章

Ⅰ アプリ法務において考慮すべきアプリサービスの特徴

アプリサービスの場合、ユーザーはスマートフォン等の端末を常時保有するため、いつでもどこでも利用することができます。PC であれば家族等と共有することもありますが、スマートフォン等の端末はもともと携帯電話をベースとしており、１人１台保有することが前提となっているため、端末ベースで個人と紐付きやすい特徴があります。そのため、ターゲティング広告の場合、クッキー等によってブラウザを識別して配信するよりも、スマートフォン（端末）単位で割り振られる広告 ID（AAID/IDFA）によって配信する方が一般に精度が高く、アプリサービスの方が、よりパーソナライズされた広告等を配信できるとされています。さらにスマートフォンは基本的に常時オンラインであることや、ユーザーの同意があれば位置情報の取得も可能となることから、ユーザー個人をトラッキング（どこで、どのような行動をしているのかを捕捉）することが容易となります。

スマートフォンおよびアプリサービスが有するこれらの特徴は、ユーザーのプライバシー侵害に容易につながり得るため、近年、アプリストア各社では、スマートフォンやアプリサービスによって取得される情報の透明化や、トラッキングに際して事前同意を取得するなど、プライバシー保護を強化する方針を打ち出しています（第４章Ⅰ参照）。

またアプリサービスでは、アプリストアが提供するアプリ内決済システム（IAP：In-App Purchase）を利用することで、顔認証や指紋認証によるシームレスな決済が可能となるため、課金に対するハードルを下げることができます。他方、ユーザーが決済を強く意識することがないために想定外に高額な課金がなされるトラブルが発生しやすい点や、アプリ内決済時にアプリ提供者が負担する手数料が概ね 15％～ 30％と、クレジットカード決済等に比べて高額に設定されている点には留意を要します。

さらにスマートフォンの場合、幼児や児童でも直感的に操作することが容易であるため、子どもによる利用を想定した対応（ペアレンタルコントロールや利用規約による利用制限）についても意識する必要があります。

これらの特徴を持つアプリサービスにおいて、どのような利用規約を定めることが望ましいか、本章ではアプリ利用規約のサンプル条文を含めて解説します。

Ⅱ アプリ利用規約とは

1　アプリ利用規約はアプリ提供者とユーザー間の契約内容を定めた条項の総体

利用規約とは、事業者が不特定多数のユーザーとの契約で用いることを目的としてあらかじめ作成する、サービス提供条件や取引条件等の契約内容を定めた条項の総体を指します。利用規約のほかに、利用条件、利用契約、Terms of Service（ToS）、Terms of Use（ToU）、Terms and Conditions（T&C）といった呼称が用いられる場合もあります。

ユーザーはサービスの利用を開始するにあたり、利用規約に同意することで、ユーザーとサービス提供者間で、利用規約に記載されたとおりの内容で、サービス利用に関する契約（利用契約）が成立することになります。

アプリビジネスの場合、利用規約と呼ばれるものには、①アプリストア提供者がユーザーに対して提示する、App Store や Google Play ストアといったアプリストアの利用条件等について定めたアプリストア利用規約（Apple メディアサービス利用規約[1]、Google Play 利用規約[2]）、②アプリストア提供者がアプリ提供者に対して提示する、アプリ開発条件等について定めたデベロッパー向け規約（Apple Developer Program 使用許諾契約、Google Play デベロッパー向け販売／配布契約。第２章Ⅰ参照）、③アプリ提供者がユーザーに対して提示する、アプリの利用条件等について定めたアプリ利用規約の３種類があります（図表３―１参照）。

以上の３種類の利用規約のうち、本章では、③アプリ提供者とユーザー間の契約内容であるアプリ利用規約について解説します[3]。

2　アプリ利用規約とデベロッパー向け規約の関係

(1)　App Store

Apple のデベロッパー向け規約である Apple Developer Program 使用許

1　Apple メディアサービス利用規約（https://www.apple.com/legal/internet-services/itunes/jp/terms.html）
2　Google Play 利用規約（https://play.google.com/intl/ja_jp/about/play-terms/）
3　本章において利用規約という場合、特段の言及をしない限り、アプリ提供者がユーザーに対して提示するアプリ利用規約（図表３－１の③）を指すものとします。

図表3―1　アプリビジネスをめぐる契約関係

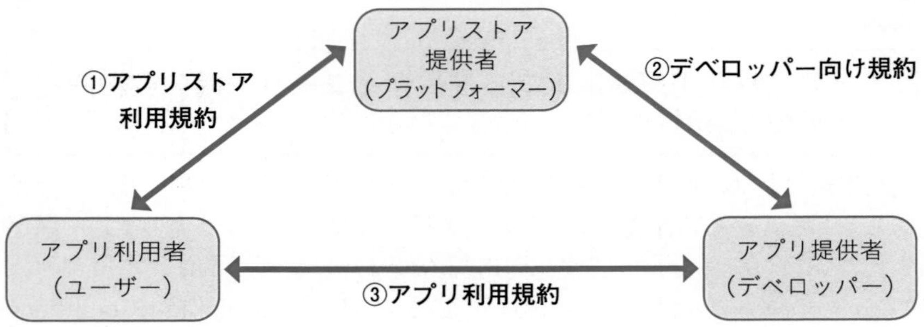

諾契約の別紙2[4]では、アプリ提供者は、アプリ利用規約（エンドユーザー使用許諾契約）をAppleに提出できること、ただしアプリ利用規約には「Appleが定める最低条件」を盛り込む義務があること、アプリ提供者がアプリ利用規約をAppleに提出しない場合、アプリ提供者とユーザー間においては、Appleが作成する「標準エンドユーザー使用許諾契約[5]」が適用されること、Appleは、アプリ利用規約に対して一切の責任がなく、いかなる賠償責任も負わないこと等が定められています[6]。

これらの定めからすれば、App Storeにおいてアプリを配信する場合、アプリ提供者によるアプリ利用規約の作成は義務ではないことになりますが、アプリ提供者がアプリ利用規約を定めない場合に適用される「標準エンドユーザー使用許諾契約」は必ずしもわかりやすい構成であるとはいえないこと、次項において述べるとおり、適切なアプリ利用規約を定めない場合に生じるリスクを適切にコントロールする必要があることから、アプリ提供者は自らアプリ利用規約を作成することを原則とすべきでしょう。

(2)　Google Playストア

Google Playストアにおいても、App Storeと同様に、アプリ利用規約の作成は義務付けられていません。すなわち、Googleのデベロッパー向け規

4　Apple Developer Program使用許諾契約の別紙2第4.2条（https://developer.apple.com/support/downloads/terms/schedules/Schedule-2-and-3-20220225-Japanese.pdf）

5　前注1に含まれる「ライセンスアプリケーションエンドユーザ使用許諾契約」が、標準エンドユーザー使用許諾契約に該当します。

6　Apple Developer Program使用許諾契約の別紙1第3.2条、別紙3第4.2条においても同様の内容が定められています。

約であるGoogle Playデベロッパー販売／配布契約[7]では、アプリ提供者は、自身が希望する場合は、アプリ利用規約（エンドユーザーライセンス契約）を添付できること、ただしアプリ利用規約とGoogle Playデベロッパー販売／配布契約の間に矛盾がある場合は後者が優先すること、アプリ利用規約はアプリ提供者とユーザーの間のみで結ばれるものであり、Googleはいかなる義務および責任を負わないことが定められています[8]。

しかし、適切なアプリ利用規約を定めない場合に生じるリスクはApp Storeの場合と同様であるため、Google Playストアでアプリを配信する場合においても、アプリ提供者は自らアプリ利用規約を作成することを原則とすべきでしょう。

3　適切なアプリ利用規約を定めない場合に生じるリスク

(1)　自社にとって不利なデフォルトルールが適用されるリスク

事業者はサービスを提供するにあたって、誰とどのような内容の契約を締結するかを原則として自由に決めることができますが（契約自由の原則。民法521条1項）、契約内容を定めない場合は、民法等の法律がデフォルトルールとして適用されることになります。

例えば事業者がユーザーに対して、債務不履行等に基づいて損害賠償義務を負う場合、民法がそのまま適用されると、過失の軽重にかかわらず、相当因果関係が認められる範囲で上限なく賠償する責任を負う可能性があります（民法415条、416条）。このようなリスクを抱えていると、サービスを無償または低廉な価格で幅広いユーザーに提供することが困難となります。

また、コンテンツの著作権は、コンテンツを創作した者（著作者）に帰属するのが法律上のデフォルトルールであるところ（著作権法17条1項）、ユーザーが作成したコンテンツ（User Generated Contents：UGC）の著作権を事業者に帰属させたい（または事業者がユーザーから使用許諾を得たい）と考える場合、利用規約においてそのような条項を定めておく必要があります。

このように、民法等の法律が定めるデフォルトルールがそのまま適用され

7　Google Playデベロッパー販売／配布契約第5.3条

8　Android Studioのユーザーガイドでも、「アプリのエンドユーザー使用許諾契約（EULA）を準備することを検討してください。EULAは、許諾元の関係者、組織、知的所有権の保護に役立つため、アプリとともに提供することをおすすめします。」と、アプリ利用規約の作成は推奨されるにとどまっています（https://developer.android.com/studio/publish/preparing.html?hl=ja#publishing-gather）。

ると、事業者が過大な負担を負う場合やサービス設計上支障が生じる場合が少なくないため、事業者としては、これらのデフォルトルールを適切に変更するために、自社サービスに最適化した利用規約を作成する必要があります。

(2)　適格消費者団体から訴訟提起や申入れがなされるリスク

適格消費者団体とは、不特定かつ多数の消費者の利益を擁護するために、消費者契約法に違反する行為をする事業者に対して差止請求権を行使すること等が認められた消費者団体として、消費者契約法に基づき内閣総理大臣の認定を受けた法人を指します。

適格消費者団体による訴訟提起の結果、利用規約の差止めが認められた例としては、インターネット接続サービスに関する契約約款中にある、２年の最低利用期間内にユーザーが契約を解約したときは、残余期間分に係る利用料金全額を一括して支払う旨の条項につき、「平均的な損害」を超える部分について消費者契約法９条１号により無効であるとした事例や[9]、ゲーム配信プラットフォームの利用規約について、同法８条１項１号および３号に該当するものとして無効であるとした事例（いわゆるモバゲー事件。後記Ⅲ１(3)）があります。

適格消費者団体が、事業者の利用規約に消費者契約法に違反する不当な条項があると判断した場合、まず是正を求める申入書が送付されることが通例です。申入れを行った事実や、これに対する事業者からの回答書等は、適格消費者団体のホームページ等で公開される運用がとられている場合が少なくないため、事業者としては、適格消費者団体に送付した回答書は公開されることを前提に作成する必要があります。回答内容が消費者契約法の趣旨に照らして不十分なものである場合、訴訟に移行するリスクのみならず、ユーザーを含む不特定多数に向けて事業者の対応が公開されることにより生じるレピュテーションリスクについても十分に留意しておく必要があるでしょう。

なお、特定適格消費者団体[10]が消費者に代わって集団的な消費者被害の回復を実現する制度が平成28年より施行されていたところ[11]、令和４年５月に成立した改正消費者裁判手続特例法においては、一定の場合に慰謝料が請求対象として追加され（同法３条２項）、和解の早期柔軟化が可能となるなど

9　京都地裁平成28年12月９日判決・消費者庁ホームページ

10　適格消費者団体のうち、被害回復裁判手続を追行するのに必要な適格性を有する法人であるとして内閣総理大臣の認定を受けた者をいいます（消費者裁判手続特例法２条10号）。

11　制度の詳細については、消費者庁「消費者裁判手続特例法Q&A」を参照ください。

（同法 11 条）、同制度の充実が図られることとなっています。

Ⅲ アプリ利用規約に関する近時の重要トピック

1　免責条項

(1)　免責条項とは

アプリ利用規約において最も慎重に定める必要があるのが、万が一の際に自社が負う損害賠償責任の上限を定め、発生要件を限定する機能を有する免責条項（責任限定条項）です。

免責条項を定めなかった場合、デフォルトルールである民法が適用される結果、相当因果関係が認められる範囲で、通常生ずべき損害および当事者が予見すべきであった特別損害を賠償する責任を負うことになります（民法 415 条、416 条。**図表３―２**）。

アプリサービスを運営する事業者は、不特定多数のユーザーとの間でアプリ利用に関する契約を締結するため、例えば個人情報が漏えいしたり、サービスの接続が停止したりするなどの事故が発生した場合、多額の損害賠償責任を負うリスクがあります。

そこで利用規約において、自社が負う損害賠償責任を一定の範囲に限定するために免責条項を定めることは実務上通例となっており、裁判例でも免責

図表３―２　免責条項を定めなかった場合（民法が適用）

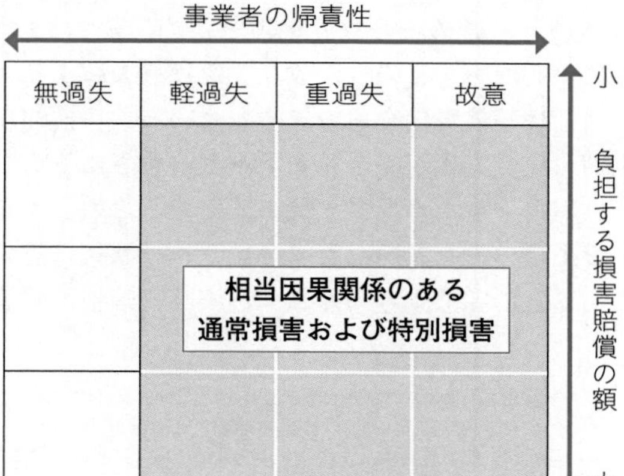

事業者の帰責性 ←→　／　負担する損害賠償の額（小↑↓大）

無過失	軽過失	重過失	故意
	相当因果関係のある通常損害および特別損害		

条項の有効性は基本的に認められています[12]。

もっとも免責条項は、慎重に定めなければ、消費者契約法や定型約款における不当条項（消費者契約法８条、民法548条の２第２項）に該当して無効等となるリスクがあることや、適格消費者団体から差止め訴訟や改善申入れを受けるリスクがあることに鑑みて、本書では免責条項について、以下の基本スタンスで臨むことをお勧めします。

a　なるべく免責条項以外の手段でリスクヘッジを行う

そもそもサービスの対象に含まれない事項、保証しないと定めている事項であれば、事業者はこれらの事項を提供する債務を負っていない以上、原則として責任を負うことはありません。後述のとおり、免責条項は、定め方次第では消費者契約法等に抵触して無効となるリスクがあるため、利用規約において、サービスとして提供できる内容の範囲を明確にしておき、また非保証とする事項を充実させることによって、免責条項以外の方法でリスクヘッジすることができないかをまずは検討するべきといえます。

b　なるべく「当社は『一切』責任を負いません」は用いない

事業者にいかなる帰責事由があっても「一切」賠償責任を負わない旨の条項（完全免責条項）は、消費者契約法８条のみならず、公序良俗違反（民法90条）として無効となります[13]。

この点、「アカウントを利用した行為は、すべて当該アカウントが帰属するユーザーの行為とみなします。この場合にユーザーに損害が発生しても、当社は『一切』責任を負いません」というように、個別の条項においては一見して完全免責条項とも読め得る免責条項を定め、これとは別に、「本利用規約の他の条項にかかわらず、当社の故意または過失によりユーザーに損害が生じた場合、当社は賠償責任を負います」といった包括的な免責条項を定めることで、個別の免責条項が完全免責条項と解釈されることを回避しようとする利用規約は実務上少なくありません。ただしこのような構造の利用規約は、個別の免責条項のみを参照した場合に、ユーザーに対して、あたかも完全免責条項であるとの印象を与えかねず、実際に適格消費者団体からの申

12　レンタルサーバデータ消失事件（東京地裁平成21年５月20日判決・判タ1308号260頁）、IBM対スルガ銀行事件・控訴審（東京高裁平成25年９月26日判決・金判1428号16頁）ほか。

13　完全免責条項は定型約款における不当条項（民法548条の２第２項）にも該当するため、BtoBの利用規約であっても合意しなかったものとみなされる可能性が高いでしょう。

入れがなされているケースも確認されています。

また、「一切」との強い文言は、一部の悪質なユーザーに対して抑止的な効果を有することは否定できませんが、文言を素直に読めば「一切」の例外を認めないという趣旨であり、別に包括的な免責条項を定めている場合であっても、いずれの条項が優先的に適用されるのか不明確であるとして、消費者契約法上の不当条項と判断されるリスクも否定できません（「一切責任を負いません」と定める個々の条項と、「本利用規約の他の条項にかかわらず」と定める包括的な免責条項の先後関係が不明確と評価される可能性）。

以上の点からすれば、個々の条項において免責条項を定める場合であっても、「一切」の文言はなるべく用いないことに加えて、「この場合にユーザーに損害が発生しても、当社に故意または過失がある場合を除いて、当社は責任を負いません」等と定めることが求められつつあるといえるでしょう。

(2)　免責条項と消費者契約法

多くのアプリの場合、基本的にユーザーは消費者に該当し、ユーザーと締結する契約（消費者契約）には消費者契約法が適用されるため（同法２条３項）、同法に抵触しないように免責条項を定める必要があります。

例えば利用規約において以下のような規定を定めた場合、同法に反して無効となります。

- 事業者の債務不履行または債務の履行に際してされた不法行為に基づく損害賠償責任の全部を免除する条項（消費者契約法８条１項１号・３号）
- 事業者の故意または重過失による債務不履行または債務の履行に際してされた不法行為に基づく損害賠償責任の一部を免除する条項（同条１項２号・４号）
- 事業者に損害賠償責任の有無等の決定権を付与する条項（同条１項各号）
- 事業者の債務不履行により生じた消費者の解除権を放棄させ、または事業者に解除権の有無等の決定権を付与する条項（同法８条の２）
- 消費者が支払う損害賠償の額について、平均的な損害額を超える等、不当に高額な金額を予定する条項（同法９条）
- 消費者の利益を一方的に害する条項（同法10条）

すなわち、消費者契約法が適用される利用規約では、以下の条項は、いずれも同法違反となります（図表３―３）。

①　軽過失が存する場合に、損害賠償責任の全部を免責する条項
②　故意または重過失が存する場合に、損害賠償責任の一部を免責する条項
③　損害賠償責任の有無等を事業者が決定できる条項

例えば以下のような条項は、消費者契約法に反して無効と判断される可能性が高いといえるでしょう。

「当社の責めに帰すべき事由によってユーザーに損害が生じた場合であっても、当社に故意または重過失が存する場合に限り、当社は損害賠償責任を負います。」（軽過失がある場合の全部免責を定めている点が、消費者契約法８条１項１号および３号に反する）

「当社の責めに帰すべき事由によってユーザーに損害が生じた場合であっても、当社が負う賠償責任の範囲は金○円を上限とします。」（故意または重過失がある場合を含めて賠償上限額を設けている点が、同法８条１項２号および４号に反する）

図表３―３　消費者契約法が適用される場合

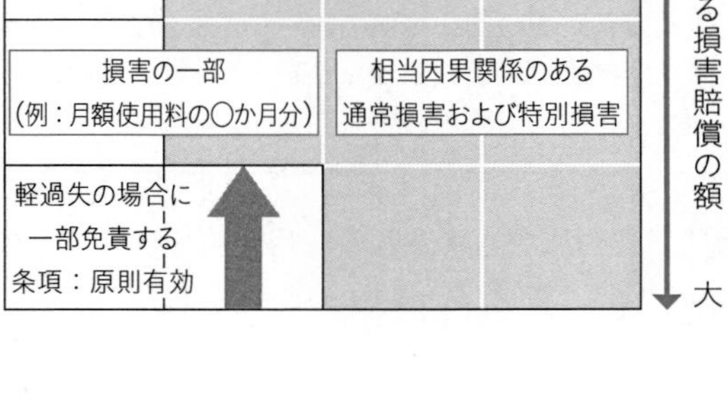

事業者の帰責性

無過失	軽過失	重過失	故意

損害の一部
（例：月額使用料の○か月分）

相当因果関係のある
通常損害および特別損害

軽過失の場合に
一部免責する
条項：原則有効

小
負担する損害賠償の額
大

「当社の責めに帰すべき事由によってユーザーに損害が生じた場合であっても、当社が負う賠償責任の範囲は、金○円を上限とします。ただし、当社に故意または重過失があると当社が判断したときはこの限りではありません。」（故意重過失の有無を事業者側が決定できるとしている点が同法8条1項2号および4号に反する）

「当社の責めに帰すべき事由によってユーザーに損害が生じた場合であっても、当社が負う賠償責任の範囲は、当社に故意または重過失が存する場合を除いて、金100円を上限とします。」（賠償上限額が限りなく全部免責に近い形でなされているものとして、消費者契約法10条に反する可能性がある）

なお、SaaSなどのBtoBサービスの場合、原則として消費者契約法は適用されません。そのため、アプリ等のBtoCサービスとは異なり、事業者に軽過失が存する場合に損害賠償責任の全部を免責する条項も、BtoBサービスの場合は原則として有効と考えられています[14]。

もっともサービス利用規約の多くは、後述のとおり定型約款（民法548条の2第1項）に該当するため、BtoBサービスの場合であっても、定型約款における不当条項規制（民法548条の2第2項）には服することになります[15]。

14　ジェイコム株式誤発注訴訟・第一審（東京地裁平成21年12月4日判決・判時2072号54頁）、同控訴審（東京高裁平成25年7月24日判決・判時2198号27頁）など。ただしBtoBサービスにおける軽過失全部免責条項も、具体的な取引態様（例えば利用料が高額であること等）によっては、無効となったり、不当条項（民法548条の2第2項）と評価される可能性が存する点には留意を要します。前注12・東京地裁平成21年5月20日判決は、レンタルサーバ規約における軽過失全部免責条項について、サービス事業者は免責条項を前提として料金を設定していることや、顧客がバックアップ等の対策を講じることも容易であったこと等の取引態様を理由に挙げた上で、当該免責条項を有効と判断しています。

なお、事業者に故意または重過失がある場合にも一部免責を認める条項（重過失免責条項）の有効性について、ジェイコム株式誤発注訴訟・控訴審判決は、事業者に故意または重過失がある場合にも免責が受けられる結果が生じれば当事者の衡平を著しく害するとして、その有効性に疑義が生じる旨を判示しているほか、東京地裁平成26年1月23日判決・判時2221号71頁は、事業者に故意や重過失がある場合には責任制限条項が適用されないとしていることからすれば、BtoBサービスにおける重過失免責条項は、サービスが無償または低廉である等の事情がない限り、無効と判断される可能性が否定できないと考えておくべきでしょう。

15　BtoCサービスにおける免責条項が、消費者契約法10条に加えて定型約款の不当条項規制（民法548条の2第2項）にも抵触する場合、これらの条文の適用には前後関係はなく、当事者は両者を選択的に主張することが可能と考えられます（村松秀樹・松尾博憲『定型約款の実務Q&A』（商事法務、2018）106頁）。

(3)　モバゲー高裁判決がアプリ利用規約に与える影響

a　事案の概要と判決

オンラインサービスの利用規約における免責条項とバスケット条項が問題となった近年の重要な判決として、適格消費者団体がポータルサイト「モバゲー」の運営会社（以下、判決の引用箇所を含め「Ｙ」といいます）を被告として、モバゲー会員規約（以下「本件規約」といいます）の条項が、消費者契約法８条１項１号および３号に当たることを理由として、同法12条３項に基づき、当該条項を含む契約の申込みまたは承諾の意思表示の停止等を求めた事案に関する高裁判決[16]（以下、本項において「本判決」といいます）があります。

本判決では、本件規約の以下の条項（７条３項）が、消費者契約法における損害賠償責任の全部を免除する条項（同法８条１項１号および３号）に当たるかが問題となりました。

> モバゲー会員規約（抜粋、本判決当時）
> ７条　（モバゲー会員規約の違反等について）
> １．モバゲー会員が以下の各号に該当した場合、当社は、当社の定める期間、本サービスの利用を認めないこと、又は、モバゲー会員の会員資格を取り消すことができるものとします。ただし、この場合も当社が受領した料金を返還しません。
> ａ．（略）
> ｂ．（略）
> ｃ．他のモバゲー会員に不当に迷惑をかけたと当社が【合理的に】判断した場合
> ｄ．（略）
> ｅ．その他、モバゲー会員として不適切であると当社が【合理的に】判断した場合
> ２．（略）
> ３．当社の措置によりモバゲー会員に損害が生じても、当社は、一切損害を賠償しません。

（【　】内は、原判決の後にＹが本件規約を変更して追加した文言）

16　東京高裁令和２年11月５日判決・裁判所ウェブサイト

本判決の原判決[17]は、以下のとおり示して、本件規約７条１項ｃ号およびｅ号はいずれも著しく明確性を欠いており、また本件規約７条３項は同条１項ｃ号およびｅ号との関係において著しく明確性を欠き、複数の解釈の可能性が認められるとして、消費者契約法８条１項１号および３号に該当し無効と判断しました。

> 「ｃ号の『他のモバゲー会員に不当に迷惑をかけた』という要件は、その文言自体が、客観的な意味内容を抽出し難いものであり、その該当性を肯定する根拠となり得る事情や、それに当たるとされる例が本件規約中に置かれていないことと相俟って、それに続く『と当社が判断した場合』という要件の『判断』の意味内容は、著しく明確性を欠くと言わざるを得ない。」
> 「ｅ号については、『その他』との文言によりｃ号を含む各号と並列的な関係にある要件として規定されつつも、ｃ号と同じ『判断した場合』との文言が用いられていることから、ｃ号の解釈について認められる上記の不明確性を承継するものとなっている。」
> 「本件規約７条３項は、同条１項ｃ号又はｅ号との関係において、その文言から読み取ることができる意味内容が、著しく明確性を欠き、契約の履行などの場面においては複数の解釈の可能性が認められるところ、被告は、当該条項につき自己に有利な解釈に依拠して運用していることがうかがわれ、それにより、同条３項が、免責条項として機能することになると認められる。」

そして原判決の控訴審である本判決は、原判決の判断を維持し、本件規約７条１項ｃ号およびｅ号について、以下のように判断しました。

> Ｙは、上記の「合理的な判断」を行うに当たって極めて広い裁量を有し、客観的には合理性がなく会員に対する不法行為又は債務不履行を構成するような会員資格取消措置等を「合理的な判断」であるとして行う可能性が十分にあり得るが、会員である消費者において、訴訟等において事後的に客観的な判断がされた場合は格別、当該措置が「合理的な判断」に基づかないもの

17　さいたま地裁令和２年２月５日判決・裁判所ウェブサイト

であるか否かを明確に判断することは著しく困難である。

その上で、以下のとおり、本件規約７条３項について、消費者契約法８条１項１号および３号に該当すると判断しています。

本件規約７条３項には、単に「当社の措置により」との文言が用いられ、それ以上の限定が付されていないところ、前記説示したとおり、会員において、同条Ｉ項ｃ号及びｅ号該当性につき明確に判断することは、極めて困難である。さらに、同条３項が「一切損害を賠償しません。」と例外を認めていないことも併せ考慮すると、同項については、契約当事者（Ｙ及び会員）の行為規範として、Ｙが不法行為等に基づく損害賠償責任を負わない場合について確認的に規定したものと解することは困難である。

b　本判決の評価（バスケット条項と免責条項）

本判決では、「その他、モバゲー会員として不適切であると当社が合理的に判断した場合」という、いわゆるバスケット条項（本件規約７条１項ｅ号）と、「当社は、一切損害を賠償しません」（本件規約７条３項）との規定が主な判断の対象とされています。

前提として、本判決は、本件規約の他の条項との関係や、Ｙの会員に対する具体的対応等も考慮された上で判断している点に鑑みると[18]、あくまで当該事案について示されたものであり、利用規約における一般的な判断がなされたものではない点を踏まえる必要があります。

その上で、バスケット条項である本件規約７条１項ｅ号については、同項ｃ号の不明確性を承継するがゆえに著しく明確性を欠くと判断されたものであり、バスケット条項の一般的な効力が否定されたわけではありません[19]。

不特定多数のユーザーを取引の相手方とする事業者にとって、利用規約における登録拒絶事項や禁止事項のすべてについて個別具体的に列挙することは不可能であり、バスケット条項を定める必要性は極めて高いものです。

18　本判決では、会員から全国消費生活情報ネットワークシステムに対し、Ｙにより利用の一部を停止されたが、Ｙに問い合わせても理由の説明がされず、既に支払った利用料金２万円の返金を拒まれているなどの相談が複数なされていたことが認定されています。

19　同様の指摘をするものとして、松尾博憲「改正民法（定型約款）の視点から」NBL1184号26頁等があります。

そこで本判決にも鑑みて、バスケット条項を定める場合は、以下の点に留意することが考えられます。バスケット条項の具体例については、後記Ⅳ（サンプル条項例）の第23条（禁止行為）もご参照ください。

- 具体的にいかなる場合がバスケット条項に該当するのかをユーザーが容易に予測できるよう、バスケット条項の前に、当該サービスに即した禁止事項の例を、具体的に複数列挙する。
- 「前各号のほか、本サービスのユーザーとして不適切であると、当社が合理的な根拠に基づき合理的に判断した場合」といった文言を用いることを検討する。
- バスケット条項を事業者が自己に有利な解釈に依拠して恣意的に運用していると評価されるような運用を行わない。

また、「当社は、一切損害を賠償しません」と定める免責条項は、これとは別に包括的な免責条項を定めている場合であっても、消費者契約法８条１項１号または３号の各前段に該当し、無効と評価される可能性も否定できません（前記Ⅲ１⑴ｂ）[20]。

そこで、利用規約において包括的な免責条項を定めている場合であっても、個々の条項においても免責について定める場合は、それぞれに「当社に故意または過失がある場合を除いて」との文言を加えておく方針が望ましいといえるでしょう。

Column　サルベージ条項と令和４年改正消費者契約法

サルベージ条項とは、ある条項が強行法規に反して全部無効となる場合に、その条項の効力を強行法規によって無効とされない範囲に限定す

20　本件規約12条４項では「本規約において当社の責任について規定していない場合で、当社の責めに帰すべき事由によりモバゲー会員に損害が生じた場合、当社は、１万円を上限として賠償します。」との免責条項が定められていましたが、本判決は、「同項が『本規約において当社の責任について規定していない場合で』と明示しているからことからすれば、同項は、本件規約７条３項により免責がされる場合とは独立して、責任の全部の免除をすることができることを規定しているものではないことは明らかである。」として、12条４項については消費者契約法８条１項１号および３号の各前段に該当しないと判断しています。

る趣旨の契約条項を指し、例えば「賠償額は、法律で許容される範囲内において、1万円を限度とします」といった条項がサルベージ条項に当たります。

消費者庁「消費者契約に関する検討会報告書」（令和3年9月）では、サルベージ条項は、留保文言によって契約条項のうち有効とされる範囲が不明確となり、消費者が法律上請求可能な権利行使を抑制されてしまうことや、軽過失の場合に損害賠償の限度額を定めることなく「法律上許される限り賠償限度額を○万円」と定めた場合、本来は条項すべてが無効となる可能性があるところ、「法律上許される限り」といった留保文言によって、軽過失の一部免除を意図するものとして有効になる可能性があるという不当性が見られることが指摘されていました[21]。

令和4年5月に成立した改正消費者契約法では、損害賠償責任の一部を免責する条項のうち、軽過失による行為にのみ適用されることを明らかにしていない条項を無効とする旨を定める8条3項が新設されました。

改正消費者契約法8条3項

事業者の債務不履行（当該事業者、その代表者又はその使用する者の故意又は重大な過失によるものを除く。）又は消費者契約における事業者の債務の履行に際してされた当該事業者の不法行為（当該事業者、その代表者又はその使用する者の故意又は重大な過失によるものを除く。）により消費者に生じた損害を賠償する責任の一部を免除する消費者契約の条項であって、当該条項において事業者、その代表者又はその使用する者の重大な過失を除く過失による行為にのみ適用されることを明らかにしていないものは、無効とする。

改正消費者契約法の施行後は、「法令に反しない限り、1万円を上限として賠償します」といった免責条項は、同法8条3項に該当して無効となりますので[22]、今後利用規約において軽過失一部免責条項を定める際は十分に留意する必要があるでしょう[23]。

21　消費者庁「消費者契約に関する検討会報告書」（令和3年9月）19頁
22　消費者庁「消費者契約法・消費者裁判手続特例法の改正（概要）」（令和4年）2頁
23　改正消費者契約法は、公布の日から起算して1年を経過した日（令和5年6月1日）に施行される予定です。ただし、適格消費者団体の事務に関する改正規定については、公布の日から起算して1年半を超えない範囲で政令で定める日に施行される予定です。

なお、同改正法８条３項に該当しないサルベージ条項や、いわゆる分離可能性条項の有効性までが否定されたわけではない点はあわせて理解しておくべきでしょう（後記Ⅳ（サンプル条項例）30条を参照）[24]。

2　アプリ利用規約が契約内容となるための要件（民法548条の2）

アプリ利用規約の大半は、2020年４月の民法改正により新設された定型約款に該当すると思われるため、アプリ利用規約を作成・運用する際には、定型約款に関する規制（民法548条の２～548条の４）を遵守する必要があります[25]。

定型約款では、相手方と定型取引を行うことの合意があり（定型取引合意）、かつ、①定型約款を契約の内容とする旨の合意をしている場合か、②あらかじめその定型約款を契約の内容とする旨を相手方に表示している場合であれば、定型約款の個別の条項を表示していなかったとしても、定型約款の個別の条項について合意したものとみなされます（みなし合意。民法548条の２第１項１号・２号）。

会員登録を要するアプリサービスの場合は、会員登録に際して「利用規約に同意した上で会員登録を申請します」といったボタンをクリックする行為をスムーズに求めることができること、会員登録を要するサービスは有償サービスであることも多く、会員とのトラブルを可能な限り防止する要請が大きいことからすれば、①の方式によることを原則とすべきです。

これに対し、会員登録を要せずに利用することができるポータルサービス等の場合、利用規約への同意ボタンのクリックを求めることによりユーザビリティが損なわれる点に鑑みて、②の方式をとるサービスも少なくありません。②の方式による場合、ユーザーに対して、利用規約を契約の内容とする旨が個別に示されているものと評価できるものでなければなりませんが、例えばアプリのトップページの最下部に利用規約のリンクが設置されている場

24　福島成洋ほか「消費者契約法改正の概要」NBL1224号73頁
25　本書では、アプリ利用規約が定型約款に該当することを前提として解説しています。定型約款とは、定型取引に用いるために、契約の内容とすることを目的として、当事者の一方により準備された条項の総体を指します（民法548条の２第１項）。いかなるドキュメントが定型約款に該当するかについては、電子商取引準則23頁以下参照。

合であっても、ページとしての一体性があるといえる場合は、このような評価をすることができると考えられています[26]。アプリ全体において、利用規約を契約の内容とする旨を個別に示しているとの評価を受けるためには、少なくとも共通ヘッダー部分やメニュー表示部分等において、利用規約へのリンクを常に表示しておくことが望ましいでしょう。

3　アプリ利用規約の変更（民法548条の4）

(1)　定型約款における変更要件

アプリ利用規約について、定型約款の変更要件を満たさない変更手続を行った場合、ユーザーとの関係で効力を有しないリスクが生じます。

ただし前提として、定型約款の変更とは、既に定型約款に基づいて契約を締結済みである既存のユーザーとの間の契約を、契約期間中に変更することを指します[27]。例えば会員登録機能がないアプリで商品を購入する契約の場合、ユーザーには売買契約締結時の利用規約がその都度適用されるため、利用規約の内容を変更したとしても、定型約款の変更に関する規定が適用されない点には留意を要します。

定型約款における変更要件（実体的要件および手続的要件）を満たす場合、事業者は、ユーザーから個別の同意を得ることなく、利用規約の変更を行うことが可能となります[28]。

a　実体的要件

ユーザーから個別の同意を得ずして定型約款の不利益変更を行うためには、変更が「契約をした目的に反せず、かつ、変更の必要性、変更後の内容の相当性、民法548条の4により定型約款の変更をすることがある旨の定めの有無及びその内容その他の変更に係る事情に照らして合理的なものである」といえる必要があります（変更の実体的要件。同条1項2号）。アプリ利用規約において、「変更の必要性」の具体例（法令の変更、経済情勢、経営状況の変

26　村松ほか・前注15・72頁

27　嶋寺基・細川慈子・小林直弥『約款の基本と実践』（商事法務、2020）58頁

28　民法548条の4に基づく変更手続によるのではなく、個別にユーザーと同意をして、定型約款の条項を変更することは否定されていません。もっとも「特段の申し出がない限り、変更後の約款の内容に同意したものとみなします。」等と一方的な通知をした事情のみでは、変更の合意が成立したと認定することはできないと考えられています（村松ほか・前注15・142頁）。

動その他当該アプリサービスに関する実情の変化など）を例示列挙しておくことは、当該要件を満たす上で望ましいと考えられます。

b　手続的要件

次に手続的要件として、効力発生時期を定めた上で事前に周知することが求められます（民法548条の4第2項）。具体的にどの程度の周知期間を設ける必要があるかについて、民法上定められてはいませんが、立案担当者の解説によれば、Webサイトへの掲載による周知手続を行う場合、軽微な変更であれば数日、そうでなければ数週間の掲載が必要になることもあるとされています[29]。利用規約において「周知から○日経過後に変更の効力が発生します」と定めておく方法もありますが、変更内容に応じて柔軟に効力発生時期を設定できるよう、変更を行う都度、周知時に適用開始日を定める方法によることが便宜でしょう。

次に事前周知の方法ですが、アプリ利用規約の場合は、アプリ内の新着情報部分で表示したり、ポップアップを示して行う方法がとられています。ユーザーに与える影響が大きいと考えられる変更の場合は、さらにプッシュ通知を利用することも検討すべきでしょう。

なお事前周知においては、単に利用規約を変更する旨だけを記載したり、変更のサマリーを記載したりするのみでは足りず、変更後の利用規約の具体的な条項を周知する必要があります（民法548条の4第2項）。周知手続に違反があった場合、変更の効力が生じなくなるリスクがあるため（同条3項）、周知期間の設定や周知内容の作成は慎重に行う必要があるでしょう。

⑵　App Storeの自動更新サブスクリプションにおける価格変更

第2章Ⅰ記載のとおり、App Storeでは、値上げが1年に1回のみで、値上げ幅が5米ドルおよび50%（年間サブスクリプションの場合は50米ドルおよび50%）を超えないこと、かつ、現地の法律により許容されていることを条件に、事前にユーザーへの通知を行うことのみで、ユーザーから個別の同意を取得することなく、自動更新サブスクリプションの価格を値上げすること

29　村松ほか・前注15・138頁。なお松尾博憲「約款ルールへの対応状況と中期的な課題」BUSINESS LAW JOURNAL 153号25頁によれば、Webサイトで公開されている利用規約、会員規約等の約款の変更例100件を検討した結果、周知手続の開始から効力発生までの期間の平均は12.82日であったとのことです。

が可能になりました[30]。

App Store における自動更新サブスクリプションとは、「ユーザーが App のコンテンツ、サービス、プレミアム機能を継続的に利用できるようにするもの」で、「各サブスクリプションの期間が終了すると、ユーザーがキャンセルしない限り自動的に更新」される課金システムを指します[31]。

自動更新サブスクリプションの価格をユーザーへの通知のみで変更できる機能は、アプリストアである Apple とユーザー間で締結されるアプリストア利用規約[32]およびその一部を構成するドキュメントにおいて定められているものと考えられます。しかし、自動更新サブスクリプション価格の変更は、定型約款であるアプリ利用規約の変更に当たるものである以上、変更が有効になるためには、変更要件（民法 548 条の４）を満たすか、または各ユーザーから個別に同意を得ることが必要になるものと考えられます。

以上の点からすれば、アプリ提供者が、自動更新サブスクリプションの価格をユーザーへの通知のみで変更できる機能を利用する場合、アプリ利用規約において当該機能を利用する場合があることを定めた上で、定型約款の変更時に求められる手続的要件についても遵守する運用を行っておくことが無難といえるでしょう（後記Ⅳ（サンプル条項例）３条参照）。

 アプリ利用規約のサンプルと解説

サンプル[33]　アプリ利用規約

【アプリ名】サービス利用規約

【アプリ名】サービス利用規約（以下「本規約」といいます）は、【自社の商号】（以下「当社」といいます）が提供する【アプリ名】（以下「本サービス」といい、定義は第１条第１号記載のとおりです）の提供条件および当社とユーザーとの間の権利関係が

30　Apple「サブスクリプションの通知に関するアップデート」（2022 年５月 16 日）（https://developer.apple.com/jp/news/?id=tpgp89cl）

31　Apple「自動更新サブスクリプションを使用する」（2020 年１月 19 日）（https://developer.apple.com/jp/news/?id=kipzd3t6）

32　Apple メディアサービス利用規約「B．本サービスの利用　サブスクリプション」

33　本サンプルを含む本書のサンプル等は、あらゆるアプリサービスに適合することを保証するものではありません。個別の案件については弁護士等にご相談ください。本サンプルの使用等から生じる結果について、著者らおよび出版社は責任を負いかねる点についてあらかじめご了承ください。

定められています。
　本サービスの利用に際しては、本規約の全文をお読みいただいた上で、本規約に同意いただきますようお願いいたします。

　利用規約が定型約款に該当する場合、利用規約の全文（個別の条項）をあらかじめユーザーに示すことは契約成立のための要件ではなく（民法548条の2第1項）、定型取引の合意前または合意後相当期間内にユーザーから請求があった場合に、遅滞なく利用規約の全文（個別の条項）を示せば足ります（民法548条の3第1項）。しかし、令和4年5月に成立した改正消費者契約法により、事業者は定型取引合意に該当する消費者契約の締結をするに際して、定型約款の内容を容易に知り得る状態に置く措置を講じているときを除き、ユーザーに対して、ユーザーが利用規約の全文（個別の条項）の開示請求を行うために必要な情報を提供する努力義務を負うことになりました（改正消費者契約法3条1項3号。同改正法は、一部の規定を除いて、公布の日から起算して1年を経過した日（令和5年6月1日）に施行される予定です）。消費者契約法の改正がなされたことに加えて、ユーザーとの対応コストや無用の紛争を回避するためにも、事業者としては、利用規約の全文を常に公開しておく運用を原則としておくべきでしょう。

第1条（定義）
　本規約において用いる用語の定義は以下に定めるとおりとします。
(1)　「本サービス」とは、当社が管理・運営する【アプリ名】を意味します。
(2)　「本アプリ」とは、当社がApp Store、Google Playストア等のアプリストア上で配信する、本サービス提供のためのアプリケーションプログラムを意味します。
(3)　「当社サイト」とは、当社が管理・運営するウェブサイトであり、ドメインに【○○○○】を含むウェブサイトを意味します（当該ドメインが当社により変更された場合は、変更後のドメインを対象とします）。
(4)　「利用契約」とは、本規約を契約の内容として、当社とユーザーとの間で締結する本サービスに関する契約を意味します。
(5)　「登録事項」とは、ユーザーが本サービスの登録や利用に際して当社に対して提供したユーザーに関する情報を意味します。
(6)　「登録希望者」とは、本サービスの利用を希望し、登録の申込みを行いまたは登録の申込みを行おうとする個人を意味します。
(7)　「ユーザー」とは、登録希望者のうち、第4条（登録）の規定に基づき、当社が本サービスの利用者としての登録を承諾した者を意味します。
(8)　「コンテンツ」とは、文章、画像、動画、音声その他のデータを意味します。
(9)　「投稿コンテンツ」とは、ユーザーが本サービスにおいてアップロードしたコンテンツを意味します。
(10)　「○○コイン」とは、ユーザーが、本規約に基づき、本サービス上で利用することができる前払式支払手段（資金決済に関する法律3条1項1号）を意味します。

⑾　「知的財産権」とは、著作権、特許権、実用新案権、意匠権、商標権その他の知的財産権（それらの権利を取得し、またはそれらの権利につき登録等を出願する権利を含みます）を意味します。

⑿　「個人情報」とは、個人情報の保護に関する法律2条1項に定める個人情報を意味します。

冒頭で、本サービスと本アプリの関係を明確にしています（1号）。

本規約が、自社とユーザーとの間で締結される本サービスに関する契約（利用契約）の内容となることを明確にしています（4号）。

本サービスのユーザーとなり得る登録希望者は、個人のみであることを明確にしています（6号）。法人等の事業者の利用も想定する場合は、「個人（個人事業主を含みます）または法人」等と記載することが考えられます。

定義条項では、サービス内で登場する固有のサービスやアイテム等の名称（「〇〇コイン」等）についても定めておくことが望ましいでしょう（10号）。

第2条（適用）

1　本規約は、本サービスの提供条件および本サービスの利用に関する当社とユーザーとの権利義務関係を定めることを目的とし、ユーザーと当社との間の本サービスの利用に関する一切の関係に適用されます。

2　当社が、本アプリまたは当社サイトで掲載する本サービスの利用に関する条件等は、本規約の一部を構成します。本規約の内容と、当該条件等の内容が矛盾抵触する場合は、当該条件等において特段の留保がない限り、本規約が優先して適用されます。

利用規約とは別に、サービスに関する細かな条件等を、アプリ内などで記載する場合があります。このような条件等は、利用規約で定めがない事項に関するものや、利用規約の内容をさらに説明する趣旨のものである場合が多いため、原則として利用規約の一部を構成するとした上で、ただし利用規約の内容と矛盾抵触する場合は、優先関係を明確にするために、特段の留保がない限り本規約が優先する旨を定めています。

第3条（本規約の内容等の変更）

1　当社は、本サービスに関連する実情や社会経済情勢の変動、税制や法令の変更その他諸般の状況の変化等の事由があると判断した場合、本規約の内容、本サービスの利用料金等（以下「本規約の内容等」と総称します）を変更することができます。

2　当社は、本規約の内容等の変更を行う場合は、変更後の本規約の内容等を、本アプリもしくは当社サイトに表示しまたは当社の定める方法により通知することでユーザーに周知します。変更後の本規約の内容等は、この周知の際に定める適用開始日から適用されます。

3　ユーザーが、本サービスをApp Storeにおける自動更新サブスクリプション（定義はApple Inc.（以下「Apple」といいます）が定めるとおりとします）により利用する場合、Appleメディアサービス利用規約その他の提供条件に従わなければなりません。当社は本条1項の事由がある場合、本条2項に定める手続をとることによって、Appleが別途定める条件の範囲内で、自動更新サブスクリプションの価格を変更できます。

利用規約の変更を、ユーザーから個別の同意を得ずに行うための条項です（定型約款の変更。民法548条の4）。本条1項では、「変更の必要性」（同条1項2号）が生じ得る具体的な事情を例示的に列挙しています。

利用規約の変更を行う場合、効力発生時期をあらかじめ周知する必要があります（同条2項）。利用規約において、「周知から○日経過後に変更の効力が発生します」と定める方法もありますが、変更内容に応じて柔軟に効力発生時期を設定できるよう、「周知の際に定める適用開始日」から変更の効力が発生するとしています（2項）。

なおApp Storeにおける自動更新サブスクリプションの価格を通知のみで値上げできる機能を利用する場合について、アプリ利用規約においても定めています（第2章Ⅰ3(4)b参照）。

第4条（登録）

1　登録希望者は、本規約を遵守することに同意し、かつ当社が定める方法で登録事項を当社に提供することにより、当社に対し、本サービスの利用の登録を申請することができます。

2　当社は、本条4項の基準に従って、登録希望者の登録の可否を判断し、当社が登録を認める場合にはその旨を当社所定の方法にて、当該登録希望者に通知します。登録希望者のユーザーとしての登録は、当社が本項の通知を行ったことをもって完了します。

3　前項に定める登録の完了時に、本規約を契約内容とする利用契約がユーザーと当社との間に成立します。ユーザーはこれをもって、本サービスを本規約に従って利用することができるようになります。

4　当社は、登録希望者が、以下の各号のいずれかの事由に該当する場合は、本サービスへの登録を拒否することがありますが、その理由について開示する義務を負いません。

(1)　当社に提供した登録事項の全部または一部につき虚偽、誤記または記載漏れがあった場合

(2)　未成年者、成年被後見人、被保佐人または被補助人のいずれかであって、法定代理人、後見人、保佐人または補助人の同意等を得ていない場合

(3)　自らまたはこれに準ずる者が、暴力団、暴力団関係企業、総会屋もしくはこれらに準ずる者またはその構成員（以下「反社会的勢力」と総称します）である、ま

たは反社会的勢力が経営に実質的に関与している法人等の関係者であると当社が判断した場合

(4) 資金提供その他を通じて反社会的勢力の維持、運営または経営に協力または関与する等、反社会的勢力との何らかの交流または関与を行っていると当社が判断した場合

(5) 登録希望者が過去、当社と締結した利用契約を含む契約に違反した者である場合またはその関係者であると当社が合理的な根拠に基づき合理的に判断した場合

(6) 第23条（禁止行為）各号に定める行為を行ったことがあるか、または行うおそれがあると当社が判断した場合

(7) 第26条（当社による利用停止・解除）に定める措置を過去に受けたことがある場合

(8) 上記各号のほか、登録を適当でないと当社が判断した場合

サービスを提供するにあたり、事業者は誰とサービス利用に関する契約を締結するか、締結しないかについて広範な裁量を有します（契約自由の原則。民法521条1項）。不特定多数のユーザーを対象とするオンラインビジネスでは、個別に対象者の属性を判断することは困難であるため、ユーザーからの申込みによっては直ちに利用契約は成立しないとした上で、あらかじめ申込拒絶事由を定めておき、これに該当する場合には利用契約を拒絶できるものとしておくことが便宜です。

第5条（当社からの通知、ユーザーによる登録事項の変更等）

1 本サービスに関して当社がユーザーに対して行う通知は、本アプリ内において実施する方法、登録事項としてユーザーにより登録された連絡先（メールアドレスを含みます）に対して送信する方法その他当社の定める方法によって行うものとし、当該通知は、本規約において特段の定めがない限り、通常到達すべきであった時にユーザーに到達したものとみなします。

2 ユーザーは、登録事項に変更が生じた場合、当社の定める方法により、当該登録事項の変更を、遅滞なく当社に届け出なければなりません。

3 ユーザーが前項の通知を怠ったことにより、ユーザーまたは第三者が損害または不利益を被った場合であっても、当社は、当社に故意または過失がある場合を除いて責任を負いません。

4 当社はユーザーに対して、登録事項の真偽を確認し、また追加の情報提供を求める場合があり、ユーザーはあらかじめこれに同意します。

民法では、意思表示は、その通知が相手方に到達した時からその効力を生ずるとされます（民法97条1項）。そして電子メールで意思表示が行われる場合は、受信者が指定したまたは通常使用するメールサーバー中のメールボックスに読み取り可能な状態で記録された時点、端末等に意思表示が表示される場合は、相手方の端末等の画面上に通知が表示さ

れた時点において、意思表示がそれぞれ到達するとされています[34]。本規約における「当社による通知」は、意思表示のみならず、サービスに関する案内等を広く含んだ概念を指すものとして整理しています。

裁判例として、保険契約者に対する催告等は届出がなされた住所にあてて発すれば足り、当該住所あてに発送された催告等は、それが通常到達すべきであった時に到達したものとみなす旨の定めを約款上置いていた事案について、当該定めは、消費者契約法10条の規定によりその有効性に疑問が生ずることにならないと判断を示したものがあります[35]。これに鑑みて、本条1項では、事業者はユーザーが登録事項として届け出た連絡先（メールアドレス等）に通知すれば、到達したものとみなすという規定（みなし到達規定）を定めています。

第6条（アカウント）

1　ユーザーは、本サービスにおけるユーザーIDおよびパスワード（以下「アカウント」といいます）を自己の責任において定めるものとします。

2　ユーザーは、自己の責任において、本サービスに関するアカウントを厳重に管理するものとし、これを貸与、譲渡もしくは売買その他方法を問わず第三者に利用させてはなりません。

3　ユーザーは、第三者が自身のアカウントを不正に使用していることを発見した場合を含め、自身のアカウントが当社による本サービスの提供を阻害するおそれがあると判断した場合には、直ちに当社に対して報告しなければなりません。

4　当社は、アカウントを用いて行われた本サービスの利用行為を、当該アカウントの対象となるユーザーによるものとみなすことができます。

5　アカウントの管理不十分、使用上の過誤、第三者の使用等によって生じた損害に関する責任は当該アカウントの対象となるユーザーが負い、当社は、当社に故意または過失がある場合を除いて責任を負いません。

第三者がアカウントを用いて行ったサービスの利用行為は無権代理となり、原則として本人に効果帰属しないため（民法113条）、アカウントを用いて行われたサービスの利用行為については、当該アカウントの対象となるユーザーに帰属するとみなすことができる旨を定めています（4項）。

第7条（本サービスの提供）

1　本サービスは、【○○○○】を目的とするサービスです。本サービスのより詳細な内容および機能等は、本アプリ内のFAQその他本サービスに関連するページをご

34　電子商取引準則6頁

35　東京高裁平成21年9月30日判決・判タ1317号72頁

参照ください。
2　当社は、本サービスのドメイン、内容および機能等を、当社の判断に基づき、事前の予告なしに随時追加、変更または削除等する場合があります。
3　本サービスの利用に関する支払いおよび決済は、アプリストアが提供する決済システムを用いて行われます。
4　本サービスには、第三者が提供するAPI、OSSやライブラリ（以下「他社API等」といいます）を利用するサービスが含まれることがあります。ユーザーは、他社API等の仕様変更・休止・廃止等により、本サービスに変更が生じ、本サービスの一部または全部が利用できなくなるおそれがあることについて、あらかじめ理解した上で同意します。

第8条（〇〇コインの購入）
1　ユーザーは、本規約または本アプリ内で定める方法により、〇〇コインを購入することができます。
2　ユーザーは、他のユーザーその他の第三者に対し、〇〇コインを売買・譲渡・交換・担保設定等することはできません。また、ユーザーが複数のアカウントを保有する場合であっても、〇〇コインをアカウント間で移行または合算することはできません。
3　〇〇コインの有効期間は無期限です。
4　未成年者のユーザーは、〇〇コインの購入その他の利用（以下「購入等」といいます）を行う場合は、法定代理人の同意を得るものとします。未成年者のユーザーが法定代理人の同意がないにもかかわらず同意があると偽りまたは年齢を成年と偽って〇〇コインを購入等した場合、その他行為能力者であることを信じさせるために詐術を用いた場合、当該ユーザーおよび当該ユーザーの法定代理人は、〇〇コインの購入等に関する一切の法律行為を取り消すことはできません。また〇〇コイン購入時に未成年であったユーザーが、成年に達した後に〇〇コインの利用を行う場合、当該ユーザーはこれらの法律行為について追認したものとみなされます。

「〇〇コイン」といったアプリ内通貨は、資金決済法上の前払式支払手段に該当する場合がありますが、同法上、前払式支払手段の譲渡は禁止されていません（第2章Ⅰ3(3)d）。そこで、アプリ内通貨の譲渡等を禁止したい場合は、利用規約でその旨を定めておく必要があります（2項）。

App Storeの場合、アプリ内課金で購入されたアプリ内通貨に有効期間を設定することが禁止されているため（App Store Reviewガイドライン第3.1.1条）、有効期限に触れる場合は無制限と定めておく必要があります（3項）。なおGoogle Playストアでは、アプリ内通貨の有効期限に関する定めはありません（本書執筆時点）。

第9条（本アプリの使用許諾）

ユーザーが、本サービスを利用するためには、本アプリの利用が必要となります。ユーザーは、App Store、Google Play ストア等のアプリストアにおいて、本アプリを無償でダウンロードおよびインストールできます。

第10条（第三者サービス等）

1　ユーザーは、Twitter、Facebook など第三者が提供するサービス等（以下「第三者サービス等」といいます）を本サービスを通じて利用する場合、別途、当該第三者が定める利用規約その他の定めに従わなければなりません。

2　当社は、ユーザーの第三者サービス等の利用行為、ユーザーと当該第三者との間の紛争等によりユーザーに発生した損害について、当社に故意または過失がある場合を除いて責任を負いません。

第11条（委託）

当社は、本サービスの提供に関する業務の全部または一部を、ユーザーの承諾なしに、第三者に委託することができます。この場合、当社は責任をもって当該委託先である第三者を管理・監督します。

第12条（本サービスの利用料金）

本サービスの利用料金は、本アプリまたは当社サイトに掲示するとおりとします。当社は、本サービスの利用料金を、第３条（本規約の内容等の変更）の定めに基づいて変更することができます。

第13条（遅延損害金）

ユーザーが、本サービスの利用料金を所定の支払期日が過ぎてもなお支払わない場合、ユーザーは、当社に対し、年14.6％の割合による遅延損害金を支払わなければなりません。

第14条（端末機器、電気通信回線）

1　ユーザーが使用する端末機器や、端末機器から本アプリまたは当社サイトに接続する電気通信回線は、ユーザー自身の責任と費用負担において、確保、維持されるものとします。

2　ユーザーは、本サービスを利用するにあたり必要となる一切の通信費用を負担します。

第15条（個人情報の管理）

当社は、個人情報保護の重要性を認識し、以下のプライバシーポリシーを策定しています。

【プライバシーポリシーのURLを記載する】

プライバシーポリシーに対して同意を取得する意義については、第4章Ⅲ1(3)をご参照ください。

第16条（本サービスの知的財産権）

本アプリ、当社サイトその他本サービスを構成する有形・無形の構成物（ソフトウェアプログラム、データベース、アイコン、画像、文章、マニュアル等の関連ドキュメントその他一切のコンテンツを含みますが、投稿コンテンツは除くものとします）に関する一切の知的財産権は、当社または当社に利用を許諾した第三者に帰属します。

第17条（投稿コンテンツの知的財産権およびルール）

1　投稿コンテンツについて発生する知的財産権は、当該投稿コンテンツを創作したユーザーその他の第三者に帰属します。

2　ユーザーは、当社に対し、当社が以下の目的で投稿コンテンツを使用および利用（二次利用を含みます）することについて、地域または期間の限定なく、無償かつ取消不能の利用権を付与します。

(1)　本規約に違反する行為を検証する目的

(2)　本サービスのプロモーションを行う目的

(3)　本サービスの保守、改良を行う目的

(4)　本サービスの企画・運営、新規開発において利用する目的

3　ユーザーは、前項に定める当社の使用および利用に関し、著作者人格権を行使しないものとします。

4　投稿コンテンツに、ユーザー以外の第三者の権利が含まれる場合、ユーザーは、当該投稿コンテンツの投稿をすることについて、当該第三者の承諾を得るものとします。

5　ユーザーは、投稿コンテンツに、以下の内容を含めてはなりません。

(1)　当社または他のユーザーの名誉または信用を傷つけるもの

(2)　個人または団体に対して差別、偏見、人種差別、憎悪、嫌がらせまたは侵害を助長するもの

(3)　性的感情を刺激する行為を直接的に描写するもの

(4) 暴力的もしくは脅迫的であるもの、または他者に対して暴力的もしくは脅迫的な行為を助長するもの
(5) 知的財産権、肖像権、プライバシー権その他第三者の権利を侵害するもの
(6) 営業秘密またはこれに準じるもの
(7) 詐欺的、虚偽的、欺瞞的であるものまたはこれらに該当する誤解を招くもの
(8) 売春、児童買春に関するもの
(9) 異性交際を求め、異性交際の求めに応じ、または異性交際に関する情報を媒介するもの
(10) コンピューターウィルスを含むもの
(11) 公序良俗に反するもの
(12) 法令に違反するものまたは違反する行為を助長するもの
(13) 前各号に定めるほか、本サービスの目的に照らして不適切であると、当社が合理的な根拠に基づき合理的に判断するもの

6　当社は、投稿コンテンツについて、本サービスの円滑な提供、当社システムの構築・改良・メンテナンス等に必要となる範囲内で、変更、切除その他の改変を行うことができます。
7　当社は、投稿コンテンツが本条4項、5項その他本規約に違反すると合理的な根拠に基づき合理的に判断する場合、当該投稿コンテンツを、事前の予告なく削除することができます。

第18条（本サービスまたは本アプリの非保証）

1　当社は、本サービスまたは本アプリがユーザーの特定の利用目的に合致することや、特定の結果の実現を保証しません。
2　当社は、本サービスまたは本アプリが日本国外で正常に利用できることを保証しません。
3　当社は、ユーザーが使用する端末におけるあらゆるOS、ウェブブラウザ、アプリのバージョンにおいて本サービスまたは本アプリを良好に利用できることを保証せず、また、そのような保証をするための動作検証および改良対応等を行う義務を負いません。また本サービスまたは本アプリの推奨環境、動作環境以外の環境で本サービスまたは本アプリを利用することや、OS、ウェブブラウザ、本アプリのバージョンアップデートを実施しないことにより、本サービスまたは本アプリに障害が生じないことを保証しません。
4　当社は、本サービスまたは本アプリに中断、中止その他の障害が生じないことを保証しません。
5　当社は、本サービスまたは本アプリの提供に際して、バグ等が存在しないよう最大限努力を行いますが、本サービスまたは本アプリは現状のまま提供されるものであり、当社は、本サービスまたは本アプリにバグや不具合の不存在を保証しません。

第 19 条（損害賠償、差止め）

ユーザーが、本規約に反する行為をした場合、当社は、当該行為を差し止めることができます。ユーザーは、当該行為により当社または第三者に損害が発生した場合、この損害を賠償する義務を負います。

第 20 条（当社の免責および損害賠償の制限）

1　当社は、本規約の各条項に従って制限された限度においてのみ、本サービスについての責任を負います。当社は、本規約の各条項において保証しないとしている事項、責任を負わないとしている事項、ユーザーの責任としている事項について、当社に故意または過失がある場合を除いて、責任を負いません。当社は、本サービスに関してユーザーに損害が生じた場合であっても、当社に故意または過失がある場合を除いて、責任を負いません。

2　当社の過失（重過失を除きます）によって本サービスに関してユーザーに損害が生じた場合、当社は、債務不履行、不法行為その他の請求原因を問わず、ユーザーに現実に生じた直接かつ通常の範囲の損害についてのみ責任を負い、その賠償額は、当社がユーザーから受領した本サービスの利用料金の直近○か月分または金○円のいずれか低い方を上限とします。

令和４年改正消費者契約法では、損害賠償責任の一部を免責する条項のうち、軽過失による行為にのみ適用されることを明らかにしていない条項を無効とする旨を定める８条３項が新設されました。詳細は前掲コラム「サルベージ条項と令和４年改正消費者契約法」(109 頁）をご参照ください。

第 21 条（本サービスの休止）

1　当社は、定期的にまたは必要に応じて、本サービスの保守作業等のために、本サービスを一時的に休止する場合があります。

2　当社は、本サービスの休止を行う場合には、事前にユーザーに対してその旨を通知します。ただし緊急の場合には、事前の通知をすることなく本サービスを休止し、事後に速やかにユーザーに通知します。

3　第１項に定めるほか、当社は、第三者による妨害行為等により本サービスの継続がユーザーに重大な支障を与えるおそれがあると判断する場合その他やむを得ない事由がある場合にも、本サービスを一時的に休止する場合があります。

第 22 条（本サービスの廃止）

1　当社は、本サービスの全部または一部を、いつでも廃止できます。

2　本サービスの全部または一部を廃止する場合、当社はユーザーに対して【○か月前までに】通知します。

第23条（禁止行為）

ユーザーは、本サービスを利用するにあたり、以下の行為をしてはなりません。

(1)　法令もしくは本規約に違反する行為またはそのおそれがある行為
(2)　公序良俗に反する行為
(3)　当社または第三者の知的財産権、肖像権、プライバシー権、名誉権その他の権利を侵害する行為
(4)　当社または他のユーザーを誹謗中傷する行為
(5)　他のユーザーのアカウント、個人情報その他のデータの違法・不当な閲覧、取得、改ざん、開示その他これらに準ずる行為
(6)　他のユーザーの意に反したつきまとい、ストーキング行為
(7)　他のアカウントを利用または入手するなどし、他のユーザーになりすまし、または他のユーザーと関係があるように不当に見せかける行為
(8)　本サービスのバグや誤動作を利用する行為
(9)　本サービスの提供を妨害する行為またはそのおそれがある行為
(10)　虚偽の登録事項を入力する行為
(11)　本アプリその他本サービスを構成するハードウェアまたはソフトウェアへの不正アクセス行為、クラッキング行為、過度な負荷をかける行為その他本サービスの提供に用いるシステムに支障を与える行為
(12)　本アプリその他本サービスを構成するソフトウェアのリバースエンジニアリング、ソースコードを入手しようとする行為その他本サービスの提供に用いるシステムを解析する行為
(13)　前各号のほか、本サービスのユーザーとして不適切であると、当社が合理的な根拠に基づき合理的に判断する行為

バスケット条項（本条13号）については、前記Ⅲ 1(3)b をご参照ください。

第24条（○○コインの利用停止等）

1　当社は、ユーザーが以下のいずれかに該当するときは、ユーザーによる○○コインの利用を否認・停止し、また、○○コインを失効させることができます。

(1)　不正な方法により○○コインを取得し、または不正な方法で取得されたことを知って○○コインを利用したとき
(2)　○○コインが偽造または変造されたものであるとき
(3)　ユーザーが本規約に違反したとき
(4)　ユーザーが○○コインの利用時にユーザーとしての資格を喪失していたとき

(5) ユーザーが〇〇コインを保有したまま利用契約が終了したとき
(6) その他、ユーザーによる〇〇コインの利用が不適切であると当社が合理的な根拠に基づき合理的に判断したとき

2 当社は、前項に定めるほか、以下のいずれかに該当するときは、一時的にユーザーによる〇〇コインの利用を制限することができます。
(1) 前項各号記載の事由があるか否かを判断する必要があるとき
(2) 本サービスの保守その他の理由により本サービスの提供を中断・中止する必要があるとき
(3) その他前項各号記載の事由に該当するおそれがあると当社が合理的な根拠に基づき合理的に判断したとき

第25条（利用契約の有効期間）

利用契約の有効期間は、第4条（登録）に定める本サービスへの登録の日から、利用契約が終了する日までとします。

第26条（当社による利用停止・解除）

1 当社は、ユーザーが以下のいずれかに該当する場合、ユーザーへの事前の催告を要することなく、本サービスの提供を停止し、または利用契約の全部もしくは一部を解除することができます。
(1) 当社の事業に支障を与える可能性がある行為を行った場合
(2) 法令、条例、その他規則等または本規約もしくは利用契約に違反した場合
(3) 重要な財産に対する差押、仮差押、仮処分、租税滞納処分、その他公権力の処分を受け、または破産もしくは民事再生手続開始の申立てがされ、または自ら申立てた場合
(4) クレジットカード会社（アプリストアの決済システムを含みます）の支払承認が受けられないことが明らかとなった場合、その他不正利用の疑いがある場合
(5) 第4条（登録）4項各号または第23条（禁止行為）各号に定める事由があると当社が合理的な根拠に基づき合理的に判断した場合

2 前項に定めるほか、ユーザーの責めに帰すべき事由によって当該ユーザーに本サービスの提供を継続し難い事由が発生し、当社がこれを是正するよう催告をしたにもかかわらず、ユーザーが14日以内にこれを是正しないときは、当社は、利用契約の全部または一部を解除することができます。

第27条（ユーザーによる利用契約の解約）

1 ユーザーは、いつでも利用契約を将来に向かって解約することができます。

2　ユーザーが利用契約の解約を行った場合であっても、当社は、解約月までに受領した利用料金を返還する義務を負わず、また、ユーザーは既に発生した利用料金の支払いを免れることはできません。
3　ユーザーが利用契約を解約する場合において、本サービスを App Store、Google Play ストア等のアプリストアが提供する自動更新サブスクリプションにより利用していた場合は、当該アプリストアにおいて自動更新サブスクリプションの解約手続を行わない限り、当該自動更新サブスクリプションが終了しない場合があります。ユーザーが、当該自動更新サブスクリプションの終了を希望する場合、自己の責任において、当該アプリストアにおいて、当該自動更新サブスクリプションの解約手続を行うものとします。

アプリストアが提供する自動更新サブスクリプションを利用する場合、ユーザーはサービスを退会した後も、ユーザー自身がアプリストア側で自動更新サブスクリプションの解約手続をしなければ、支払いが継続されてしまう可能性があるため、ユーザー自身がアプリストアにおいて解約手続を行う必要がある点を記載しています。もっとも、自動更新サブスクリプションの解約忘れに伴う無用のトラブルを回避するため、利用規約に記載するのみならず、サブスクリプション加入時やサービス解約時に、ポップアップ等の目立つ形式でユーザーに案内しておくことが望ましいでしょう。

第 28 条（利用契約終了後の処理）

1　ユーザーは、利用契約が終了した場合、終了理由を問わず、直ちに本サービスの利用を終了しなければなりません。
2　当社は、利用契約が終了した場合、終了理由を問わず、ユーザーの登録事項その他当該ユーザーに関するデータを消去することができます。
3　ユーザーは、利用契約の終了と同時に、ユーザーが保有している○○コインの有効期間が終了することに同意します。
4　当社は、本条に基づいてユーザーに関するデータを消去したことによってユーザーに生じた損害について責任を負いません。
5　利用契約の終了後も、第 12 条（本サービスの利用料金）、第 13 条（遅延損害金）、第 15 条（個人情報の管理）、第 16 条（本サービスの知的財産権）、第 17 条（投稿コンテンツの知的財産権およびルール）、第 18 条（本サービスまたは本アプリの非保証）、第 19 条（損害賠償、差止め）、第 20 条（当社の免責および損害賠償の制限）、本条、第 30 条（分離可能性）、第 31 条（不可抗力）、第 32 条（反社会的勢力の排除）、第 35 条（準拠法および裁判管轄）の規定は、なお有効なものとして存続するものとします。

なお Apple では、2022 年 6 月 30 日より、ユーザーにアプリ内でアカウントを作成させるアプリについては、ユーザー自身がアプリ内でそのアカウントを削除できる機能を提供することが義務化されており、「レコード全体および関連する個人データ」をアプリ提供者のデータベースから削除しなければならないとされています（第２章Ｉ３(4)ｄ）。

第 29 条（利用契約上の地位の譲渡等）

1　ユーザーは、当社の書面（電磁的記録を含みます）による事前の承諾なく、利用契約上の地位を第三者に承継させ、または利用契約に基づく権利義務の全部または一部を第三者に譲渡し、承継させ、または担保に供してはなりません。

2　当社は本サービスに係る事業を他社に譲渡した場合には、当該事業譲渡に伴い、利用契約上の地位、本規約に基づく権利および義務ならびにユーザーの登録事項その他ユーザーに関する情報等を事業譲渡の譲受人に譲渡することができ、ユーザーは、かかる譲渡につきあらかじめ承諾します。本項に定める事業譲渡には、会社分割その他事業が移転するあらゆる場合を含むものとします。

ユーザーと事業者間で締結された利用契約が、事業譲渡に伴い新たな事業者に移転されるためには、ユーザーの同意が必要となります（契約上の地位の移転）。このような同意を不特定多数のユーザーから個別に取得することは困難であるため、本条２項のように、利用規約においてあらかじめ同意を取得しておくことが重要となります。

第 30 条　（分離可能性）

本規約のいずれかの条項またはその一部が、消費者契約法その他の法令等により無効または執行不能と判断された場合であっても、本規約の残りの規定および一部が無効または執行不能と判断された規定の残りの部分は、継続して完全に効力を有します。

分離可能性条項とは、契約中の一部の条項が違法または無効と判断された場合でも、他の条項は無効とせず、存続させる旨を合意する規定を指します。令和４年改正消費者契約法において、損害賠償責任の一部を免責する条項のうち、軽過失による行為にのみ適用されることを明らかにしていない条項は無効とする旨が定められましたが（同改正法８条３項）、分離可能性条項の有効性は否定されていません（前掲コラム「サルベージ条項と令和４年改正消費者契約法」（109 頁）。分離可能性条項は、将来の法改正や裁判例の変更にかかわらず、事業者に有利な限度で条項を有効に存続させることができる利点があるため、設置を検討すべきでしょう。

第 31 条（不可抗力）

当社は、天災地変（台風、津波、地震、風水害、落雷、塩害等を含みますがこれらに限られません）、火災、感染症、伝染病、疫病、サイバー攻撃、公害、戦争、暴動、内乱、テロ行為、ストライキ、法令・規則の制定・改廃、公権力による命令・処分その他の政府による行為、争議行為、輸送機関、通信回線等の事故その他不可抗力によって本サービスの履行が妨げられた場合、かかる不可抗力によってユーザーに生じた損害または不利益について責任を負いません。

第32条（反社会的勢力の排除）

1　ユーザーは、当社に対し、次の各号の事項を確約します。

(1)　自らまたは自らの役員もしくはこれらに準ずる者が、反社会的勢力ではなく、また、反社会的勢力が経営に実質的に関与している法人等に関与していないことおよび将来にわたってもいずれにも該当しないこと。

(2)　反社会的勢力に対して資金等を提供し、もしくは便宜を供する等の関与を行っておらず、または自己の名義を利用させ、利用契約の締結および履行をするものでないこと。

(3)　利用契約の有効期間内に、自らまたは第三者を利用して、次の行為をしないこと。

a　当社または他のユーザーに対する脅迫的な言動または暴力を用いる行為

b　偽計または威力を用いて当社または他のユーザーの業務を妨害しまたは信用を毀損する行為

2　当社は、ユーザーが前項に違反した場合、何らの催告なく利用契約の全部を直ちに解除することができます。この場合、当社は、当該解除によってユーザーに生じた損害を賠償する責任を負いません。

第33条（Apple Developer Program 使用許諾契約に基づく要求事項）

本条項は、ユーザーが Apple の提供する iOS・デバイスで本サービスを利用する場合に限り、本規約の一部として適用されます。なお、本規約の他の条項と、本条項が矛盾抵触する場合には、その限りにおいて、本条項が優先的に適用されます。

1　了解事項：当社およびユーザーは、利用契約が当社とユーザーとの間でのみ締結されたものであり、Apple との間で締結したものでないことを了解し、当社のみが、ライセンスアプリケーション、カスタムアプリケーションおよびそのコンテンツに関して全責任を負うことを了解するものとします。利用契約は、Apple Developer Program 使用許諾契約の発効日現在（当社が閲覧する機会を与えられたことを確認した日）の、Apple メディアサービス利用規約、ボリュームコンテンツ規約で定めるライセンスアプリケーションおよびカスタムアプリケーションに関する利用条件と矛盾する条件を定めるものであってはならないものとします。

2　ライセンスの範囲：本サービスまたは本アプリに関してユーザーに付与されるライセンスは、ユーザーが所有または管理する、あらゆる Apple ブランド製品上で本サービスまたは本アプリを使用するための、譲渡不能のライセンスであること、かつ、本サービスまたは本アプリが、ファミリー共有、一括購入、または故人アカウント管理連絡先を使用した購入者と関連付けられた他のアカウントにより、アクセス、取得、および使用される場合を除き、Apple メディアサービス利用規約で定める利用条件で許可されたとおりに制限されていなければならないものとします。

3　メンテナンスおよびサポート：当社は、利用契約または適用法令に基づく本サービスまたは本アプリのメンテナンスおよびサポートに関し、全面的に責任を負うものとします。ユーザーは、Apple が、ライセンスアプリケーションおよびカスタムアプリケーションに関していかなるメンテナンスおよびサポートサービスを提供する責任を一切負わないことを認めるものとします。

4　保証：当社は、本サービスまたは本アプリに対する保証について、明示的保証、または法令に基づきもしくは黙示になされた保証のいずれであるかにかかわらず、免責が有効になされているものを除いて、全面的に責任を負うものとします。利用契約には、本サービスまたは本アプリが適用される保証事項を満たしていない場合、ユーザーは Apple にその旨を通知し、Apple は当該ユーザーに対してかかるアプリケーションの購入代金を払い戻す旨を規定するものとします。また、適用法令で許容される限り、本サービスまたは本アプリに関して、Apple は、一切保証責任を負わないものとし、保証条項を満たさないことにより発生する損害賠償請求、損害、債務、費用、支出等に対してはすべて、当社が全面的に責任を負うものとします。

5　製品に関する請求：ユーザーは、本サービスまたは本アプリの保有もしくは使用に関連するユーザーまたは第三者からの請求、例えば、(i)製造物責任に関する請求、(ii)本サービスまたは本アプリが適用のある法規制上の要求を満たしていないことに対する請求、ならびに、(iii)消費者保護法、プライバシー法、あるいは類似の法令規則（本サービスまたは本アプリのでの HealthKit および HomeKit フレームワークの使用に関連するものを含みます）に基づき発生する請求、などに対処する責任を当社が負担し、Apple は一切の責任を負わないことを認めるものとします。利用契約は、適用法令が許容する範囲を超えて、ユーザーに関する当社の責任を制限してはならないものとします。

6　知的財産権：ユーザーは、本サービスまたは本アプリの保有もしくは使用が、第三者の知的財産権を侵害するとの第三者による請求があった場合、当社に通知するものとします。この場合、当社は、当該知的財産権の侵害に対する請求に関する調査、反論、和解、および解決について全責任を負うものとし、Apple は一切の責任を負わないものとします。

7　法令遵守：ユーザーは、自身の所在地域が、(i)米国政府の禁輸措置の適用を受けている地域または米国政府により「テロ支援」国家に指定されている地域ではないこと、および(ii)ユーザーが禁輸または輸出制限の当事者として米国政府が指定した者でないことを宣言し、かつ保証しなければならないものとします。

8　当社の名称、所在地、連絡先情報：
【当社名称】
【当社所在地】
【当社連絡先（電話番号や電子メールアドレスなど）】

9　第三者の契約条件：ユーザーは、本サービスを利用するにあたっては、関連する第三者との契約、例えば通信事業者との通信に関する契約等、第三者の定めるサービス利用規約についても遵守する必要があります。

10　第三者受益者：ユーザーは、Apple および Apple の子会社が、利用契約の第三者受益者であること、また、ユーザーが利用契約の条件を一度承認すると、Apple は、その第三者受益者として、利用契約をユーザーに対して行使する権利を獲得し、かつ、かかる権利を Apple が引き受けたものとみなすことを認め、これに同意するものとします。

前記Ⅱ 2(1)で言及した、Apple のデベロッパー向け規約において、アプリ利用規約（エンドユーザー使用許諾契約）に盛り込むことが求められている条項です（Apple Developer Program 使用許諾契約別紙 1 第 3.2 条、別紙 2 第 4.2 条、別紙 3 第 4.2 条）。当該条項を利用規約に規定しているアプリ提供者は少数にとどまりますが、デベロッパー向け規約上、アプリ利用規約に当該条項を盛り込む義務が明確に求められていることから、当該条項を定めていない場合、App Store におけるアプリの取扱いが停止されるリスクや Apple から責任追及がなされるリスクが理論上は否定できないため、当該条項の設置を慎重に検討しておくべきでしょう。

第 34 条（協議）

本規約の解釈について異議、疑義が生じた場合、または本規約に定めのない事項が生じた場合、当社はユーザーとの間で誠実に協議し、円満にその解決を図ります。

第 35 条（準拠法および裁判管轄）

本規約および利用契約に関する事項については、日本法を準拠法とし、本サービス、本アプリ、本規約および利用契約に起因または関連して、ユーザーと当社の間に生じた一切の紛争については、【〇〇】地方裁判所を第一審の専属的合意管轄裁判所とします。

アプリを含むオンラインサービスの場合、ユーザーは国内外に広く点在するため、あらゆる国や地方で訴訟を提起されるとすれば、事業者の負担は少なくありません。そこで、事業者の本店所在地等を管轄する裁判所を専属的合意管轄裁判所とする条項を定めておくことが通例となっています。ただし以下のとおり、専属的合意管轄条項は、一定の場合に効力が否定される可能性がある点には注意が必要です。

1　ユーザーが国外に居住している場合

民事訴訟法上、消費者契約に関する合意管轄条項は、①契約締結時に消費者が住所を有していた国の裁判所に提訴できる旨の合意であるとき（非専属的合意管轄であるとき）か、または②消費者が当該合意管轄裁判所に提訴したとき、もしくは事業者の提訴に対して消費者が当該合意を援用したときに限ってその効力が認められるとされています（民事訴訟法3条の7第5項）。そのため、日本国内の裁判所を専属的合意管轄裁判所とする条項を定めていたとしても、国外に居住するユーザーが当該裁判所に提訴したときか、事業者の当該裁判所への提訴に対してユーザーが当該合意を援用したときでない限り、専属的合意管轄条項は効力を有しないこととなります[36]。

2　ユーザーが国内に居住している場合

国内取引における専属的合意管轄条項についても、一定の場合にその効力を否定した裁判例があります。例えば、生命保険契約約款における専属的合意管轄条項について、事業者による専属的合意管轄の主張を信義則により許されないとした事例[37]、出資契約の約款において東京地裁を専属的合意管轄とする条項があったケースにおいて、専属的との文言にかかわらず付加的な管轄を定めたものと解釈し、消費者の仙台地裁への提訴について東京地裁へ移送しないとの判断をした事例[38]、外国為替証拠金取引の約款において事業者の本店または支店所在地の管轄裁判所を専属的合意管轄裁判所と定めていたケースにおいても付加的な管轄を定めたものと解釈し、神戸地裁尼崎支部への提訴について移送しないとの判断をした事例[39]、専属的合意管轄裁判所とは異なる法定管轄裁判所で提訴された場合において、訴訟の著しい遅滞を避け、または当事者間の衡平を図るために必要があると認められるときは、専属的合意管轄裁判所に移送せずに法定管轄裁判所において審理することが許されるとした事例[40]などの裁判例が存在します。

これらの裁判例に鑑みれば、国内ユーザー向けの利用規約においても、専属的合意管轄条項の効力が一定の場合に否定される可能性があることは理解しておく必要があります。他方、上記の各裁判例は各事例における判断が示されたものにすぎないとも評価し得ること、一般に専属的合意管轄条項の効力自体が否定されたわけではないことからすれば、専属的合意管轄条項を定めない方針をとる必要まではないと考えられます。

〇〇年〇〇月〇〇日　　制定
〇〇年〇〇月〇〇日　　改訂
〇〇年〇〇月〇〇日最終改訂

36　外国企業が提供するアプリにおいても、当該外国に所在する裁判所を専属的合意管轄裁判所と定める条項が利用規約に含まれている場合がありますが、ユーザーは、提訴時または利用規約に基づく契約締結時にユーザーの住所が日本国内にあるときは、日本の裁判所に提訴することができます（民事訴訟法3条の4第1項）。

37　広島高裁平成9年3月18日決定・判タ962号246号

38　仙台高裁平成26年3月14日決定・ウエストロー・ジャパン

39　神戸地裁尼崎支部平成23年10月14日決定・判時2133号96号

40　名古屋高裁平成28年8月2日決定・判タ1431号105頁

アプリプライバシーポリシー　第4章

I　アプリビジネスとプライバシーポリシー

1　近年厳格化するアプリストアのプライバシー保護スタンス

近年、Apple と Google は、プライバシー保護に関して厳格な姿勢を示し続けています。

例えば App Store では、2020 年 12 月以降、ユーザーがアプリをダウンロードする前に、アプリが収集するデータの種類や、それらのデータがユーザーと紐付けられているか、ユーザーのトラッキング[1]に利用されているかを確認できるようになりました（プライバシーラベルの導入）。これに伴い、アプリ提供者は、新規アプリや既存アプリのアップデートを提出するにあたって、これらの情報を App Store Connect で提示する必要があり、広告やアナリティクスの SDK（Software Development Kit）など、サードパーティのコードを使用している場合は、そのサードパーティのコードが収集するデータの種類やその使用方法、そのデータによるユーザーのトラッキングの有無を説明する必要があります。

また 2021 年 4 月にリリースされた iOS 14.5 以降では、ユーザーをトラッキングしたり、ユーザーデバイスの広告識別子（IDFA）にアクセスしたりする際は、「App Tracking Transparency：ATT」と呼ばれるフレームワークを通じてユーザーから事前に許可を得る必要があるなど、ユーザーデータの取扱いが厳格化されています。

Google Play ストアにおいても、2022 年春、「データセーフティセクション」の表示を開始し、ユーザーは、アプリがデータを収集しているかどうかや、データ収集の目的などを知ることができるようになりました。これに伴い、すべてのアプリ提供者は、アプリでユーザーデータをどのように収集、処理するかを申告し、そのデータを暗号化などのセキュリティ保護対策に

1　Apple の説明によると、トラッキングとは、「自分の App で収集したユーザーやデバイスに関するデータを、ターゲット広告や広告効果測定を目的として、他社の App や Web サイト、またはオフラインのプロパティから収集されたユーザーやデバイスに関するデータに紐付ける行為」を指し、ユーザーやデバイスに関するデータをデータブローカーに共有することもトラッキングに該当するとされています（App Store「ユーザーのプライバシーとデータの使用」https://developer.apple.com/jp/app-store/user-privacy-and-data-use/）。

図表4―1　App Store のアプリページにおけるプライバシーラベル（左）と、App Tracking Transparency（ATT）のフレームワーク（右）（App Store「ユーザーのプライバシーとデータの使用」https://developer.apple.com/jp/app-store/user-privacy-and-data-use/ より引用）

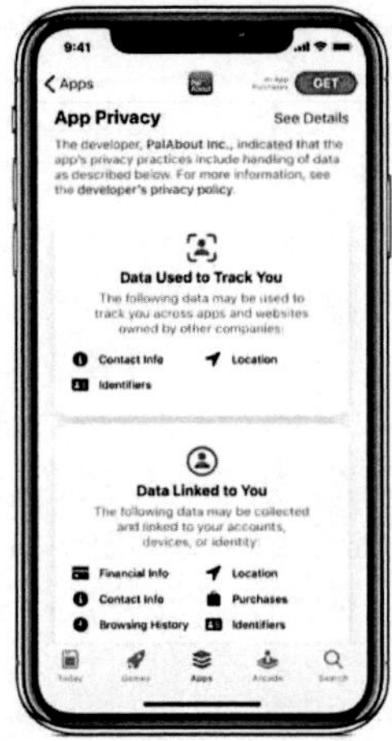

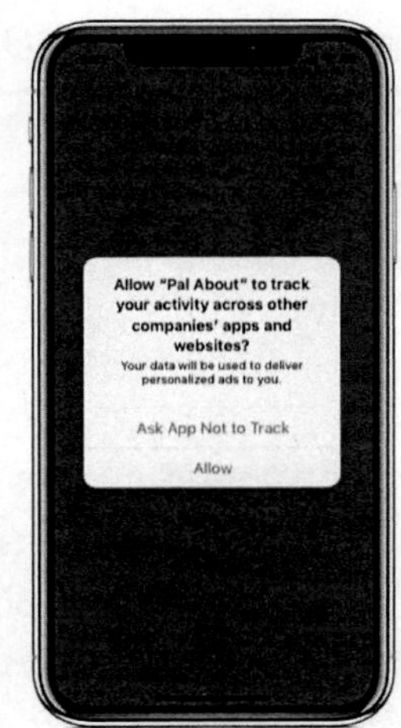

よってどのように保護するか、詳細を示すことを義務付けられました[2]。

このように、近年、App Store、Google Play ストアともに、アプリにおけるユーザー情報の取得や取扱いについての透明性が強化され、プライバシー保護スタンスは厳格化し続けています。

2　アプリストアにおけるプライバシーポリシー作成の義務化

App Store では2018年以降、すべてのアプリについて、プライバシーポリシーの作成と、プライバシーポリシーへのリンクをアプリメタデータに含めることが義務付けられました。

また Google Play ストアにおいても、以前は個人情報や機密性の高いユーザーデータを収集するアプリについてのみプライバシーポリシーの提出が求められていましたが、現在は、すべてのアプリについて、プライバシーポリシーを Google Play Console の所定の欄とアプリ内の両方に掲載する必要が

2 「Google Play のデータセーフティセクションの情報を提供する」（https://support.google.com/googleplay/android-developer/answer/10787469）

あります[3]。

このように、もはや適切なプライバシーポリシーの作成なくしてはアプリビジネスを行い得ない状況にあるといえます。

3　本章が想定するアプリ提供者

本章では、日本国内の民間事業者が、日本国内のユーザーに向けてアプリを配信する場合における法的な留意点を中心に、プライバシーポリシーのサンプルを含めて解説します。アプリを海外のユーザー向けにも配信する場合は、GDPR（欧州一般データ保護規則）等の海外プライバシー法制を別途遵守する必要があるため、コラム「プライバシーポリシーのグローバル対応」（173頁）をご参照ください。

Ⅱ　アプリ配信にプライバシーポリシーが必要となる理由

プライバシーポリシーとは、顧客や取引先等に向けて、個人情報の取扱い等に関する考え方や方針を示したものを指します。個人情報保護法（以下、本章において「個情法」または「法」、個人情報の保護に関する法律施行令を「政令」、個人情報の保護に関する法律施行規則を「施行規則」といいます）に基づいて政府が定める基本方針[4]においては、「プライバシーを含む個人の権利利益を一層保護する観点から、個人情報保護を推進する上での考え方や方針（いわゆる、プライバシーポリシー、プライバシーステートメント等[5]）を対外的に明確化するなど、個人情報の保護及び適正かつ効果的な活用について自主的に取り組むこと」が期待されていると説明されています。

アプリ配信においてプライバシーポリシーが必要となる具体的な理由は、主に以下の３点が挙げられます。

3　2022年、「デベロッパープログラムポリシー」の「プライバシー」の項に「すべてのアプリで、プライバシーポリシーをGoogle Play Consoleの所定の欄に掲載し、アプリ内にはプライバシーポリシーのリンクまたはテキストを掲載する必要があります。」と追加されました（https://support.google.com/googleplay/android-developer/answer/11987217）。

4　「個人情報の保護に関する基本方針」（令和４年４月１日最終改訂）6(1)

5　プライバシーポリシーのほか、「個人情報保護方針」「プライバシーステートメント」「プライバシーノーティス」といったタイトルが用いられる場合がありますが、実質的な意義は同様である場合がほとんどです。

1　個人情報保護法その他の法令を遵守するため

個情法では、個人情報を取得する場合において利用目的を本人へ通知もしくは公表または明示しなければならない旨が定められています。また個人データを第三者提供する場合など、原則として本人から同意取得を要する場合もあります。このような個情法上定められた義務を遵守するために、プライバシーポリシーをアプリ上やウェブサイト上で公表し、またプライバシーポリシーに対して同意を取得する運用が実務上なされています。プライバシーポリシーと個情法の関係については後記Ⅲ1「個人情報保護法のトピック」をご参照ください。

2　アプリストアが定めるデベロッパー向け規約等を遵守するため

⑴　App Store

App Storeにおいてアプリを配信する場合、前記のとおり、プライバシーポリシーの設置が必須とされています[6]。またすべてのアプリには、App Store Connectのメタデータフィールドと各App内にアクセスしやすい形で、プライバシーポリシーへのリンクを必ず含める必要があるとされているほか、データの種類（該当する場合）、データの収集方法、データの用途を明確に提示し、AppのユーザーデータをSDK等のサードパーティと共有する場合は、そのサードパーティがAppのプライバシーポリシーで定める内容や本ガイドラインの要求事項と同一、あるいは同等のレベルでユーザーのデータを保護していることを確認する必要があります。その上で、データ保存／削除のポリシーと、ユーザーが同意を無効にする方法やユーザーデータの削除をリクエストする方法を記載する必要もあります（以上、App Store Reviewガイドライン第5.1.1(i)条）。

⑵　Google Playストア

Google Playストアにおいては、前記のとおり、すべてのアプリで、プライバシーポリシーをGoogle Play Consoleの所定の欄とアプリ内の両方に掲

6　App Store「App StoreでのAppのプライバシーに関する詳細情報の表示」（https://developer.apple.com/jp/app-store/app-privacy-details/）

載する必要があります。ユーザーの個人情報等について、デベロッパーは、これらの情報がデベロッパーの対象製品に提供されることをユーザーに認識させ、当該ユーザーについてプライバシーに関する法的に十分な通知および保護を行うことに同意する旨が定められています（Google Play デベロッパー販売／配布契約第 4.8 条）。

そしてプライバシーポリシーでは、アプリ内での開示内容と併せて、当該アプリでユーザーデータ（データセーフティセクションで開示されているデータに限定されません）がどのようにアクセス、収集、使用、共有されるかを包括的に開示する必要があります。これには以下の情報が含まれると定められています[7]。

- デベロッパー情報、およびプライバシーに関する連絡先または問い合わせを行う方法
- アプリがアクセス、収集、使用、共有するユーザーの個人情報や機密情報の種類、およびユーザーの個人情報や機密情報の共有先の開示
- ユーザーの個人情報や機密情報を安全に処理するための手順
- デベロッパーのデータ保持ポリシーおよびデータ削除ポリシー
- プライバシーポリシーであることが明瞭にわかるラベル付け（例えば、タイトルに「プライバシーポリシー」と記載する）

3　各種ガイドライン等を遵守するため

個情法等の法令とは別に、関係省庁や業界団体がガイドライン等を定めている場合がありますが、これらを遵守する場合も、特定の事項を記載したプライバシーポリシーを定める必要があります。

(1)　スマートフォンプライバシーイニシアティブ（SPI）

総務省は、スマートフォン利用者が安心・安全にアプリを利用できるための指針として「スマートフォンプライバシーイニシアティブ」（初版は 2012

7　Play Console ヘルプ「デベロッパープログラムポリシー」プライバシー、セキュリティ、不正行為>プライバシーポリシー（https://support.google.com/googleplay/android-developer/answer/11987217）

年に公表され、最新版は2017年に公表された「スマートフォンプライバシーイニシアティブⅢ」。以下「SPI」といいます）を公表しています。SPIは、規律の対象とする情報を、個情法上の個人情報よりも広い利用者情報（利用者の識別に係る情報、利用者の通信サービス上の行動履歴に関する情報、利用者の状態に関する情報など、スマートフォンにおいてスマートフォンの利用者の情報と結びついた形で生成、利用または蓄積されている情報（電話帳等の第三者に関する情報を含む）の総称）と定めています[8]。また、アプリが利用者情報を外部送信又は蓄積を伴う形で取得している場合は、アプリごとにプライバシーポリシーを作成することや、企業全体のプライバシーポリシーやアプリ利用規約と別にプライバシーポリシーを策定することが望ましいとしています[9]。本章で紹介するプライバシーポリシーのサンプルのうち、アプリごとに策定する個別プライバシーポリシーは、SPIに準拠しています。

(2)　特定分野ガイドライン

個情法においては、すべての分野に適用される個人情報保護委員会「個人情報の保護に関する法律についてのガイドライン（通則編）（令和4年9月一部改正）」（以下、本章において「GL通則編」といいます）等の共通ガイドラインのほかに、特定の分野にのみ適用される特定分野ガイドラインが存在します。特定分野ガイドラインは、金融関連分野、医療関連分野、情報通信関連分野の3つのカテゴリに分かれており[10]、個情法の令和2年改正に合わせて改正がなされています[11]。

(3)　JIAAプライバシーポリシーガイドライン

インターネット広告ビジネスに関わる企業らの業界団体である一般社団法人日本インタラクティブ広告協会（JIAA）は、インターネット広告ビジネスにおいて取得・管理・利用される個人に関する各種情報の取扱いについて、会員社が遵守すべき自主ルールとして「プライバシーポリシーガイドライン」を定めています[12]。同ガイドラインは、個情法上の個人情報に加えて、

8　SPI 6頁（https://www.soumu.go.jp/main_content/000532174.pdf）
9　SPI 18頁（https://www.soumu.go.jp/main_content/000532174.pdf）
10　個人情報保護委員会ウェブサイト「特定分野ガイドライン」
11　特定分野GLの所轄官庁や適用範囲、関連する業法の一覧は、小川智史「個人情報保護法から読み解くデータコンプライアンス」ビジネス法務2022年9月号32頁にまとめられています。また令和2年個情法改正に伴う特定分野GL改正の詳細については「特集改正個人情報保護法施行～特定分野ガイドラインからみる実務への影響～」法律のひろば75巻5号4頁以下も参考になります。

Cookie 情報、IP アドレス、端末識別 ID などの識別子情報や位置情報、閲覧履歴など、その情報単体では特定の個人を特定することができないもののプライバシー上の懸念が生じ得る個人に関する情報を広く「個人関連情報[13]」と定義した上で、取得する個人関連情報の利用目的についてプライバシーポリシーで明記し、公表または本人に通知もしくは明示することとしています（同ガイドライン７条）。同協会の会員社以外は同ガイドラインを遵守する義務はありませんが、同ガイドラインは、プライバシーポリシーの策定方針や内容を検討する上で、会員社以外の事業者にとっても参考になるものです。

(4)　プライバシーマーク制度

プライバシーマーク制度は、日本産業規格である JIS Q 15001:2017 の要求事項に適合して、個人情報について適切な保護措置を講ずる体制を整備している事業者等を評価して、その旨を示すプライバシーマークを付与する制度です。要求基準の適合審査は、「プライバシーマークにおける個人情報保護マネジメントシステム構築・運用指針[14]」に基づいて行われます。同指針では、本人から、書面[15]に記載された個人情報を直接取得する場合には、利用目的等の一定の事項をあらかじめ書面によって本人に明示し、書面によって本人の同意を得ることが求められるなど（同指針 J.8.5.1）、個情法よりも厳しい基準が設けられています。

なお、プライバシーマークの付与を受けようとするアプリ提供者は、一般社団法人モバイル・コンテンツ・フォーラム（MCF）が策定する「モバイルコンテンツ関連事業者のための個人情報保護ガイドライン（第３版）」（2018年）を遵守することが推奨されています[16]。

12　JIAA「プライバシーポリシーガイドライン」（https://www.jiaa.org/wp-content/uploads/2019/11/JIAA_PPguideline.pdf）

13　個情法が定める個人関連情報（「生存する個人に関する情報であって、個人情報、仮名加工情報及び匿名加工情報のいずれにも該当しないもの」（法２条７項））とは異なります。

14　一般財団法人日本情報経済社会推進協会（JIPDEC）プライバシーマーク推進センター「プライバシーマークにおける個人情報保護マネジメントシステム構築・運用指針」（2022 年 4 月 28 日改訂）（https://privacymark.jp/system/guideline/pdf/pm_shishin2022.pdf）

15　契約書その他の書面等による取得に限らず、電磁的記録も含んでおり、パソコン、スマートフォンおよび携帯端末などに表示されるウェブサイトの入力フォームや電子メールを通じて入力された個人情報の取得も含みます（JIPDEC プライバシーマーク推進センター編「個人情報保護マネジメントシステム導入・実践ガイドブック（JIS Q 15001:2017）第２版」（日本規格協会、2022）172 頁）。

16　JIPDEC プライバシーマーク推進センター「（スマートフォン等のアプリケーション配信事業者対象）利用者情報の取扱い、アプリケーション・プライバシーポリシーについて」（2022 年 4 月 28 日改正）を参照。なお MCF に審査を申請する事業者は、プライバシーマークの付与適格決定にあたり、同ガイドラインの遵守が必須とされています。

Ⅲ プライバシーポリシーに関連する法律の主なトピック

プライバシーポリシーに関連する法律は多数存在しますが、このうち本章では、特に押さえておくべきものとして個情法と電気通信事業法の主なトピックを解説します。

1　個人情報保護法のトピック

(1)　個人情報の定義

「氏名を取得していないから個人情報を取得したことにはならない」「インターネットで公開されている情報は個人情報に当たらない」「個人情報をハッシュ化したデータであれば、本人の同意を得ずに第三者に提供できる」――これらはすべて、個情法を正確に理解していないために生じる誤解です。個情法を理解するための出発点として、まず個情法が定める個人情報の定義を正しく押さえておく必要があります。

個情法が定める個人情報とは、生存する個人に関する情報のうち、①その情報に含まれる「氏名や生年月日その他の記述等」によって特定の個人を識別することができる情報か、②個人識別符号[17]を含む情報を指します（法2条1項)。「氏名や生年月日その他の記述等」の部分のみが個人情報に当たるのではなく、そうした情報により特定される個人に関する情報全体が個人情報に当たることになります。

Cookie 情報や広告 ID（AAID/IDFA）といったオンライン識別子は、①ブラウザやスマートフォン等の端末を識別できるものにすぎないこと、②個人識別符号にも該当しないことから、それだけでは個人情報には該当しません。しかし、これらの情報が「氏名や生年月日その他の記述等」といった情報とあわせて管理されていること等により、特定の個人を識別することができる場合は、オンライン識別子を含む情報全体が個人情報に該当することになります[18]。

17　個人識別符号とは、顔識別データや指紋識別データなどの身体的特徴をデータ化したものや、パスポート番号や運転免許証番号などの国が利用者ごとに発行する番号等のうち、当該情報単体から特定の個人を識別できるものとして政令1条と施行規則4条が個別に定める符号を指します。携帯電話番号やクレジットカード番号、Cookie 情報や広告 ID 等のオンライン識別子は個人識別符号として定められていません。また個人識別符号が含まれる情報は、その情報全体が個人情報となります。

18　これに対し、GDPR においては、Cookie 情報や広告 ID、IP アドレス等のオンライン識別子のほか、携帯電話番号についても、その情報単体で個人データに該当します（GDPR 4条1号)。

図表4—2

顧客 ID	氏名	メールアドレス	広告 ID	閲覧履歴
001	甲田乙朗	oo@xx.jp	AAAAA	------

「氏名や生年月日その他の記述等」の項目だけではなく、これらの項目を含む情報全体（顧客 ID や広告 ID など、その情報単体では特定の個人を識別できない情報を含むレコード全体）が個人情報となる

「特定の個人を識別することができる」とは、社会通念上、一般人の判断力や理解力をもって、生存する具体的な人物と情報との間に同一性を認めるに至ることをいいます[19]。氏名が含まれていることや氏名が割り出されること（氏名到達性）は個人情報の要件ではなく、例えば顔画像など、氏名が含まれない情報の場合も、特定の個人を識別できる以上は個人情報に当たります。

メールアドレスの場合、「氏名@企業ドメイン」のようにメールアドレス単体でも特定個人を識別できる場合は個人情報に当たりますが、「ニックネーム@gmail.com」のような場合は、そのメールアドレス単体では特定の個人を識別できないため、それだけでは個人情報に該当しません[20]。

「特定の個人を識別することができる」情報には、「他の情報と容易に照合することができ、それにより特定の個人を識別することができることとなるもの」を含みます（容易照合性。法２条１項１号）。例えば図表4—3のように、データベースAから氏名等の特定個人を識別できる部分を削除したデータベースBを作成したとしても、元のデータベースAが残っており、顧客ID等をキーとして双方のデータを突合できる限りは、データベースBはデータベースAと容易照合性があるものとして、なお個人情報に該当します。

容易照合性は、通常の業務における一般的な方法で、他の情報と容易に照合することができる状態をいい、例えば他の事業者への照会を要する場合等であって照合が困難な状態は、一般に、容易に照合することができない状態

19　GL 通則編１—１

20　個人情報保護委員会「『個人情報の保護に関する法律についてのガイドライン』に関する Q&A（令和４年５月 26 日更新）」（以下、本章において「Q&A」といいます）１—４。もっとも氏名等とあわせて管理されている場合のほか、容易照合性がある場合は個人情報に該当します。

図表4―3

データベースA

顧客 ID	氏名	メールアドレス	広告 ID	閲覧履歴
001	甲田乙朗	oo@xx.jp	AAAAA	------
002	○本△子	xx@oo.jp	BBBBB	xxxxx

突合可能　　突合可能

データベースB

顧客 ID	氏名	メールアドレス	広告 ID	閲覧履歴
001			AAAAA	------
002			BBBBB	xxxxx

※　氏名等を削除し、それ単体では特定個人を識別できないデータベースＢも、データベースＡと容易照合性がある限り、個人情報（個人データ）に該当する

であると解されます[21]。容易照合性の有無は相対的に判断され、個人情報（個人データ）が第三者に提供される場合、容易照合性の有無は提供元を基準として判断されます。図表4―3のデータベースＢを第三者に提供した場合、データベースＢはそれ単体では特定の個人を識別することができず、提供先においては容易照合性がないとしても、データベースＡを保有している提供元において容易照合性が認められる限りは個人情報（個人データ）の第三者提供となり、適法に提供を行うためには原則として本人の同意を得ることが必要となります（法27条1項)。同様に、氏名等の特定の個人を識別できる記述を仮IDに置き換えた上で第三者に提供したとしても、提供元で仮IDの対応表や仮IDへの置き換えに用いたアルゴリズムに用いられる乱数等のパラメータを保有している限りは、提供元において容易照合性があるものとして、同じく個人情報（個人データ）の第三者提供となります[22]。

個情法は、個人情報の有用性[23]に配慮しつつ、プライバシーを主要なものとする個人の権利利益を保護することを目的としていますが（法1条)、さらにいえば、特定個人を識別できる情報はコンピューター処理によって「名寄せ」が容易であり、その取扱いによって個人の権利利益の侵害がもたらされる可能性があるため、これを防止することを目的としています[24]。たとえ

21　GL通則編2―1（※4）
22　Q&A15―14
23　個人情報の有用性とは、社会一般から是認され得る個人情報の利用によってもたらされる利益全般を指します（園部逸夫・藤原靜雄編『個人情報保護法の解説〔第三次改訂版〕』（ぎょうせい、2022）60頁）。

インターネット等で公開されている情報であっても「名寄せ」によって個人の権利利益の侵害がもたらされる可能性がある点には変わりがないため、公開情報であるかどうかは、個人情報該当性に影響を与えません。

そのため、不特定多数に向けて公開されている情報も、法２条１項の要件を満たす限りは個人情報に該当し、例えばこれらの情報をデータベース化して当該データベースをインターネット上で公開することは、個人データの第三者提供に該当し、原則として本人の同意を得る必要があります[25]。

⑵　個人情報と個人データ（保有個人データ）の違い

個情法は、個人情報のうち、さらに一定の要件を満たすものを「個人データ」や「保有個人データ」として、個人情報とは異なる規律を定めています。

個人データとは、個人情報データベース等（特定の個人情報を検索できるように体系的に構成したもの）を構成する個人情報を指し[26]、例えば**図表４―３**の各データベースにおけるレコードは個人データに当たります[27]。

保有個人データとは、個人データのうち、事業者が開示、訂正、削除等の権限を有するものをいい[28]、例えば委託元から取扱いの委託を受けて提供を受けた個人データは、通常、保有個人データに含まれません。

第三者への提供が原則として禁止されているのは個人情報ではなく個人データであり（法27条１項）、安全管理措置を講じる義務や、漏えいした場合に報告等の義務が生じるのも、個人情報ではなく個人データです（法23条、26条）。前述のとおり、個情法の目的は、個人情報の取扱いによって個人の権利利益に侵害がもたらされる可能性を防止する点にあるといえるところ、データベースを構成するデータ（個人データ）の場合、名寄せが容易に

24　園部ほか・前注23・68頁

25　個人情報保護委員会は、官報公告における破産者情報をデータベース化してウェブサイト上で公開した事業者に対して、法27条１項に違反すること等を理由として、公開停止等を命令しています（いわゆる破産者マップ事件。「個人情報の保護に関する法律に基づく行政上の対応について」（令和２年７月29日）、「個人情報の保護に関する法律に基づく行政上の対応について（破産者等の個人データを違法に提供している事業者に対する命令について）」（令和４年３月23日））。なお令和２年個情法改正により、違法または不当な行為を助長し、または誘発するおそれがある方法により個人情報を利用してはならない旨が新たに定められたため（法19条）、破産者マップと同様のサービスは、法改正後は、同条違反にも当たる可能性が高くなりました（GL通則編３―２）。

26　法16条１項・３項、GL通則編２―４

27　コンピューター上のデータベースのみならず、手書きの電話帳であっても五十音順に整理してインデックスを付している場合、当該電話帳は個人情報データベース等に当たり、これを構成する情報は個人データに該当します（GL通則編２―４参照）。

28　法16条４項。なお令和２年法改正前は６か月以内に消去する個人データは保有個人データから除かれていましたが、同改正により、保有個人データにおいて保有期間の要件は撤廃されました。

図表４―４　個人情報保護委員会「個人情報保護法の基本」（令和４年７月）
https://www.ppc.go.jp/files/pdf/kihon_202207.pdf

○「**個人データ**」とは、**個人情報データベース等 を構成する個人情報**を言う。

※ 「個人情報データベース等」とは

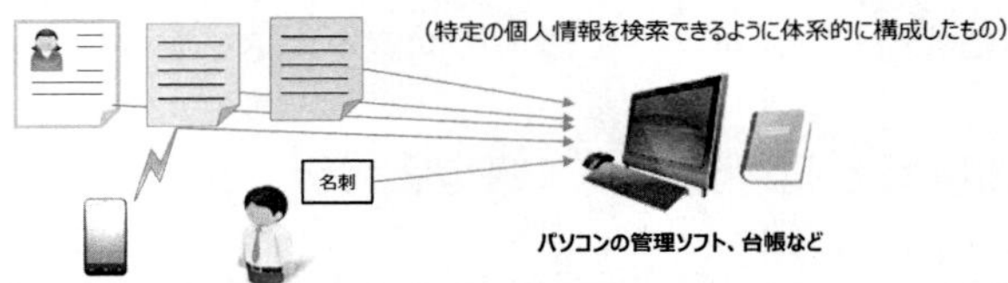

○「**保有個人データ**」 とは、その事業者に**開示等の権限のある個人データ**を言う。

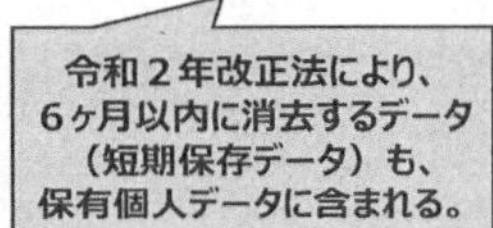

令和２年改正法により、
６ヶ月以内に消去するデータ
（短期保存データ）も、
保有個人データに含まれる。

※ 他の事業者からデータ編集作業のみ委託されて渡された個人データなどは、保有個人データには該当しない

図表４―５　個人情報保護委員会「個人情報保護法の基本」（令和４年７月）
https://www.ppc.go.jp/files/pdf/kihon_202207.pdf

【個人情報】
生存する個人に関する情報で、特定の個人を識別することができるもの
（例：１枚の名刺）

① 取得・利用に関するルール
- 利用目的を特定して、その範囲内で利用する。
- 利用目的を通知または公表する。
- 違法又は不当な行為を助長し、又は誘発するおそれがある方法により利用しない。
- 偽りその他不正の手段により個人情報を取得しない。

【個人データ】
個人情報データベース等を構成する個人情報
→分類・整理され、検索可能な個人情報
（例：名刺管理ソフト内の１枚の名刺）

② 保管・管理に関するルール
- データ内容を正確かつ最新の内容に保つとともに、利用する必要がなくなったときは消去するように努める。
- 漏えい等が生じないよう、安全に管理する。
- 従業者・委託先にも安全管理を徹底する。
- 委員会規則で定める漏えい等が生じたときには、委員会に対して報告を行うとともに、本人への通知を行う。

③ 第三者提供に関するルール
- 第三者に提供する場合は、あらかじめ本人から同意を得る。
- 外国にある第三者に提供する場合は、当該提供について、参考情報を提供した上で、あらかじめ本人から同意を得る。
- 第三者に提供した場合・第三者から提供を受けた場合は、一定事項を記録する。

【保有個人データ】
開示、訂正、利用停止、消去等の権限を有する個人データ

④公表事項・開示請求等への対応に関するルール
- 事業者の名称や利用目的、開示等手続などについて事項を公表する。
- 本人から開示等の請求があった場合はこれに対応する。
- 苦情等に適切・迅速に対応する。

なり、他の情報と紐付けられることによって個人の権利利益に重大な侵害を生じさせる可能性が高くなることから、個情法は個人データについて特別の規制を定めているものと理解できます[29]（以上につき**図表4—4**および**図表4—5**）。

⑶　プライバシーポリシーに対する同意

a　プライバシーポリシーに対する同意の法的性質

前記Ⅱ1でも触れたとおり、プライバシーポリシーが個情法において果たす役割は、まずは利用目的取得時の通知公表または明示（法21条）や、保有個人データに関する事項について本人の知り得る状態に置く（法32条）といった法定公表事項に関する義務を履行する点にあり、個情法上、プライバシーポリシーに対して同意を取得することは必須ではありません。

個情法上、本人の同意[30]を取得することが求められる場面は、以下に限られています。

- 個人データを第三者に提供する際の同意（法27条1項）
- 個人データを外国にある第三者に提供する際の同意（法28条1項）
- 利用目的の達成に必要な範囲を超えて、個人情報を取り扱う際の同意（法18条1項・2項）
- 要配慮個人情報を取得する際の同意（法20条2項）
- 第三者から個人関連情報の提供を受けて個人データとして取得する際の同意（法31条1項）

上記の各取扱いを個情法上適法に行うために、これらに関する記載を含むプライバシーポリシーに対して一括して同意を取得する運用が実務上なされています（個情法上の同意）。

さらに、プライバシーポリシーに対する同意は、プライバシー権の侵害と

29　日置巴美・板倉陽一郎『個人情報保護法のしくみ』（商事法務、2017）39頁参照。そもそも個情法が規制対象とする個人情報取扱事業者は「個人情報データベース等を事業の用に供している者」を指しています（法16条2項）。

30　個情法における「本人の同意」とは、本人の個人情報が、個人情報取扱事業者によって示された取扱方法で取り扱われることを承諾する旨の当該本人の意思表示をいいます（GL通則編2—16）。

評価され得る行為（例えば個人データを無断で第三者に提供する行為）について、プライバシー権に基づく請求権（人格権に基づく差止請求権や不法行為に基づく損害賠償請求権）を行使しないという意思表示を含むものと考えられます（私法上の同意）。

このように、プライバシーポリシーに対する同意には、個情法上の同意と私法上の同意の２つの性質が存するところ、プライバシーポリシーに対する同意を取得することにより、プライバシーポリシーに記載された内容で、事業者とユーザーとの間で私法上の契約が成立すると考えることができます[31・32]（後記コラム「プライバシーポリシーは定型約款に該当するか」も参照）。とすると、例えば「本人の同意を得ずに個人情報を第三者に提供しません」と記載したプライバシーポリシーに対して同意を取得した場合、個情法が規律するのはあくまで個人データの第三者提供である以上、個人データに当たらない個人情報を第三者提供したとしても個情法違反とはなりませんが、プライバシーポリシーに基づき成立した私法上の契約には違反するものとして、事業者は債務不履行責任を負う可能性が生じ得る点には注意する必要があります[33]。

b　同意の取得方法

個情法上の同意の取得方法は、事業の性質および個人情報の取扱状況に応じ、本人が同意にかかる判断を行うために必要と考えられる合理的かつ適切な方法によらなければならず、ホームページ上のボタンのクリックや、同意する旨の音声入力タッチパネルへのタッチ、ボタンやスイッチ等による入力も可能とされています[34]。

プライバシーポリシーに対する同意の取得方法としては、①利用規約の中にプライバシーポリシーへのリンクを張った上で、利用規約に対する同意を

31　加藤伸樹「本人の同意の理論的検討」NBL1181号46頁は、公法関係と私法関係とを区別し、公法関係には公法的な特殊の法原則が適用されるという公法私法二元論は過去のものであり（藤田宙靖『新版行政法総論（上巻）』（青林書院、2020）37頁）、最高裁判例も個別の事案において行政法関係に民法を適用していること（最高裁昭和53年２月23日判決・民集32巻１号11頁、最高裁昭和42年４月13日判決・民集21巻３号624頁）から、個情法上の同意についても民法の適用があるとの原則により解釈すべきであるとしています。

32　契約による本人の同意の取得が可能である点について、加藤・前注31・47頁参照。

33　このようなリスクを低減する目的で、プライバシーポリシーの記載内容は個情法上の法定公表事項のみに絞り、プライバシーポリシーへの同意は取得せず、個情法上の同意を取得する場合はプライバシーポリシーとは異なるドキュメントへの同意を取得する方針も考えられます（板倉陽一郎「プライバシーに関する契約についての考察（問答編）」情報通信政策研究第３巻第２号100頁の脚注21参照）。

34　GL通則編２―16

もってプライバシーポリシーへの同意も取得したことにする規約内リンク方式、②利用規約とプライバシーポリシーへのリンクを画面上並列に並べて、１つのボタンで同意をとる並列同意方式、③それぞれへの同意を別々のボタンで取得する独立同意方式などが存在します[35]。

①規約内リンク方式の場合、本人の意思表示として十分といえるかは疑問もあるため、少なくとも②並列同意方式によることが望ましいでしょう。さらに同意を取得する事項に関してサマリーを表示したり、ポップアップを表示したりすることも考えられるでしょう[36・37]。

Column　プライバシーポリシーは定型約款に該当するか

定型約款とは、定型取引（不特定多数を相手方として行う取引のうち、内容の全部または一部が画一的であることが当事者双方にとって合理的なもの）において、契約の内容とすることを目的として準備された条項の総体をいい、2020年４月に施行された改正民法において新たに規定されました（民法548条の２以下）。アプリ利用規約（第２部第３章）の多くは定型約款に該当しますが、プライバシーポリシーは定型約款に該当するでしょうか。プライバシーポリシーが定型約款に該当する場合、不当条項規制（民法548条の２第２項）や内容を変更する場合の規定（同法548条の４）が適用される可能性があるため、問題となります。

この点、改正民法の立案担当者は、個情法上必要となる事項についての規約（プライバシーポリシー）が適用されることについての同意は、あくまで公法である個情法に基づく同意であり、契約の成立に向けられたものではないことからすると、定型約款に関する規律が直接適用され

35　各取得方法の分類は、クラウドサインブログ「プライバシーポリシーへの「同意」再考—利用規約から分離すべき５つの理由」（2020年２月12日公開）を元にしています。

36　同意取得の方法の具体例については、総務省プラットフォームサービスに係る利用者情報の取扱いに関するワーキンググループ「プライバシーポリシー等のベストプラクティス及び通知同意取得方法に関するユーザー調査結果」（2022年４月）も参考になります。電気通信事業法における通信の秘密に該当する個人情報を取り扱う場合の同意については後記Ⅲ２(1)「電気通信事業法の概要」を参照ください。

37　プライバシーポリシーへの同意取得の場面ではありませんが、不要なデータアクセスに同意するようユーザーを巧みに誘導したり、だましたり、強制したりする「ダークパターン」はデベロッパーガイドラインでも禁止されています（App Store Review ガイドライン第5.1.1条(iv)。アプリのトラッキング許可に対するダークパターンを調査した論考としては、坂本一仁「アプリのトラッキング許可に対するダークパターン調査」（2021年）が参考になります（https://datasign.jp/blog/paper-for-darkpatterns-on-att/）。

ることはないと考えられるとの見解を示しています[38]。

これに対し、利用規約とプライバシーポリシーが漫然と並んでいるような場合には、プライバシーポリシーも定型約款への組入要件を満たす可能性があり[39]、公法上の契約においても、定型約款の規定が適用または準用されると考えるべきとする見解もあります[40]。

私見では、本章Ⅲ１(3)ａ（プライバシーポリシーに対する同意の法的性質）で言及したとおり、プライバシーポリシーに対する同意を取得することにより、プライバシーポリシー記載の内容で、ユーザーとの間に私法上の契約が成立すると考えることから、プライバシーポリシーについて、利用規約と並べてユーザーから同意を取得しようとしているような場合は、「契約の内容とすることを目的として準備された条項の総体」（民法548条の２第１項）にあたり、定型約款に該当する可能性があると考えます[41]。

プライバシーポリシーが定型約款に該当する場合、民法所定の要件（民法548条の４）を満たせば、ユーザーから個別の同意を得ることなく、プライバシーポリシーの変更を行えることとなります[42]。

もっとも、プライバシーポリシーの変更によって、個情法上、本人から同意を取得する必要がある事項を追加する場合（例えば個人データの第三者提供を行う旨を新たに追加する場合）は、定型約款の変更手続のみではなく、あくまでユーザー本人から個別に同意を取得する必要がありますので、注意するようにしてください[43]。

38　村松秀樹・松尾博憲『定型約款の実務Q&A』（商事法務、2018）79頁

39　板倉・前注33・100頁

40　板倉陽一郎「プライバシーに関する契約についての考察(2)」（情報法制研究２号、2017）74頁

41　これに対し、Q&A、FAQ、ヘルプ、よくある質問などは、通常、当該ウェブページの利用方法や、配送状況・購入履歴の確認の仕方、問い合わせ方法など、契約の内容とは直接関わりのない項目についての説明も多く含まれており、利用者に対する情報提供を目的として掲載されているものであるため、「契約の内容とすることを目的として準備された条項の総体」ではないと解される場合が多いと考えられます（電子商取引準則26頁）。

42　加藤・前注31・47頁は「利用目的を追加する変更は、個情法15条２項（注・現行法17条２項）の要件を満たせば、民法上も民法548条の４第１項２号の要件を満たす適法な変更と解すべきである」としています。

43　個情法上、本人から同意を取得するにあたっては、本人が同意にかかる判断を行うために必要と考えられる合理的かつ適切な範囲の内容を明確に示さなければならないとしていること（GL通則編３―６―１）にも鑑みて、個情法上求められる同意を個別に取得しない限りは、定型約款の変更要件（民法548条の４）を充足することはないと解するべきでしょう。

2　改正電気通信事業法のトピック

(1)　電気通信事業法の概要

電気通信事業法（以下、本章において「事業法」といいます）は、電気通信役務の円滑な提供を確保するとともにその利用者の利益を保護し、もって電気通信の健全な発達および国民の利便の確保を図り、公共の福祉を増進することを目的とした法律です。

いかなる場合に、事業法の規律対象となる「電気通信事業を営む者」に該当するか、「電気通信事業を営む者」に該当するとして、登録または届出が必要となる「電気通信事業者」に当たるか、登録または届出が不要な第３号事業を営む者[44]等に当たるかは**図表４―６**をご参照ください。

アプリビジネスとの関係では、メッセージアプリやマッチングアプリ、参加者を指定できるオンライン会議アプリ、クローズドチャット機能を有するアプリなど、利用者間におけるメッセージ等のやり取りを媒介する場合（他人の通信を媒介する場合[45]）は、登録または届出が必要となる「電気通信事業者」に当たります。これに対し、SNSやオンライン検索サービス、オンラインショッピングモールやオークションモールのほか、各種情報のオンライン提供を内容とするアプリを提供している場合、「電気通信事業を営む者」として事業法の規律対象とはなりますが、第３号事業を営む者として、登録または届出は不要となります[46]。

「電気通信事業を営む者」には、事業法上、取扱いに係る通信の秘密を侵してはならない義務が課せられており（同法４条)、通信の秘密に該当する個人情報を取り扱うにあたっては、原則として通信当事者の個別具体的かつ明確な同意が必要とされています[47]。

44　電気通信設備を用いて他人の通信を媒介する電気通信役務以外の電気通信役務（ドメイン名電気通信役務を除きます）を、電気通信回線設備を設置することなく提供する電気通信事業をいい、事業法164条１項３号に規定されていることから第３号事業と称されています。第３号事業を営む者は、事業法の規律対象とはなりますが、登録または届出をする義務は課せられません。

45　オンラインサービスについては、①情報の加工・編集を行わず、かつ②通信の宛先として受信者を指定する場合に「他人の通信の媒介」に該当すると判断されます（総務省「電気通信事業参入マニュアル［追補版］」(2022年６月28日改訂）２頁、26頁以下)。

46　メッセージ機能など利用者間のやり取りを媒介する機能を有するサービスである場合（主たるサービスかサービスの一部かは問われません）や、電気通信回線設備を設置している場合は、第３号事業を営む者に該当しないため、登録または届出が必要になります。

47　個人情報保護委員会・総務省「電気通信事業における個人情報保護に関するガイドライン（令和４年個人情報保護委員会・総務省告示第４号）の解説」(令和４年３月）２―17。有効な同意取得の在り方については、総務省「同意取得の在り方に関する参照文書」(令和３年２月）参照。

図表4－6　総務省「電気通信事業参入マニュアル［追補版］ガイドブック」（2022年6月28日改定）
https://www.soumu.go.jp/main_content/000799137.pdf

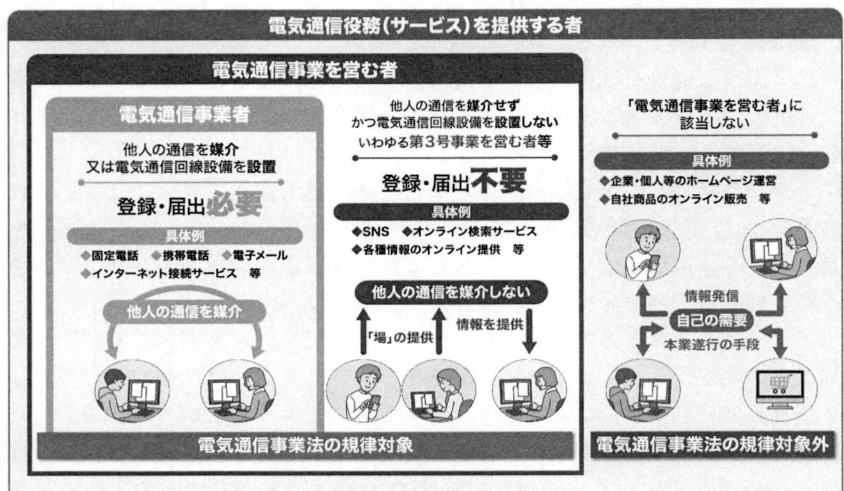

⑵　（令和4年改正）利用者情報を外部送信する際に講ずべき措置

2022年6月13日、改正事業法が成立し、公布日（同年6月17日）から1年以内に施行されることとなりました。

改正事業法では、大規模事業者が取得する利用者情報についての適正な取扱いを義務付けるほか、利用者情報を外部送信する場合に講ずべき措置についての規制などが導入されています。本書では、多くのアプリ提供者にとって影響が生じる可能性があると考えられる、利用者情報を外部送信する場合に講ずべき措置に関する改正について取り上げます。

かねてより、ウェブサービス提供者やアプリ提供者が、ウェブサイトへのタグ等の設置や、第三者が提供するSDKをアプリに組み込むことにより、利用者の意思によらずに、利用者の端末から利用者に関する情報（閲覧履歴、入力履歴、システム仕様、システムログ等）を外部の第三者に送信する状況が生じていたところ、利用者[48]が安心して利用できる電気通信役務の提供を通じ、電気通信役務の信頼性を確保する観点から、このような外部送信を行おうとする際に、利用者に確認の機会を適切な方法で付与することが必要と考えられた結果、改正事業法において、利用者情報を外部送信する場合に講ずべき措置に関する規律が導入されました。

具体的には、電気通信事業者または第３号事業を営む者のうち、一定の事業者[49]が、利用者に電気通信役務を提供する際に、利用者の端末（電気通信設備）に対して、利用者情報を外部に送信することを指令する旨の通信（情報送信指令通信）を行おうとするときは、当該通信によって外部に送信されることとなる利用者情報の内容や、送信先に関する情報等について、①当該利用者に通知または容易に知り得る状態に置く、②同意を取得する、③オプトアウト措置を講じる、のうちいずれかの措置をとることを義務付けました(改正事業法27条の12柱書、３号・４号)。

ただし、利用者が電気通信役務を利用するにあたって外部送信が必要となる情報（OS情報、画面設定、言語設定に関する情報など）や、当該事業者自身を送信先とする情報（1st Party cookieなど）については、例外的に除外されています（同条１号・２号)。

利用者情報の外部送信の際の措置に関する規律について、具体的にいかなる電気通信役務を提供する者が対象となるのか[50]、いかなる情報を利用者に通知または容易に知り得る状態に置く義務が生じるのか等については、今後、総務省令で定められる予定です。アプリ提供者としては、総務省令の内容を確認した上で、利用するSDKを含む情報収集モジュールに関する情報や、これらに外部送信される利用者情報の項目について、プライバシーポリシー等において、利用者に容易に知り得る状態に置くことが求められる可能性を理解した上で、2023年春に予定される改正事業法の施行に備える必要があります。

48　事業法において保護対象となる利用者には、個人だけでなく法人も含まれるとされています。法人においても、検索履歴が集積されることにより当該法人の経営戦略等が第三者に把握されることを未然に防ぐことで、電気通信の信頼性の確保につながると考えられています（総務省プラットフォームサービスに係る利用者情報の取扱いに関するワーキンググループ「利用者に関する情報の外部送信の際の措置について」（第10回資料３）（2022年３月）４頁)。

49　総務省プラットフォームサービスに係る利用者情報の取扱いに関するワーキンググループ「外部送信規律に関する総務省令案について」（2022年９月７日）によれば、アプリやブラウザによって、利用者間のメッセージ媒介サービスや、SNS・電子掲示板、動画共有サービス、オンラインショッピングモール等、オンライン検索サービス、各種情報のオンライン提供（例：ニュース配信、気象情報配信、動画配信、地図等）サービスを提供する場合がこれに当たるとされています（本書執筆時点)。

50　前注49参照。

図表4—7　総務省プラットフォームサービスに係る利用者情報の取扱いに関するワーキンググループ「利用者に関する情報の外部送信の際の措置について」（第10回資料3）（2022年3月）4頁
https://www.soumu.go.jp/main_content/000799061.pdf

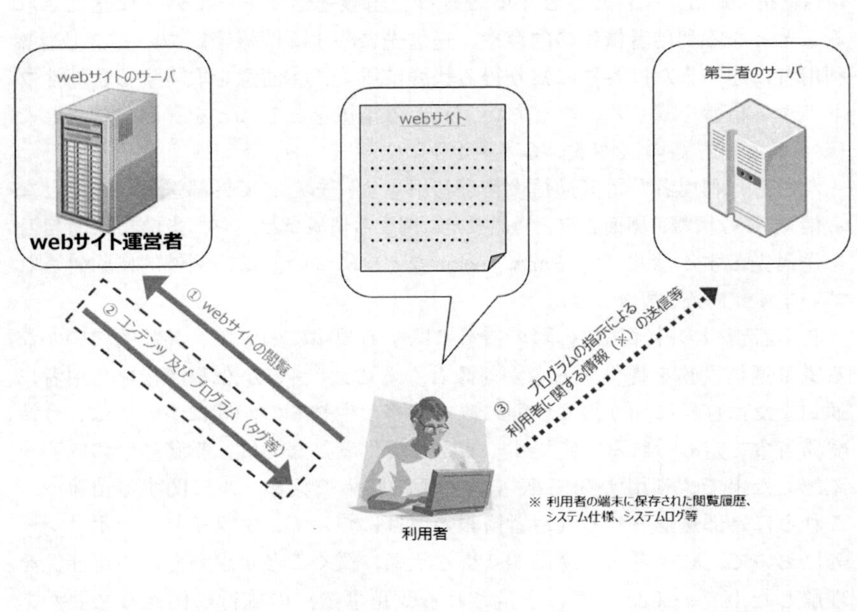

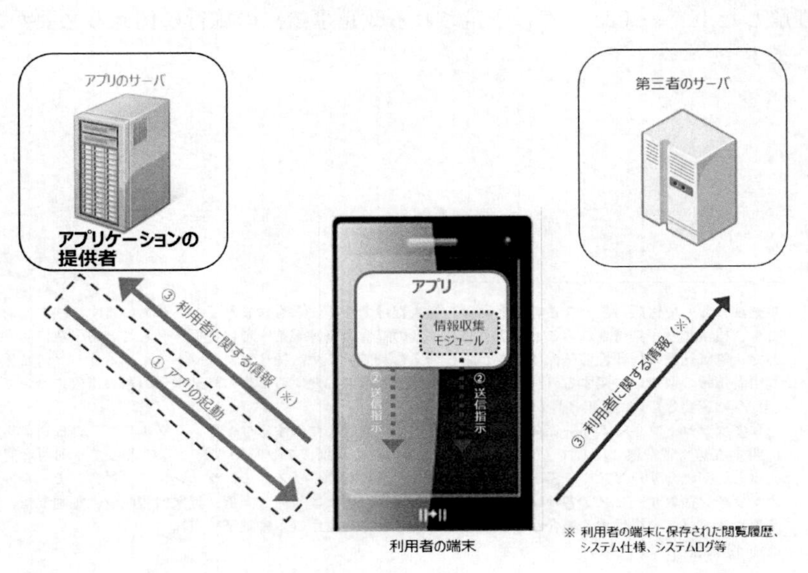

Ⅳ プライバシーポリシーのサンプルと解説

1　共通PPと個別PPの2階建て構成

前述のとおり、SPIでは、アプリごとにプライバシーポリシーを作成することが推奨されています（前記Ⅱ3⑴）。しかし、事業者が複数のアプリを提供している場合、アプリごとに別個独立したプライバシーポリシーを有していると、ひとたび改訂作業が発生するとすべてのプライバシーポリシーを修正する必要があり、管理の煩雑性に加えて、プライバシーポリシー間で矛盾抵触が発生するリスクも高まります。

そこで、複数のアプリや提供サービス間で共通する事項については、すべてのサービスに共通して適用されるプライバシーポリシー（共通PP）を策定し、アプリごとに異なる個別事項については、アプリごとの個別プライバシーポリシー（個別PP）を策定する2階建て構成を本書では推奨します。2階建て構成において、個別PPは共通PPの特則として機能し、個別PPで定めのない事項については共通PPが適用されることになります。

図表4—8　2階建て構成のプライバシーポリシー

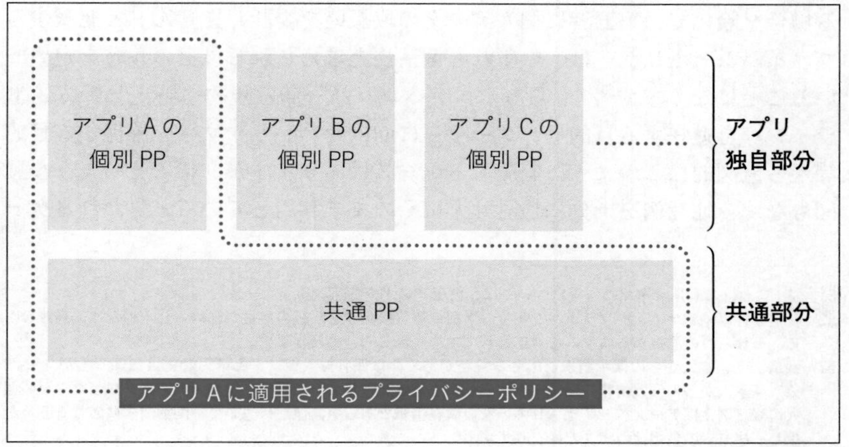

2　共通 PP と個別 PP が対象とする情報の範囲

(1)　個人情報か利用者情報か

プライバシーポリシーが対象とする情報の範囲は、個情法上の個人情報とするか、個人情報に限らず、情報単体では特定個人を識別できない利用者情報[51]まで含めるかのいずれかの方針が考えられます。

ユーザーにとってのわかりやすさを重視する観点からは利用者情報を対象とする方針が考えられ、実際に大手事業者を中心としてこの方針をとる企業は少なくありません。しかし、本書はスタートアップ事業者を含めた幅広い層のアプリ提供者を対象としていること、利用者情報までを対象とした場合、事業者は個情法上求められる以上の義務を負うこととなり、事業者の負担が大きいと考えられることから、本書では現行の法令上求められるミニマムな対応について定めることがベストプラクティスと考え、共通 PP では原則として個情法上の個人情報を対象としています[52]。他方、個別 PP については、SPI に準拠させる方針から、個人情報のみならず利用者情報までを対象としました。

(2)　個人情報か（保有）個人データか

対象とする情報の範囲を個情法上の個人情報としている場合であっても、個情法上求められる以上の義務を定めているプライバシーポリシーも少なくありません。例えば「本人の同意なくして個人情報の第三者提供を行いません」「本人からの個人情報の開示請求に応じます」「（特定の企業名）へ委託する場合を除いて、第三者に個人データの取扱いを委託しません」と記載するプライバシーポリシーは、いずれも個情法上求められる以上の義務を定めていることになります[53]。もちろん、デベロッパー向け規約や特定分野ガイドライン等を遵守する目的や、ユーザーに向けたわかりやすさを確保する目的等から意図的にこのように記載するケースはありますが、特にそのような意図もなく、他社例を十分に検討せずにそのまま利用していると思われるケー

51　SPI における利用者情報の定義については、前記Ⅱ３(1)を参照。

52　特定分野ガイドラインやプライバシーマーク制度等（前記Ⅱ３）への準拠が求められる場合は、当然ながら、これらへの準拠がミニマムな対応として求められることになります。

53　個情法上、本人からの開示請求に応じる義務があるのは保有個人データと第三者提供記録ですが（法 33 条）、「本人からの個人情報の開示請求に応じます」と記載していた場合、保有個人データに当たらない個人情報（例えばデータベース化されていない散在情報である顔画像）についても開示請求に応じる義務が生じ、事業者の負担は増すことになります。

スも少なくありません。

プライバシーポリシーを策定するにあたっては、個情法上求められる義務、SPIや特定分野ガイドライン等で求められる義務をそれぞれ正確に理解した上で、これらの義務を超えた記載をする場合はその理由や意図を十分に整理した上で行うべきでしょう。共通PPでは、個情法上求められるミニマムな対応を示すものとして、原則として個情法に沿った記載（例えば個情法上、個人データに関する取扱いを定めることで足りる場合は、個人データと記載する方針）を採用しています。

3　共通PPのサンプル

サンプル[54]　自社サービスに共通して適用されるプライバシーポリシー（共通PP）

プライバシーポリシー

【自社の商号】（以下「当社」といいます）は、当社がアプリ、ウェブサービスその他のサービス（以下「サービス」と総称します）を提供するにあたって、当社が取得するお客様（以下「ユーザー」といいます）の個人情報の取扱いについて、以下のとおりプライバシーポリシー（以下「本ポリシー」といいます）を定めます。

本ポリシーのほかに、個別のサービスごとに定められるプライバシーポリシー（以下「個別ポリシー」といいます）がある場合は、個別ポリシーが本ポリシーに合わせて適用されます。

なお本ポリシーにおける定義は、個人情報の保護に関する法律（平成15年法律第57号。以下「個人情報保護法」といいます）によるものとします。

本サンプルは、日本国内に居住するユーザーに向けてアプリやウェブサービスを提供する日本国内の民間事業者において、提供するサービスで共通して適用されるプライバシーポリシー（共通PP）を想定しています。

共通PPが対象とする情報の範囲は、原則として個情法に沿ったものとしています。これに対し、個別PPでは、スマートフォンプライバシーイニシアティブ（SPI）に準拠し、個人情報のみならず、情報単体では個人を識別することができない利用者情報[55]を広く適用対象としています。利用者情報を対象とする場合、タイトルに「個人情報保護方針」と

54　本サンプルを含む本書のサンプル等は、あらゆるアプリサービスに適合することを保証するものではありません。個別の案件については弁護士等にご相談ください。本サンプルの使用等から生じる結果について、著者らおよび出版社は責任を負いかねる点についてあらかじめご了承ください。

55　前注51参照。

記載することは必ずしも適切でない点に留意するようにしてください。

プライバシーポリシーの対象となる個人情報の主体は、サービスの利用者であるユーザー、取引先企業に所属する個人、株主、従業員、採用対象者等が想定されるところ、共通PPではこれらのうちサービスの利用者であるユーザーのみを対象としています。対象となる主体が異なれば、取得する個人情報の項目や利用目的、利用目的の公表等の方法（ウェブサイト等で不特定多数に向けて公表するか、特定の対象者のみに個別に通知するか。法21条1項・2項参照）として記載する内容もそれぞれ異なる点にはご注意ください。

1　関係法令・ガイドライン等の遵守

当社は、個人情報保護法その他の関係法令、個人情報保護委員会の定めるガイドライン等および本ポリシーを遵守し、個人情報を適法かつ適正に取り扱います。

GL通則編10―1は「個人情報取扱事業者は、個人データの適正な取扱いの確保について組織として取り組むために、基本方針を策定することが重要である。具体的に定める項目の例としては、『事業者の名称』、『関係法令・ガイドライン等の遵守』、『安全管理措置に関する事項』、『質問及び苦情処理の窓口』等が考えられる。」と定めていることに鑑み、本項では「関係法令・ガイドライン等の遵守」と、個情法の基本理念である個人情報の適正な取扱い（法3条）について定めています。

2　当社が取得する情報の項目と取得方法

当社は以下に定めるユーザーの情報を、以下の取得方法により取得する場合があります。当社はこれらの情報を、適法かつ適正な手段により取得いたします。

⑴　ユーザーから直接取得する情報

- 氏名、ユーザー名（ニックネーム）、年齢（生年月）、性別、写真、画像等、プロフィールに関する情報
- メールアドレス、住所、電話番号等、ご連絡先に関する情報
- ID、パスワード等、ご本人確認に必要となる情報
- クレジットカード情報、銀行口座情報等、お支払いやご決済に必要となる情報
- 入力フォーム等を通じてご入力いただく情報
- サービスごとに指定する情報
- その他上記の各情報に関連する情報

⑵　自動取得する情報

- Cookie、広告ID（IDFA/AAID）等のオンライン識別子、端末の種類、OS、言語・タイムゾーン設定、ブラウザの種類、アプリのバージョン、IPアドレス、通信事業者の名称等、端末やアプリ、ネットワークに関する情報
- アクセスログ等、サービスのご利用状況や行動履歴に関する情報

・位置情報（ユーザーの同意がある場合に限ります）
・サービスごとに指定する情報
・その他上記の各情報に関連する情報

⑶　第三者から取得する情報

・ユーザーが決済代行会社に提供した、決済に必要となる情報
・ユーザーが登録しているSNSその他の第三者が提供するサービスにおいてユーザーが提供した情報（ユーザーの同意がある場合に限ります）
・ユーザーの氏名等個人を識別する情報を有しない第三者が保有する、Cookieを含む行動履歴などのユーザーに関する情報（個人関連情報）※
　※　この場合、当社は当該個人関連情報を、当社が管理するユーザーの個人情報と紐付けることで個人データとして取得いたします。
・サービスごとに指定する情報
・その他上記の各情報に関連する情報

共通PPでは、個情法上求められるミニマム対応を原則としていますが、本項については、個情法上は求められていない個人情報の項目や取得方法について定めています。ユーザーの立場からすれば、ユーザー自身が直接事業者に提供した個人情報以外に、いかなる項目の個人情報が、いかなる方法で事業者に取得されているのかは重大な関心事であるともいえるため、共通PPでもこれらを記載することとしました（個情法上はこれらの記載の公表や明示が求められていない点には留意してください）。なおSPIにおいては、取得する情報の項目や取得方法の記載が求められています（後記個別PP参照）。

令和２年個情法改正により、提供先が個人関連情報[56]を個人データとして取得することが想定されるときは、提供先は本人から同意を取得することを要し、提供元は、提供先において本人の同意を取得している旨を確認しなければならないものとされました（法31条１項）。これに伴い、本項「⑶第三者から取得する情報」においては、自社が提供元から個人関連情報の提供を受け、個人データとして取得する場合について、本人から同意を取得する旨の記載例を示しています。

3　個人情報の利用目的

当社は、ユーザーの個人情報について、以下の利用目的の範囲内で取得および利用し（取得状況から利用目的が明らかである場合を除きます）、ユーザーの同意がある場合または法令で認められている場合を除き、他の利用目的で利用しません。

⑴　サービスへの登録、本人確認のため
⑵　サービスの提供、サービス上で行うユーザーサポート、アフターサービスを実施するため

56　個人関連情報とは、生存する個人に関する情報であって、個人情報、仮名加工情報および匿名加工情報のいずれにも該当しないものをいいます（法２条７項）。

(3)　サービスの運営上必要となる事項を通知するため
(4)　電子メール等によりサービスその他当社の事業に関する情報を配信するため
(5)　ユーザーからの問い合わせに対応するため
(6)　ユーザーの閲覧履歴や購買履歴等の情報を分析して、ユーザーの趣味や嗜好に応じたマーケティングを実施するため
(7)　キャンペーンや懸賞を実施するため
(8)　サービスの改善および新規サービスの開発に必要となる解析および分析のため
(9)　サービス利用代金の請求、返金、支払等および関連する事務処理のため
(10)　サービスの利用規約その他当社が定めるルールに違反する行為への対応、その他サービスの不正利用の調査・検知・予防のため
(11)　本ポリシーまたは個別ポリシーで定める個人データの第三者提供のため
(12)　本ポリシーまたは個別ポリシーの変更を通知するため
(13)　個別ポリシーで定める利用目的のため

個人情報を取得した場合は、あらかじめその利用目的を公表している場合を除き、速やかに、その利用目的を通知または公表する必要があります（法21条1項）。ただし書面やオンライン上の入力フォーム等で本人から個人情報を直接取得する場合は、あらかじめ利用目的を明示する必要があります（法21条2項[57]）。個人情報を取り扱うにあたっては、利用目的をできる限り具体的に特定しなければならず、「事業活動に用いるため」や「マーケティング活動に用いるため」といった記載のみでは特定ができていないとされます（GL通則編3―1―1）。また個人情報を第三者に提供することを想定している場合は、利用目的の特定にあたってその旨が明確にわかるよう特定しなければなりません（本項(11)）。なお本人から得た情報から本人に関する行動・関心等の情報を分析する場合（いわゆるプロファイリングを実施する場合）、どのような取扱いが行われているかを本人が予測・想定できる程度に利用目的を特定する必要があります（本項(6)。GL通則編3―1―1[58]）。

本項では、アプリやウェブサービスを提供する場合の典型的な利用目的を記載していますが、具体的な利用目的は、各社が提供するサービスの内容等に応じて適宜定めるようにしてください。

57　ネットワーク上において個人情報を取得する場合は、本人が送信ボタン等をクリックする前等にその利用目的（利用目的の内容が示された画面に1回程度の操作でページ遷移するよう設定したリンクやボタンを含む。）が本人の目に留まるようその配置に留意することが望ましいとされています（GL通則編3―3―4）。

58　GL通則編3―1―1では「個人情報が…最終的にどのような事業の用に供され、どのような目的で個人情報を利用されるのかが…特定することが望ましい」と記載されており、個々のプロセスごとの利用目的の特定が求められるのではなく、最終的な利用目的の特定が求められていると解釈されてきましたが（園部ほか・前注23参照）、令和2年改正に伴うGL通則編の改訂により、プロファイリングに関しては最終的な利用目的にとどまらない分析段階の特定までも求める趣旨であり、実質的な解釈変更と捉えることもできるとの指摘もされています（大島義則「個人情報保護法におけるプロファイリング規制の展開」情報ネットワーク・ローレビュー20巻45頁）。

4　個人データの共同利用

当社は、ユーザーの個人データを、以下のとおり共同利用する場合があります。

⑴　共同利用する個人データの項目
本ポリシー「2　当社が取得する情報の項目と取得方法」記載の個人データ

⑵　共同利用者の範囲
当社グループ企業（※）

⑶　共同利用する個人データの利用目的
本ポリシー「3　個人情報の利用目的」記載の利用目的

⑷　共同利用する個人データの管理責任者
当社（【当社の所在地、代表者名を記載】）

※　当社グループ企業とは、こちらの各企業をいいます【グループ企業が列挙されたウェブページ等へのハイパーリンクを張る】。

個人データの共同利用を行う場合は、本項で列挙した4項目（共同利用する個人データの項目、共同利用者の範囲、共同利用する個人データの利用目的、共同利用する個人データの管理責任者）をあらかじめ本人に通知するか容易に知り得る状態に置く必要があります（法27条5項3号）。なお共同利用する個人データの管理責任者については、令和2年改正法において新たに追加されたため、令和2年改正法への対応が未了の場合は追記が必要となります（管理責任者の会社概要ウェブページへのハイパーリンクを張る方法も考えられます[59]）。

5　個人データの第三者提供

1　当社は、「4　個人データの共同利用」を含む本ポリシーで定める場合のほか、以下の各号に定める場合を除いて、あらかじめユーザーから同意を得ることなくして、ユーザーの個人データを第三者に提供しません。

⑴　利用目的の達成に必要な範囲内において、個人データの取扱いの全部または一部を委託することに伴って当該個人データが提供される場合

⑵　法令に基づく場合

⑶　人の生命、身体または財産の保護のために必要がある場合であって、ユーザーの同意を得ることが困難であるとき

⑷　公衆衛生の向上または児童の健全な育成の推進のために特に必要がある場合であって、ユーザーの同意を得ることが困難であるとき

⑸　国の機関もしくは地方公共団体またはその委託を受けた者が法令の定める事務を遂行することに対して協力する必要がある場合であって、ユーザーの同意を得る

59 「本人が容易に知り得る状態」について、GL通則編3―6―3（※4）、3―6―2―1（※2）。

ことにより当該事務の遂行に支障を及ぼすおそれがあるとき
(6) 当該第三者が学術研究機関等である場合であって、当該第三者が当該個人データを学術研究目的で取り扱う必要があるとき（当該個人データを取り扱う目的の一部が学術研究目的である場合を含み、個人の権利利益を不当に侵害するおそれがある場合を除きます）
(7) 個人情報保護法その他の法令で認められる場合
2　前項の定めにかかわらず、当社は、ユーザーの閲覧履歴や購買履歴等の情報を分析して、ユーザーの趣味や嗜好に応じたマーケティングを実施する目的で、ユーザーの個人データを第三者に提供する場合があります。
3　当社は、以下の外国にある第三者（委託先を含みます）に対し、ユーザーの個人データを提供する場合があります。
(1) 外国の名称
〇〇〇〇
(2) 当該外国の個人情報保護制度
【個人情報保護委員会のホームページで提供されているURLを張る】
(3) 当該外国にある第三者が講じる個人情報保護のための措置
当該第三者は、OECDプライバシー8原則に対応する措置をすべて講じています。

個情法27条1項は、個人データを第三者に提供する場合はあらかじめ本人の同意を得る必要があることを原則と定めた上で、同条各号（法令に基づく場合等）、同条2項（オプトアウト）、同条5項各号（個人データ取扱いの委託、合併その他の事由による事業承継、共同利用）が定める要件を満たす場合は、例外的に本人の同意なくして提供することが可能と定めています。プライバシーポリシーにおいて、これらの例外事由を明記する個情法上の義務はありませんが、本サンプルの1項では、ユーザーの便宜を図る観点で、代表的な例外事由については記載する方針をとっています。なお将来に個情法等の改正がなされた場合もカバーできるように「(7)個人情報保護法その他の法令で認められる場合」といった記載を入れておくことが便宜でしょう。

2項では、個人データの第三者提供を行う場合の記載例を定めています。提供先である第三者の氏名や名称を個別に明示することまでは個情法上求められていませんが、想定される提供先の範囲や属性を示すことは望ましいとされています[60]。

3項では、外国にある第三者に個人データを提供する場合の記載例を定めています。外国にある第三者に個人データを提供する場合、法27条の要件に加えて、さらに以下のいずれかの根拠に基づく必要があります（法28条）。

① 本人同意を得る場合
② 提供先の第三者が基準適合体制を整備している場合

60　Q&A 7－9

③　日本と同等水準にあると認められる個人情報保護制度を有している外国として規則が定める外国（EU および英国）へ提供する場合
④　法 27 条 1 項各号に基づく場合（法令に基づく場合等）

①本人同意を得ることを根拠とする場合、⑴当該外国の名称、⑵適切かつ合理的な方法により得られた当該外国における個人情報の保護に関する制度に関する情報、⑶当該第三者が講ずる個人情報の保護のための措置に関する情報をあらかじめ本人に提供する必要があります（法 28 条 2 項、施行規則 17 条 2 項）。

⑴は、提供先の第三者が所在する外国の名称が示されていれば足り、それに加えて州等の名称までを示すことは求められていません。この場合の外国とは、提供先の第三者が個人データを保存するサーバが所在する外国ではなく、提供先の第三者が所在する外国をいいます[61]。

⑵は、個人情報保護委員会のホームページで提供されている「外国における個人情報の保護に関する制度等の調査」（以下「情報提供文書」といいます）の該当 URL を記載する方法によることが便宜です。

⑶は、提供先の第三者において、OECD プライバシーガイドライン 8 原則に対応する措置を講じていない場合は当該講じていない措置の内容について情報提供する必要があり、当該措置をすべて講じている場合にはその旨を情報提供すれば足ります[62]。当該措置を確認する方法は、当該第三者に確認する方法や、当該第三者との間で締結している契約を確認する方法等が考えられるところ[63]、当該第三者に適用される現地法が同 8 原則に準拠した内容である場合（情報提供文書においても確認が可能です）は、当該第三者が現地法を遵守している旨を確認した上で、この情報を提供する方法もとり得るものと思われます。

②基準適合体制の整備を根拠とする場合、⑴当該第三者による相当措置の継続的な実施を確保するために必要な措置を講じるとともに、⑵本人の求めに応じて、当該必要な措置に関する情報を本人に提供しなければなりませんが（法 28 条 3 項）、⑵当該必要な措置に関する情報は本人の求めに応じて提供すれば足りるため、必ずしもプライバシーポリシーにおいて公表しておく個情法上の義務まではありません[64]。

本サンプルでは、①本人同意を得ることを根拠とする場合の記載例を紹介していますが、②基準適合体制の整備を根拠とする方が便宜と考えられる場合もあるため、いずれの方針

61　個人情報保護委員会「個人情報の保護に関する法律についてのガイドライン（外国にある第三者への提供編）」5―2

62　前注 61

63　個人情報保護委員会「『個人情報の保護に関する法律についてのガイドライン（外国にある第三者への提供編）の一部を改正する告示案』に関する意見募集結果（別紙 2―2）」105。同意取得時において、当該第三者が講ずる措置に関する情報提供ができない場合は、当該情報を提供できない旨およびその理由について情報提供する必要があります（施行規則 17 条 4 項）。

64　もっとも、基準適合体制の整備を根拠に個人データが提供された事実と、これに関する情報提供の求めが可能であることを認識しなければ、本人は情報提供の求めをする契機すらないことになるため、本人の求めに応じて事後的に情報を提供する旨を公表しておくことが望ましいといえます（岡田淳・北山昇・小川智史「個人情報保護をめぐる実務対応の最前線第 5 回越境移転規制⑴」NBL1214 号 81 頁）。

が適切かについては適宜検討するようにしてください[65]。

6　個人データの安全管理措置

【簡潔に記載する場合】

当社は、取り扱う個人データの漏えい、滅失または毀損の防止その他の個人データの安全管理のために必要かつ適切な措置を講じます。

【詳細に記載する場合（中小規模事業者の場合を想定）】

当社は、取り扱う個人データの漏えい、滅失または毀損の防止その他の個人データの安全管理のために必要かつ適切な措置を講じます。また、従業者や委託先（再委託先等を含みます）に個人データを取り扱わせるにあたっては、当該個人データの安全管理が図られるよう、当該従業者や当該受託者に対して必要かつ適切な監督を行います。当社の講じている安全管理措置の主な内容は以下のとおりです。

(1)　基本方針の策定

個人データの適正な取扱いの確保のため、「関係法令・ガイドライン等の遵守」「質問および苦情処理の窓口」等についての基本方針を策定しています。

(2)　個人データの取扱いに係る規律の整備

個人データの取得、利用、保存等を行う場合の基本的な取扱方法を整備しています。

(3)　組織的安全管理措置

整備した取扱方法に従って個人データが取り扱われていることを責任者が確認し、従業者から責任者に対する報告連絡体制を整備しています。

(4)　人的安全管理措置

個人データの取扱いに関する留意事項について、従業者に定期的な研修を実施し、個人データについての秘密保持に関する事項を就業規則に記載しています。

(5)　物理的安全管理措置

個人データを取り扱うことのできる従業者および本人以外が容易に個人データを閲覧できないような措置を実施し、個人データを取り扱う機器、電子媒体および書類等の盗難または紛失等を防止するための措置を講じるとともに、事業所内の移動を含め、当該機器、電子媒体等を持ち運ぶ場合、容易に個人データが判明しないよう措置を実施しています。

(6)　技術的安全管理措置

個人データを取り扱うことのできる機器および当該機器を取り扱う従業者を明確化し、個人データへの不要なアクセスを防止し、個人データを取り扱う機器を外部

65　例えば外国にある第三者に委託または共同利用に基づき個人データを提供する場合は、基準適合体制の整備を根拠とする方が法27条および法28条とも本人同意の取得が不要であり、第三者提供記録の作成（法29条）も不要となるメリットがあります。

からの不正アクセスまたは不正ソフトウェアから保護する仕組みを導入しています。

(7)　外的環境の把握

個人データを保管している【Ａ国】における個人情報保護に関する制度を把握した上で、当該個人データの安全管理のために必要かつ適切な措置を講じています。

【Ａ国】における個人情報保護に関する制度

【個人情報保護委員会のホームページで提供されている URL を張る】

個人情報取扱事業者は、その取り扱う個人データの漏えい、滅失または毀損の防止その他の個人データの安全管理のために必要かつ適切な措置（安全管理措置）を講じなければならず（法 23 条）、このうち保有個人データの安全管理措置については、本人の知り得る状態に置かなければなりません（法 32 条１項、施行令 10 条１号）。ただし、本人の知り得る状態とは、本人の求めに応じて遅滞なく回答する場合を含むとされているため、保有個人データの安全管理措置の概括的な内容のみをプライバシーポリシーで公表し、具体的な内容については、本人の求めがあった場合に遅滞なく回答する対応も可能と考えられます[66]。また、保有個人データの安全管理措置のうち、本人の知り得る状態に置くことにより当該保有個人データの安全管理に支障を及ぼすおそれがあるもの、例えば営業秘密に係る事項などについては、プライバシーポリシーで公表する義務や、本人の求めがあった場合に回答する義務を負いません（施行令 10 条１号）。

令和２年改正法により、個人データの安全管理措置の内容に「外的環境の把握」が追加されました。外的環境の把握とは、①外国において個人データを取り扱う場合、②当該外国の個人情報保護制度等を把握した上で、③個人データの安全管理のために必要かつ適切な措置を講じることを指します[67]。

①外国において個人データを取り扱う場合には、事業者自らが外国に設置し、自ら管理・運営するサーバに個人データを保存する場合のほか[68]、外国にあるクラウドサービス提供事業者が個人データを取り扱わないこととなっている場合において、当該クラウドサービスを利用し、その管理するサーバに個人データを保存する場合も含まれます[69]。この場合、事業者は安全管理措置として「クラウドサービス提供事業者が所在する外国の名称」と「個人データが保存されるサーバが所在する外国の名称」をいずれも明らかにした上で、当該外国の個人情報保護制度を把握し、講じた措置の内容を本人の知り得る状態に置く必要があります[70]。

66　個人情報保護委員会「『個人情報の保護に関する法律についてのガイドライン（通則編）の一部を改正する告示案』に関する意見募集結果（別紙２－１）」（以下「パブコメ通則編」456）

67　GL 通則編 10―７

68　Q&A12―３

69　Q&A10―25。当該クラウドサービス提供事業者が個人データを取り扱う場合は、外国にある第三者への提供として法 28 条が適用されます（Q&A12―３）。

70　外国にある第三者に個人データの取扱いを委託する場合も、委託元は、委託先を通じて外国において個人データを取り扱うこととなるため、委託先が所在する外国の個人情報の保護に関する制度等を把握した上で、委託先の監督その他の安全管理措置を講じる必要があります（Q-A10―24）。

②当該外国の個人情報保護制度等の把握については、情報提供文書[71]を活用することが考えられます。その上で実施する③個人データの安全管理のために必要かつ適切な措置は、EU および英国のほか、十分性認定の取得国または地域や APEC の CBPR システムの参加エコノミー（民間部門）である場合、情報提供文書は個人情報の保護について「概ね我が国と同等の保護が期待できる」と記載していることに鑑みて、基本的には日本国内における安全管理措置と同程度の措置をとることで個情法上求められる要請には応えられているものと解してよいと思われます。これに対し、ガバメントアクセスなど、本人の権利利益に重大な影響を及ぼす可能性のある制度が存する外国において個人データを取り扱う場合は、当該外国において個人データを取り扱う必要性や取り扱う個人データの内容、当該サービス事業者が過去にガバメントアクセスを受けた実績の有無等も踏まえて、可能な限り、適切な仮名化[72]や暗号化を実施する方針が考えられます[73]。

本サンプルでは、簡潔な記載例と、ユーザーからの問い合わせが来る可能性を減らす趣旨で、ある程度詳細に記載しておく場合の記載例（中小規模事業者の場合を想定[74]）を用意しました。いずれの記載例を用いる場合であっても、記載した安全管理措置を実際に講じていることが大前提であり、また、ユーザーからの問い合わせがあった場合は遅滞なく安全管理措置の内容を回答する義務が生じる点には留意してください。

7　保有個人データ等の開示、訂正等、利用停止等

1　当社は、ユーザーから、個人情報保護法の定めに基づき保有個人データもしくは第三者提供記録の開示または保有個人データの利用目的の通知を求められたときは、ユーザーご本人からの請求であることを確認した上で、遅滞なく開示または通知いたします。ただし、個人情報保護法その他の法令により、当社が開示または通知する義務を負わない場合はこの限りではありません。

2　当社は、ユーザーから、個人情報保護法の定めに基づき、保有個人データの内容が事実でないとして、当該保有個人データの内容の訂正、追加または削除（以下「訂正等」といいます）を求められたときは、ユーザーご本人からの請求であることを確認した上で、遅滞なく必要な調査を行い、その結果に基づき、訂正等を行います。ただし、個人情報保護法その他の法令により、当社が訂正等を行う義務を負わない

71　「5　個人データの第三者提供」の解説を参照。

72　個情法が定める仮名加工情報（法２条５項）への加工ではなく、安全管理措置の一環として実施する仮名化を指しています。

73　Ｚホールディングス・グローバルなデータガバナンスに関する特別委員会「グローバルなデータガバナンスに関する特別委員会最終報告書」（2021 年 10 月）80 頁では、データガバナンスの状況と改善に向けた提言として「ガバメントアクセスのリスクを含む経済安全保障分野に関する管理体制が不十分であったことから、経済安全保障を考慮したデータガバナンス体制を構築していく必要がある」との言及がなされています。

74　GL 通則編３―８―１⑴参照。中小規模事業者とは、従業員の数が 100 人以下の個人情報取扱事業者のうち、事業の用に供する個人情報データベース等を構成する個人情報によって識別される特定の個人の数の合計が過去６月以内のいずれかの日において 5,000 を超える者または委託を受けて個人データを取り扱う者を除いた者をいいます（GL 通則編 10）。

場合はこの限りではありません。

3　当社は、ユーザーから、個人情報保護法の定めに基づき、保有個人データの利用停止、消去、または第三者への提供の停止（以下「利用停止等」といいます）を求められたときは、ユーザーご本人からの請求であることを確認した上で、遅滞なく、利用停止等を行います。ただし、個人情報保護法その他の法令により、当社が利用停止等を行う義務を負わない場合はこの限りではありません。

4　前３項に定めるお求めをご希望いただく場合は「9　お問い合わせ窓口」宛までご連絡ください。

個人情報取扱事業者は、①本人から保有個人データもしくは第三者提供記録の開示（法33条）または保有個人データの利用目的の通知（法32条２項）を求められたとき、②保有個人データの内容が事実でないとして当該保有個人データの内容の訂正、追加または削除を求められたとき（法34条）、③保有個人データが法18条（利用目的による制限）もしくは法19条（不適正な利用の禁止）に違反して取り扱われている場合または法20条（適正な取得）に違反して取得されたものである場合において当該保有個人データの利用停止または消去を求められたとき（法35条１項）、④保有個人データが法27条（第三者提供の制限）１項または法28条（外国にある第三者への提供の制限）に違反して第三者に提供されている場合において第三者への提供停止を求められたとき（法35条３項）、⑤保有個人データを利用する必要がなくなった場合、法26条（漏えい等の報告等）１項本文に定める漏えい等事案が生じた場合、または本人の権利もしくは正当な利益が害されるおそれがある場合において、当該保有個人データの利用停止、消去または第三者への提供停止を求められたとき（法35条５項）は、原則としてこれらの請求に応じる義務があります。

これらの請求に応じる手続については、本人の知り得る状態（遅滞なく回答する場合を含みます）に置いておく必要があるため（法32条１項３号）、本サンプルでは、お問い合わせ窓口を案内し、本人から問い合わせがなされた場合に遅滞なく具体的な手続を回答する運用を想定しています。

8　Cookie、広告識別子（IDFA/AAID）、Google アナリティクス

1　当社では、サービスのご利用状況を把握し、サービスの利便性を向上するため、またユーザーに適した広告配信等のために、Cookie、広告識別子（IDFA/AAID ※）を使用し、または類似の技術を利用する場合があります。これらの情報に特定の個人を識別する情報は含まれていません。

2　当社は、サービスのご利用状況を把握し、サービスの利便性を向上するために、Google 社が提供する Google Analytics を利用する場合があります。Google Analytics は Cookie 等を利用して、特定の個人を識別する情報を含まないかたちで閲覧履歴を収集、分析し、当社はその結果を受け取り、ユーザー（当社ウェブサイトの訪問者を含みます）の利用状況を把握することで、サービスの開発、改善等に利用する場合があります。

Google Analyticsの無効設定は、以下のGoogle Analyticsオプトアウトアドオンからブラウザのアドオン設定を変更することで可能となります。なおGoogle Analyticsによって収集される情報はGoogle社のプライバシーポリシーに基づいて管理されます。

Googleアナリティクス利用規約

http://www.google.com/analytics/terms/jp.html

Googleプライバシーポリシー

http://www.google.com/intl/ja/policies/privacy/

Google Analyticsオプトアウトアドオン

https://tools.google.com/dlpage/gaoptout?hl=ja

Googleのサービスを使用するサイトやアプリから収集した情報のGoogleによる使用

https://policies.google.com/technologies/partner-sites?hl=ja

※　Cookieとは、ブラウザでウェブサイトを閲覧した際に作成される、利用履歴や入力内容などのデータを一時的に保管しておく仕組みを指します。

IDFA（Identifier for Advertisers）とAAID（Google Advertising ID）は、いずれもスマートフォン端末等ごとに発行される広告配信用のオンライン識別子（広告ID）です。IDFAはApple社がiOS端末向け、AAIDはGoogle社がAndroid端末向けにそれぞれ発行しています。

Googleアナリティクスを利用する場合、以下のGoogleアナリティクス利用規約に記載があるとおり、一定の情報をプライバシーポリシー等で開示する必要があるところ、本項はこの要請に応える目的で定めています。

（以下、Googleアナリティクス利用規約「7．プライバシー」より抜粋）

お客様はプライバシーポリシーを公開し、そのプライバシーポリシーでCookieの使用、モバイルデバイスの識別情報（Androidの広告識別子、iOSの広告識別子など）、またはデータの収集に使われる類似の技術について必ず通知するものとします。また、Googleアナリティクスを使用していること、およびGoogleアナリティクスでデータが収集、処理される仕組みについても開示する必要があります。こうした情報を開示するには、「ユーザーがGoogleパートナーのサイトやアプリを使用する際のGoogleによるデータ使用」のページ（www.google.com/intl/ja/policies/privacy/partners/またはGoogleが随時提供するその他のURL）へのリンクを目立つように表示します。

9　お問い合わせ窓口

保有個人データに関するお求めの受付、その他当社の個人情報の取扱いに関するお問い合わせは、下記の窓口までお願いいたします。

【自社の商号】個人情報保護管理担当
E-mail：

保有個人データの取扱いに関する苦情の申出先については、本人の知り得る状態（本人の求めに応じて遅滞なく回答する場合を含む。）に置かなければならず（法32条1項4号、施行令10条2号）、個人情報取扱事業者は、苦情の適切かつ迅速な処理とこれを達成するために必要な体制の整備に努めなければならないと定められています（法40条）。加えて、保有個人データの安全管理措置や、保有個人データ等の開示、訂正等、利用停止等の手続については本人の知り得る状態（遅滞なく回答する場合を含みます）に置いておく必要があるため、これらへの対応を行うためにも、お問い合わせ窓口の記載は必須となります。

GL通則編3―8―1⑴⑤は、保有個人データの取扱いに関する苦情の申出先の例として、「苦情を受け付ける担当窓口名・係名、郵送用住所、受付電話番号その他の苦情申出先」を挙げていますが、あくまで例示であるため、遅滞なく対応が行える限りは、メールアドレスやオンライン上の問い合わせフォームを掲示することでも足りると考えられます。

10　本ポリシーの変更について

当社は、本ポリシーの内容を適宜見直し、必要に応じて変更する場合があります。この場合、当社が別途定める適用日から、変更後の本ポリシーが適用されるものとします。

プライバシーポリシーの内容が、個情法上の法定公表事項に限られており、ユーザーから格別に同意を取得していない場合等は、個情法上の同意を取得する必要がある事項を追加する変更を行わない限り、事業者は、当該プライバシーポリシーの変更を自由に行えるものと考えられます。ただし個人情報の利用目的を新たに追加する変更をしたとしても、既に取得済みの個人情報については、当該個人情報を取得する際に公表等していた利用目的の達成に必要な範囲を超えて取り扱うことができない点には留意してください（法18条1項）。

また、プライバシーポリシーが定型約款に該当すると判断される場合、民法所定の要件（民法548条の4）を満たせば、事業者はユーザーから個別の同意を得ることなく、プライバシーポリシーの変更を行えると考えられます。もっとも、プライバシーポリシーの変更によって、個情法上、本人から同意を取得する必要がある事項を追加する場合（例えば個人データの第三者提供を行う旨を新たに追加する場合）は、定型約款の変更手続のみではなく、あくまでユーザー本人から個別に同意を取得する必要があります。詳細はコラム「プライバシーポリシーは定型約款に該当するか」（147頁）を参照ください。

【自社の商号】
所在地……
代表取締役〇〇〇

保有個人データに関する個人情報取扱事業者の氏名または名称、住所、法人の場合は代表者名については、本人の知り得る状態（本人の求めに応じて遅滞なく回答する場合を含みます）に置かなければなりません（法32条1項）。もっともプライバシーポリシーから、これらの情報が記載された自社ウェブサイトの会社概要ページにリンクを張る方法でも足りると考えられます[75]。

4　個別PPのサンプル

サンプル[76]　アプリごとに設ける個別プライバシーポリシー（個別PP）

【アプリ名】プライバシーポリシー

【自社の商号】（以下「当社」といいます）は、【アプリ名】（以下「本アプリ」といいます）を利用するお客様（以下「ユーザー」といいます）に関する情報（以下「利用者情報」といいます）の取扱いについて、以下のとおり【アプリ名】プライバシーポリシー（以下「本ポリシー」といいます）を定めます。

なお本ポリシーに定めのない事項については【共通PP】（以下「共通ポリシー」といいます）が適用され、共通ポリシーと本ポリシーの間に相違がある場合は、本ポリシーが優先して適用されます。

共通PPが対象とする情報の範囲は原則として個情法上の個人情報としているのに対し、個別PPでは、SPIに準拠させる目的で、情報単体では個人を識別することができない個人に関する情報（利用者情報）を広く適用対象としています。SPIでは、利用者情報の定義を「利用者の識別に係る情報、利用者の通信サービス上の行動履歴に関する情報、利用者の状態に関する情報など、スマートフォンにおいてスマートフォンの利用者の情報と結びついた形で生成、利用又は蓄積されている情報（電話帳等の第三者に関する情報を含む。）の総称」と定めていますが[77]、本ポリシーでは、よりシンプルに「ユーザーに関する情報」と定めています。

1　取得する利用者情報の項目と取得方法、利用目的

当社は、以下の各項目に記載する利用者情報を、それぞれ以下の利用目的の範囲内で利用します（※　表中の利用目的欄記載の項番は、共通ポリシー「3　個人情報の利用

75　パブコメ通則編446。会社概要ページにリンクを張る方が、変更が発生した場合に更新漏れが発生しづらい利点もあります。

76　前注54参照。

77　SPI 6頁

目的」各号記載の項番に対応しています）。

(1)　利用者から直接取得する利用者情報

利用者情報の項目	利用目的（※）
年齢（生年月）	(1)　サービスへの登録、本人確認のため (8)　サービスの改善および新規サービスの開発に必要となる解析および分析のため ……
メールアドレス	(3)　サービスの運営上必要となる事項を通知するため (12)　本ポリシーまたは共通ポリシーの変更を通知するため ……
お問い合わせ内容	(5)　ユーザーからの問い合わせに対応するため (8)　サービスの改善および新規サービスの開発に必要となる解析および分析のため ……

(2)　自動取得する利用者情報

利用者情報の項目	利用目的（※）
端末識別子	(6)　ユーザーの閲覧履歴や購買履歴等の情報を分析して、ユーザーの趣味や嗜好に応じたマーケティングを実施するため (10)　サービスの利用規約その他当社が定めるルールに違反する行為への対応、その他サービスの不正利用の調査・検知・予防のため (11)　本ポリシーまたは共通ポリシーで定める個人データの第三者提供のため ……
広告ID（AAID／IDFA）	
端末やアプリ、ネットワークに関する情報（OSのバージョン、端末の機種名、アプリのバージョン、言語・タイムゾーン設定、IPアドレス、通信事業者の名称等）	
利用者の本アプリ内におけるアクションに関する情報	(2)　サービスの提供、サービス上で行うユーザーサポート、アフターサービスを実施するため (6)　ユーザーの閲覧履歴や購買履歴等の情報を分析して、ユーザーの趣味や嗜好に応じたマーケティングを実施するため (7)　キャンペーンや懸賞を実施するため ……
利用者の本アプリ内における購入情報	
位置情報	

個別PPでは、SPIがプライバシーポリシーにおいて明示することを要すると定める8つの要求事項（以下「要求事項」といいます）を記載しています。本項ではそのうち、要求事項②（アプリケーション提供者が取得する利用者情報の項目等）、要求事項③（アプリケーション提供者による取得方法）、要求事項④（利用目的の特定・明示）について定

めています。

SPIにおいては、要求事項②について、事業者が利用者情報を取得する場合、スマートフォンから外部への送信等により取得する旨を記載するとともに、その取得する利用者情報の項目・内容を列挙すること、事業者が利用者情報を取得しない場合は、その旨を記載することが求められています。要求事項③では、事業者が利用者情報を取得する場合に、利用者の入力によるものか、情報を自動取得するものなのか等を示すことが求められています。要求事項④では、事業者が利用者情報を取得する場合に、利用者情報をアプリ自体の利用者に対するサービス提供（提供するサービス概要を簡単に記載する等）のために用いるのか、広告配信・表示やマーケティング目的のために取得するのか、それら以外の目的のために用いるのかを明確に記載することが求められています。個別PPでは、これらの要求事項②～④を満たす内容を表の形式で記載することとしました。

本サンプルでは、利用者情報の項目ごとに想定される利用目的の例を挙げており、各項番は共通PP「3　個人情報の利用目的」記載の利用目的の各項番に対応しています。本サンプルの記載例にこだわらず、各アプリの内容等に応じた具体的な利用目的を適宜定めるようにしてください。

2　利用者情報の第三者提供

当社は、「1　取得する利用者情報の項目と取得方法、利用目的」の利用目的欄において「(11)本ポリシーまたは共通ポリシーで定める個人データの第三者提供のため」と記載する利用者情報の項目記載の利用者情報について、第三者に提供する場合があります。

SPIの要求事項⑤（第三者提供、外国の第三者に対する提供、共同利用および情報収集モジュールに関する記載事項）に対応する部分です。SPIでは、利用者情報を第三者提供する場合、第三者への提供を利用目的とすることおよび第三者に提供される利用者情報の項目等を明確にプライバシーポリシーに記載することが求められています。

なお利用者情報を、外国にある第三者に提供する場合や、共同利用する場合についても、別途プライバシーポリシーへの記載が求められています。

3　情報収集モジュールに関する事項

当社は、本アプリにおいて、ユーザーの閲覧履歴や購買履歴等の情報を分析して、ユーザーの趣味や嗜好に応じたマーケティングを実施する等の目的で、以下の情報収集モジュール（※）を使用する場合があります。

※　情報収集モジュールとは、アプリに組み込んで利用される一連のプログラムであって、利用者情報を取得するための機能を持つものをいいます[78]。

【以下、記載例】

78　SPI 7頁

・Apps Flyer SDK
提供者：Apps Flyer, Inc.
ウェブサイト：　https://www.appsflyer.com/
プライバシーポリシー：https://www.appsflyer.com/legal/services-privacy-policy/
・Firebase
提供者：Google LLC
ウェブサイト：　https://firebase.google.com/?hl=ja
プライバシーポリシー：https://policies.google.com/privacy

事業者が情報収集モジュールを組み込む場合、アプリを通じた情報収集の実態について明らかにするために、組み込んでいる情報収集モジュールを用いたサービスの名称、情報収集モジュール提供者等の基本的な情報について、利用者に対して説明する必要があります（SPIの要求事項⑤）。具体的には、情報収集モジュールを組み込んでいる場合、プライバシーポリシーにおいて、①組み込んでいる情報収集モジュールを用いたサービスの名称、②情報収集モジュール提供者の名称、③取得される利用者情報の項目、④利用目的、⑤第三者提供・共同利用の有無等[79]について情報収集モジュールごとに記載するとともに、各情報収集モジュール提供者のプライバシーポリシーにリンクを張るなどして容易に見られるようにすること、その際、情報収集モジュールによりスマートフォン外部に利用者情報が送信される旨がわかるように記載することが求められています。

4　同意取得の方法および利用者関与の方法

⑴　同意取得の方法

本ポリシーおよび共通ポリシーに同意する方法によって同意を取得します。なお、同意取得の対象となる利用者情報の範囲は、本ポリシー「2　利用者情報の第三者提供」で定める利用者情報のほか、共通ポリシー「2　当社が取得する情報の項目と取得方法」⑶記載の利用者情報（個人関連情報）、「5　個人データの第三者提供」各項記載の利用者情報（個人データ）です。

⑵　利用者関与の方法

本アプリによる利用者情報の取得の中止を求められる場合は、本アプリをアンインストールしてください。なお「アカウントを削除する」ボタンをクリックした場合、当該アカウントのユーザーに関する利用者情報の利用を中止いたします。

SPIの要求事項⑥（同意取得の方法および利用者関与の方法）に対応する部分です。同意取得の方法として、同意取得の対象となる利用者情報の範囲・取扱方法等について記載することのほか、利用者関与の方法として、アプリ提供者による利用者情報の利用を中止

79　要求事項③〜⑤については、情報収集モジュールのプライバシーポリシーやウェブサイト等に明示されている場合、これらへのリンクを張ること等により代えることも可能とされています（SPI 17頁脚注⑽）。

してほしい場合に、アプリケーションそのものをアンインストールする以外に方法がないときは、その旨を記載することが求められています。なお App Store 配信アプリでは、2022 年６月末からアカウント削除機能の実装が義務付けられており、ユーザーがアカウント削除機能を利用した場合、アプリ提供者は当該アカウントと関連する個人データを削除することが求められているため[80]、当該機能について案内しておくことも考えられます。

5　利用者情報の取扱いに関するお問い合わせ窓口

【自社の商号】利用者情報管理担当
E-mail：

SPI の要求事項⑦（問い合わせ窓口）および要求事項①（アプリ提供者の氏名、名称、連絡先等）に対応する部分です。利用者情報の取扱いに関する問い合わせ窓口の連絡先等（電話番号、メールアドレス等）を記載することが求められています。

6　本ポリシーの変更について

当社は、本ポリシーの内容を適宜見直し、必要に応じて変更する場合があります。この場合、当社が別途定める適用日から、変更後の本ポリシーが適用されるものとします。

SPI の要求事項⑧（プライバシーポリシーの変更を行う場合の手続）に対応する部分です。詳細については共通 PP「10　本ポリシーの変更について」の解説を参照ください。

〇〇年〇〇月〇〇日　制定
〇〇年〇〇月〇〇日　改訂
〇〇年〇〇月〇〇日最終改訂

80　第２章Ｉ3(4)d 参照。

Column　プライバシーポリシーのグローバル対応

1　国境のないインターネットの世界

本章では、主に日本国内向けにアプリを提供する場合を念頭に置いて解説をしてきました。

もっとも、現代では、ビジネスのグローバル化と情報技術の発達が進み、世界中の人々に利用されているアプリも決して少なくありません。そこでは、国境を越えた個人データ（パーソナルデータ）のやり取りが無数に行われています。

2　GDPR等の海外トレンド

2018年に欧州一般データ保護規則（GDPR：General Data Protection Regulation）が施行されて以来、個人データの保護に関する規制の導入や強化が世界的なトレンドとなっています。アプリをグローバルに展開する場合は、日本の個人情報保護法のみならず[81]、このような世界各国の法令にも注意をする必要がありますが、そのすべてを完璧に遵守することは困難であるため、主要な消費地を念頭に置いたリスクベースアプローチをとるのが現実的なやり方です。実務上は特に、各国の制度に大きな影響を与えたGDPRや、大消費地である米国の規制への対応を検討することが多いといえます。

本コラムでは、日本企業がどのような場合にこれらの適用を受けるのか、適用を受ける場合にどのような対応をする必要があるのか、そのポイントを解説します。

(1)　EU：GDPR

GDPRは、EEA（欧州経済領域）の域内に統一的に適用される個人データ保護に関する規則です。2020年1月30日にEUから離脱したイギリスでは、GDPRを踏まえたUK-GDPRが制定されています。

GDPRは、①EEA域内の拠点の活動に関連して個人データの処理を行

81　外国にある第三者（イギリスおよびEEA加盟国を除きます）に対して個人データを提供する場合、個人データの第三者提供に関する規制をクリアするだけでなく、①あらかじめ本人の同意を得るか、②その提供先がいわゆる相当措置を継続的に講じる体制を整備している必要があります。また、上記①②のいずれの場合においても、本人に対して、所定の情報提供を行うことが義務付けられています。

う場合か、②(i) EEA 域内のデータ主体に対する商品やサービスの提供、または、(ii) EEA 域内で行われるデータ主体の行動の監視に関連して個人データの処理を行う場合に適用されます。②は少しわかりにくいですが、要するに、EEA 域内に子会社等を設置していない場合（つまり、①に該当しない場合）でも、EEA 在住の個人をターゲットとしてビジネスを行ったり、その行動を監視したりする場合がこれに該当します。

例えば、次のようなアプリを提供する場合に GDPR の適用を受け得ることになります。

上記②(i)の例：

- EEA 域内にゲームアプリを配信し、EEA 域内に所在するプレイヤーの IP アドレスや課金履歴などを収集する行為
- 日本の観光事業者が EEA 域内に所在する個人向けにホテルの予約アプリを展開し、利用者の氏名・住所などを収集する行為

上記②(ii)の例：

- EEA 域内に所在する個人からアプリで位置情報や行動履歴を取得して分析する行為
- ウェアラブル端末を通じて EEA 域内に所在する個人のヘルスケア情報を取得・管理する行為

日本企業が GDPR の適用を受ける場合、プライバシーポリシーにおいて、管理者の身元や連絡先、個人データの処理の目的および法的根拠、個人データの保存期間など、細かな項目を定める必要が生じます。また、そのほかにも、上記②の場合に EEA 域内において代表者を選任する義務を負ったり、個人データの侵害が発生した場合に管轄監督機関に対する通知義務を負ったりするなど、日本の個人情報保護法と異なる義務を負うこととなります。

加えて、日本企業が EEA 域内から個人データの移転を受ける場合、移転元である欧州企業等との間で標準契約条項（SCC：Standard Contractual Clauses）を締結しそれに従うか、我が国の個人情報保護委員会が定める「補完的ルール」を遵守する必要がある点も重要です。

GDPR に違反した場合には、非常に高額の制裁金を課される可能性があります（数百億円単位の制裁金が課されたケースもあります）。

⑵　アメリカ：CCPAからCPRAへ

アメリカは、国全体の法律（連邦法）としては個人情報の保護に関する包括的なルールを定めておらず[82]、事業分野や取り扱う情報の性質等に応じた個別のルールのみ存在しています。例えば、13歳未満のユーザーからの個人情報収集を原則として禁止するChildren's Online Privacy Protection Act（COPPA）はアプリ法務にも大きく関係するものです。

他方、連邦国家であるアメリカにおいては、各州が定める州法も重要な場合があります。とりわけ個人情報の保護に関しては、一部の州が包括的なルールを定めており、そうしたルール整備をしている州の数は年々増加しています。特にカリフォルニア州は、そうしたルール整備の先駆けとなった州であること、大きな人口を抱える州である上IT企業が集積しており、その影響が広範囲にわたること、GDPRに比肩すべき比較的厳格なルールを設けていること、直近でも更なる規制強化が予定されていることから、同州における規制は実務上も重要視されています。

そこで、カリフォルニア州消費者プライバシー法（CCPA：California Consumer Privacy Act）について、簡単に見ていきましょう。大まかに説明すると、日本企業がCCPAの適用を受けるのは以下の２つの要件をいずれも満たす場合です。

① 同州住民（消費者）の個人情報を収集し、単独または他と共同でその個人情報を処理する目的と手段を決定し、同州で事業を行っていること
② (i)年間総収入が2,500万米ドルを超えていること（同州における収入に限りません)、(ii)同州から年５万件以上の個人情報を受領等していること、または(iii)同州住民の個人情報の売却によって年間収入の50%以上を得ていること

要するに、同州に拠点がある企業や、同州向けにアプリを展開し個人情報を収集している企業が、一定の売上をあげたり一定の情報を収集したりしている場合に、CCPAの適用を受けることとなります。この場合、

82　2022年7月20日、American Data Privacy and Protection Act（ADPPA）の法案提出が、連邦議会下院エネルギー・商業委員会にて決定されました。同法案は連邦レベルでの包括的な個人情報保護法案として初めて議会に提出されるものであり、その動向には要注目です。

その親会社なども適用対象です。

日本企業がCCPAの適用を受ける場合、そのプライバシーポリシーにおいて、過去12か月間に収集した個人情報の種類や、個人情報の収集源の種類など、所定の事項を記載する必要が生じます。また、そのほかにも、消費者による権利行使に対応する義務などを負うことになります。

CCPAに違反した場合、同州の司法長官は、その差止めか、1件につき最大2,500米ドル（故意の場合は最大7,500米ドル）の民事罰を請求する訴訟を提起することができます。また、消費者から損害賠償請求や差止請求などの訴訟提起がされる可能性もあります。消費者は、いわゆるクラスアクション（集団訴訟）を提起することも可能であり、事業者による損害賠償の額が非常に高額になるリスクを孕んでいます。

なお、同州が2023年1月1日に施行を予定しているCalifornia Privacy Rights Act（CPRA）では、CCPAが大幅に改正され、規制が強化されることとなっています。

3　我が国の事業者はどこまで対応すべきか

上記2では、主にGDPRとCCPAという2つの法令について解説をしました。しかし、ここからもわかるとおり、法令の内容は国や地域によって様々であり、世界中のあらゆる法令を完全に遵守することは困難です。

そのため、グローバルにアプリを展開していく場合には、リスクベースでの検討を行い、対応の優先度を決定することが一般的です。ここでいうリスクとしては、当局による執行や本人からの訴訟のリスクが挙げられますが、これを評価するためには、その国や地域に拠点を設置しているかどうか、その拠点の事業上の重要性、その国において処理する個人情報の性質や量、その国や地域における法規制の厳格さや法執行の状況などを踏まえた検討が必要です。

また、対応国・地域を決めた場合、その国や地域が定める法令に従ってプライバシーポリシーを規定していくことになりますが、我が国向けに策定するプライバシーポリシーとの整理の仕方が問題となります。方向性は大まかに、次の3つに分かれます。

①　統一された1つのプライバシーポリシーを策定する

②　各国で共通する事項を定める通則と、それ以外の事項を定める特

則とに分けて策定する

③　国ごとにプライバシーポリシーを策定する

実務上はいずれの方法も採用されています。①と②は結局ひとまとまりのポリシーをユーザーに提示するのに対し、③は国ごとに別々のファイルやページを用意してユーザーに提示することとなるので、国や地域を問わずグローバルに展開されるサービスであって、かつ利用者の居住国を何らかの方法で判別することが比較的容易な場合に採用されることが多い手法であるといえます。また、App Store や Google Play ストアでは、プライバシーポリシーの URL を記載することが求められますので、配信国・地域を問わずグローバル配信する場合には①か②を、配信国・地域を限定して個別に配信する場合には③を選択するのが、アプリストアの仕組みに沿った対応といえるでしょう。

なお、個人情報分野のルールは、他の分野と比較しても高頻度での見直しが行われています。そのため、いずれの方法を採用する場合でも、策定したプライバシーポリシーを定期的にアップデートできるようにする社内体制を構築することも重要です。

いわゆる「特定商取引法に基づく表示」とは　第5章

Ⅰ　「特定商取引法に基づく表示」の概要

ECサイトやインターネット広告、アプリの課金機能の利用時などに、「特定商取引法に基づく表示」という単語を目にしたことがある方は、読者の中にも数多くおられるかと思います。「特定商取引法に基づく表示」とは、その名のとおり、特定商取引法に基づいて、ECサイト運営者やアプリ提供者が開示する必要のある一定の情報を指します。この「特定商取引法に基づく表示」をはじめ、有償のアプリを販売する場合や、課金機能を有するアプリを（有償・無償を問わず）提供する場合においては、他の法規制に加えて、特定商取引法の規制についても意識をする必要があります。

そこで、本章では、下記Ⅱで特定商取引法の規制について概説した上で、下記Ⅲでアプリ提供時に記載すべき「特定商取引法に基づく表示」の内容について具体的に解説をしていきます。

Ⅱ　アプリ提供時に気を付けるべき特定商取引法上の規制の概要

1　特定商取引法とは

特定商取引法（以下、本章において「法」、特定商取引法施行規則を「施行規則」といいます）は、事業者による違法・悪質な勧誘行為等を防止し、消費者の利益を守ることをその目的としています。具体的には、「通信販売」や「訪問販売」等の、いわゆる消費者トラブルが生じやすい取引類型を対象として、広告や勧誘に関する規制をはじめとする、事業者が守るべきルール等を定めています。

規制対象である取引の１つである「通信販売」には、事業者がインターネット等を利用して消費者との間で行う電子商取引（EC）が含まれます。有償アプリの販売や、アプリ内課金による取引も、こうした「通信販売」に該当します。そのため、アプリの販売・課金によるサービスの提供を行う際にも、「通信販売」に関する特定商取引法の規制を遵守する必要があることになります。

「通信販売」に対する規制の中心は、広告規制[1]です。対象となる「広告」

には、有償のアプリの宣伝広告が含まれることはもちろんですが、無償でアプリを提供する場合であっても、それが課金機能を有する場合には、当該アプリ自体が「広告」に該当するものとして[2]、特定商取引法の広告規制を受けると考えられています。

その結果として、有償アプリの宣伝広告や、課金機能付きアプリの提供にあたっては、「特定商取引法に基づく表示」等の形で、特定商取引法の広告規制において定められている一定の内容を、一定の方法で表示する必要が生じることとなります。

2　広告規制

(1)　特定商取引法に基づいて表示すべき広告の表示内容[3]

特定商取引法 11 条は、通信販売の対象となる商品の販売条件やサービス（役務）の提供条件について広告を行う場合に、当該広告に原則として図表5の各事項を表示することを義務付けています[4]。

図表5　特定商取引法に基づいて広告への表示が義務付けられる事項

	表示内容	関連条文
①	商品等やサービスの価格 ※　販売価格に商品の送料が含まれない場合には、商品の送料についても含みます。	法11条1号
②	商品等やサービスの対価の支払時期、支払方法	法11条2号
③	商品等の引渡時期（権利の場合は、権利の移転時期）、サービスの提供時期	法11条3号

1　広告における表現は、特定商取引法に加え、景品表示法でも規制されています（第8章参照）。

2　例えば、「パズル＆ドラゴンズ」（ガンホー・オンライン・エンターテイメント）における「魔法石」等の課金アイテム・アプリ内通貨等が販売対象となる「商品・権利」であり、アプリ自体が「広告」に当たります。

3　上記のほか、特定商取引法は、広告に関して、誇大広告等の禁止や承諾をしていない者に対する電子メール広告等の提供の禁止等の規制を課しています。

4　多数の事業者が特定商取引法を意識した表示を行っていることから、自社の表示内容の検討に際しては、そうした他社事例も参考になり得ます。しかし、とりわけ 2022 年6月に改正法が施行され表示義務が強化されてから間もないこともあり、各事業者が法令に合致した表示を行っているとは限りません。そのため、他社事例はあくまで参考程度と考え、実際に表示を行う際には、本書で解説している特定商取引法の内容に合致しているかを精査すべきでしょう。

④	商品等の売買やサービス提供に関する申込期間の定めがある場合に、その旨およびその内容	法11条４号
⑤	商品等の売買やサービス提供に関する申込みの撤回や、契約の解除（いわゆるキャンセル、返品等）に関する事項 ※　特定商取引法で認められている法定返品権と異なる特約がある場合には、その内容も含みます。	法11条５号
⑥	上記①〜⑤に掲げるもの（特定商取引法に明記されているもの）のほか、「特定商取引に関する法律施行規則」で定める以下の事項	法11条６号
	a　販売業者・サービス提供者の氏名または名称（会社名等）、住所および電話番号	施行規則８条１号
	b　販売業者・サービス提供者が法人であって、インターネット等で広告をする場合には、代表者または通信販売に関する業務の責任者の氏名	施行規則８条２号
	c　販売業者・サービス提供者が外国法人または外国に住所を有する個人であって、国内に事務所等を有する場合には、事務所の所在場所および電話番号	施行規則８条３号
	d　商品やサービスの対価以外に、購入者が負担すべき金銭があるときは、その内容と金額	施行規則８条４号
	e　商品の種類や品質が契約の内容に適合しない場合の販売業者の責任について定めがあるときは、その内容	施行規則８条５号
	f　ソフトウェア等のプログラムを記録した物（DVD、Blu-ray ディスク等）を販売する場合、プログラムをインターネット等を通じてダウンロード販売する場合、映画、音楽等のコンテンツをインターネット等を通じて配信する場合には、当該商品・サービスを利用するために必要なコンピュータの仕様および性能その他必要な条件	施行規則８条６号
	g　商品等の売買またはサービス提供に関する契約を２回以上継続して締結する必要があるときは、その旨および金額、契約期間その他の販売条件・提供条件	施行規則８条７号
	h　d〜gに掲げるもののほか、商品の販売数量の制限など、商品やサービスの販売条件・提供条件があるときは、その内容	施行規則８条８号
	i　広告の表示事項の一部を表示しない場合であって、表示しない事項についての問合せをした者に対して回	施行規則８条９号

答するために交付する書面（カタログや説明書等）等に係る費用を負担させるときは、その金額	
j　通信販売業者が電子メールで広告をするときは、販売業者またはサービス提供者の電子メールアドレス	施行規則８条10号

そして、課金機能を有するアプリを提供する場合には、当該アプリが「広告」そのものとなりますので、アプリ自体に上記の事項を具体化した上で表示する必要があることになります。課金機能を有するアプリにおける「特定商取引法に基づく表示」の具体的な内容については、後記Ⅲをご参照ください。

なお、原則としては、図表５に挙げた事項すべてを表示することが必要ですが、特定商取引法は、例外的に表示を省略し得る場合も規定しています。すなわち、ユーザーからの請求があった時に書面や電磁的記録を遅滞なく交付・提供することとして、広告中にその旨を表示すれば、その対象とする事項の表示は省略することができます（法11条ただし書）。具体的な交付・提供の方法としては、省略する事項を記載したメールの送信、ウェブサイトにおける提示、PDF等のファイルの提供等（ただし、印刷不可能な態様での開示は不可）が考えられます（施行規則10条３項・４項）。

⑵　特定商取引法に基づいて表示すべき広告内容の表示方法

a　総論

特定商取引法は、上記⑴で解説した表示内容を一括して表示することまで求めていません。しかし、ユーザーにとって一覧性が確保できることに加え、表示の記載漏れ防止や修正の便宜といったメリットもあることから、一般的には、「特定商取引法に基づく表示」等と題するウェブサイトのページ等を作成した上で、当該ページに必要な事項を一括して記載する例が多く見られます[5]。

5　例えば、amazon.co.jpの場合は、下記リンク先において「特定商取引法に基づく表示」を一覧化した専用ページを作成しています（https://arcus-www.amazon.co.jp/gp/help/customer/display.html?nodeId=202008070）。

b　販売事業者の氏名等

消費者庁の通達[6]（以下、本章において「通達」といいます）によれば、広告の表示内容に含めることを要求される販売事業者の氏名等（図表5の⑥ａ～ｃ）については原則として「画面上に広告の冒頭部分を表示したときに認識することができるように表示すべき」とされ、例外的に冒頭部分への表示ができないときには、「冒頭部分から容易に表示箇所への到達が可能となるような方法又は契約の申込みのための画面に到達するにはこれらの事項を表示した画面の経由を要するような方法をあらかじめ講ずるべき」とされています。

この点について、上記１で述べたように、課金機能を有するアプリはそれ自体が「広告」に該当するわけですが、アプリ画面に表示できる情報には一定の限界があり、また常に表示すること自体が現実的ではありません（むしろユーザーの利便を大きく損ねるともいえます)。そこで、例えば課金メニューの画面において、販売事業者の氏名等の事項を含む「特定商取引法に基づく表示」ページへのリンクを張るといった代替的な方法がとられることが通常です。

c　キャンセルの可否

キャンセルの可否（図表5の⑤）は、「顧客にとって見やすい箇所に明瞭に判読できるように表示する方法その他顧客にとって容易に認識することができるよう表示する」ことが求められています。この点についての消費者庁のガイドライン[7]は、「顧客にとって容易に認識することができるよう表示していると考えられる返品特約の表示方法」に該当するための要件等を示しています。

6　消費者庁次長、経済産業省大臣商務・サービス審議官「特定商取引に関する法律等の施行について」（令和４年２月９日）（https://www.caa.go.jp/policies/policy/consumer_transaction/specified_commercial_transactions/assets/consumer_transaction_cms202_220209_00.pdf）

7　消費者庁「通信販売における返品特約の表示についてのガイドライン」（https://www.caa.go.jp/policies/policy/consumer_transaction/specified_commercial_transactions/assets/consumer_transaction_cms202_220209_05.pdf）

3　通信販売の申込み段階における表示

(1)　通信販売の申込み段階において表示すべき内容

特定商取引法は、上記2の広告規制に加え、一定の方法による申込み（「特定申込み」）の段階において、一定の事項の表示をすることを義務付けています（法12条の6第1項）。

そして、「特定申込み」のうち、インターネットを利用した通信販売（以下、本章において「インターネット通販」といいます）における申込みがなされる場合には、注文の最終確認画面（消費者がその画面内に設けられている申込みボタン等をクリックすることにより契約の申込みが完了することとなる画面。以下同じ）において、商品やサービスの分量、および**図表5**の①～⑤に掲げる事項を表示することが必要となります。

なお、当該表示に関する消費者庁のガイドラインは、上記の表示は最終確認画面に網羅的に表示することが望ましいとしています[8]。もっとも、最終確認画面に網羅的な表示を行うことでかえってユーザーにとってわかりにくくなるといった例外的な事情がある場合には、必要な事項が記載されたURLを最終確認画面に記載するなどして該当箇所等を参照する形式とすることも「妨げられない」とされます。

(2)　「特定商取引法に基づく表示」との関係

最終確認画面において表示が義務付けられる内容は、前記した「広告」への表示義務付け内容（いわゆる「特定商取引法に基づく表示」として通常表示する事項）とかなり重複します。しかし、「広告」への表示は常にしておく必要があるのに対し、最終確認画面における表示は、まさしく最終確認画面において都度表示しなければならないものであり、その両方が求められる点に注意が必要です。

実務的には、最終確認画面における表示を直接行わず、「特定商取引法に基づく表示」へのリンクを表示して済ませることも選択肢にはなり得ますが、上記(1)のとおり、「最終確認画面に網羅的な表示を行うことでかえってユーザーにとってわかりにくくなるといった例外的な事情」があるかどうかは慎

8　消費者庁「通信販売の申込み段階における表示についてのガイドライン」（https://www.caa.go.jp/policies/policy/consumer_transaction/specified_commercial_transactions/assets/consumer_transaction_cms202_220209_07.pdf）

重に検討すべきでしょう。また、当該方法をとる場合であっても、単にリンクを表示するだけではなく、本来表示すべき内容の項目名を記載するなどして、リンクを踏んで情報を確認する動機付けがユーザーに生じるように配慮することが望ましいといえます。

4　適用除外

以上、特定商取引法に基づく通信販売に関する表示義務について解説をしましたが、一定の場合には、特定商取引法における通信販売に関する規定が全面的に適用されない場合があります（法26条1項）。国外居住者や自社の従業員のみを対象とするサービス等が、この例外に当たります。

Ⅲ「特定商取引法に基づく表示」の具体的記載内容

以下では、課金機能を有するアプリを提供する場合を例に、「特定商取引法に基づく表示」として表示すべき具体的な内容を見ていきます。

1　課金機能を有するアプリの提供時に表示すべき事項

課金機能を有するアプリに関して、特定商取引法に基づいて一般的に記載が求められる表示は以下のとおりです。前述のとおり、例えば課金メニューの画面において、販売事業者の氏名等の事項を含む「特定商取引法に基づく表示」ページへのリンクを張るといった方法がとられることが通常です。

①　販売事業者の氏名または名称、住所、電話番号（法人の場合、代表者または通信販売に関する業務責任者の氏名も必要[9]）

②　販売価格

③　販売価格以外にユーザーが負担すべき金銭がある場合、その内容および金額

④　支払時期・支払方法

9　外国法人等の場合には、国内の事務所の所在場所および電話番号の表示も必要となります。

⑤ サービスの提供時期
⑥ キャンセルに関する事項
⑦ 動作環境

―以下は必要に応じて記載―
⑧ 申込み期間の定めがあるときは、その旨および内容
⑨ 商品の種類や品質が契約の内容に適合しない場合に販売業者の責任について定めがあるときは、その内容
⑩ 商品等の売買またはサービス提供に関する契約を２回以上継続して締結する必要があるときは、その旨および金額、契約期間その他の販売条件・提供条件
⑪ 販売数量の制限その他特別の販売条件・提供条件があるときは、その内容
⑫ 表示事項の一部を表示しない場合であって、当該事項を記載した書面等の交付・提供を請求した者に当該書面等にかかる金銭を負担させる場合は、その額
⑬ 電子メールで広告する場合は、電子メールアドレス

2 表示すべき各事項の具体的な内容

(1) 販売事業者の氏名または名称、住所、電話番号

「氏名または名称」については、販売事業者が個人事業主の場合には戸籍上の氏名または商業登記簿に記載された商号を表示する必要があります。法人の場合には、登記簿上の名称および代表者（または販売責任者）の氏名を表示することが必要です。通称や屋号、会社のウェブサイトの名称といった記載では不十分です。

「住所」については、現に活動している住所を記載します。私書箱のように、単に連絡が可能であるという住所の記載では不十分です。なお、住民票上の住所（個人事業主の場合）や登記簿上の住所（法人の場合）と一致している必要はないものの、法人の場合は、登記簿上の本店所在地を記載することが一般的です。

「電話番号」については、確実に連絡が取れる番号を表示することが必要です。住所、メールアドレスおよび問合せフォームのURLといった他の連絡方法を記載していても、それだけでは足りず、電話番号は必須となります。

ただし、電話による24時間対応が求められるわけではありません。電話番号の記載を避ける場合には、問合せフォーム等で問合せをすれば遅滞なく電話番号を開示する旨を記載するようにしてください[10]。

⑵　販売価格

ユーザーが支払うべき対価の金額（消費税を含んだ額）を記載します。なお、販売価格については、ユーザーの利便性等の観点から、「特定商取引法に基づく表示」等のページでは単に「購入手続の際に画面に表示されます。」といった記載にとどめ、実際の金額は購入手続の際や個別の課金アイテムごとに画面に表示する例が多い模様です。

⑶　販売価格以外にユーザーが負担すべき金銭

一般的な意味での「通信販売」においては工事費や代金引換手数料等が該当しますが、課金機能を有するアプリの場合、コンテンツの購入やソフトウェアのダウンロード等に伴って必要となる通信費用（携帯電話代、プロバイダ代）等がこれに該当します。ユーザー負担である旨を明記する場合が多いようです。

⑷　支払時期・支払方法

支払時期については、前払いか後払いか等を記載することが想定されていますが、課金機能を有するアプリの場合、ほとんどはユーザーがコンテンツ等を購入すると同時に決済がなされるため、「購入ボタンを押した後」等と記載することが一般的です。

支払方法については、「クレジットカード」「携帯電話キャリアによる料金回収サービス」「Apple や Google が提供する決済手段」等の支払手段を具体的に記載する必要があります。

⑸　サービスの提供時期

ユーザーが購入したコンテンツやアプリ内通貨等が、いつから利用可能になるのかを明示する必要があります。一般的には、購入手続完了直後となる

10　消費者庁・経済産業省の通達では、一定の場合に、個人事業者がプラットフォーム事業者やバーチャルオフィスの住所および電話番号を連絡先として表示することでも特定商取引法の要請を満たし得るとされています（前注６・27頁）。

（購入したアプリ内通貨やアイテムが直ちに反映される）ケースが多いと考えられますが、購入から反映まで一定期間を要する場合は、具体的な日数等を定めた上で、その旨を表示する必要があります（「入金確認後○日以内」等）。

(6) キャンセルに関する事項

特定商取引法上の通信販売については、いわゆる「クーリング・オフ」制度は設けられていませんが、法定返品権という類似の制度が定められています。これは、通信販売において、商品の引渡しを受けた日から８日を経過するまでは、購入者がその売買契約の解除等を行うことができるというものです。もっとも、この法定返品権は、「商品または指定権利」を対象としており、サービスの取引は対象となりません。そして、アプリ自体や課金アイテム等のデジタルコンテンツはサービスに該当するとされていることから、法定返品権は認められず、ユーザーが解除による原状回復を求めることはできないことになります。

そのため、課金機能を有するアプリにおいて、アプリ内通貨や課金アイテムを販売する場合には、単に「商品の性質上、購入後のお客様のご都合によるキャンセルはお受けできません。」といった内容を記載することになります（なお、複数回または一定期間のサービス提供を行う契約の場合は、中途解約の方法等を記載する必要があります）。

他方で、ECアプリのように、商品の販売を伴うアプリを提供する場合には、法定返品権についての記載が必要となります。ただし、当該返品を認めない旨の特約を表示することによって、法定返品権を避けることもできます[11]。

(7) 動作環境

販売するアプリや、課金アイテム等の動作環境（OSの種類、CPUの種類、メモリの容量、ハードディスクの空き容量等）を記載する必要があります。複数のアプリやコンテンツに共通の表示を行うような場合には、「特定商取引法に基づく表示」等のページで、「購入されたコンテンツをご利用いただくために必要な動作環境は、各コンテンツのサポートページに表示しています。」といった表示をすることも考えられます（この場合はもちろん、それぞ

---

11 商品の種類や品質が契約の内容に適合しない場合の販売業者の責任（後記(9)参照）を別途定める場合には、それぞれの記載が区別できるように表示を行う必要があります。

れのサポートページに明確に記載する必要があります）。

⑻　申込期間の定め

課金アイテム等の購入申込みに有効期限がある場合（期間限定で販売する場合等を指し、価格や数量、特典について一定期間に限定して特別の定めが設けられている場合は含まれません）には、その旨および内容を記載する必要があります。具体的な期間を明記する必要があり、「今だけ購入可能」等といった抽象的な表示では足りません。

⑼　商品の種類や品質が契約の内容に適合しない場合の販売業者の責任

商品の種類や品質が、売買契約の内容と適合しない場合において、民法上の契約不適合責任とは異なる特約等を定めている場合には、その内容を記載する必要があります。

もっとも、上記⑹のとおり、アプリ自体や課金アイテム等のデジタルコンテンツは商品ではなくサービスに該当するため、それらを提供する課金機能付きアプリについては、本項目の表示は不要となります。

EC アプリ等によって、自社で商品（グッズ等）を販売するといった場合には、上記特約等の有無に応じて本項目を表示することとなります。

⑽　商品等の売買またはサービス提供に関する契約を２回以上継続して締結する必要がある場合

例えば、「初回お試し価格」等と称して安価な価格で商品やサービスを提供する旨が表示されているものの、当該価格で商品やサービスの提供を受けるには、その後通常価格で複数回の定期購入が条件とされているなど、申込みを行うユーザーが２回以上継続して売買契約等を締結する必要がある場合には、その旨や金額、契約期間その他の販売条件・提供条件を表示する義務があります。

⑾　特別な販売条件・提供条件

販売数量の制限や販売地域の制限等がある場合には、その内容を記載する必要があります。実際には、複数の商品・サービスを取り扱っていることが多いと思われることから、「特定商取引法に基づく表示」では「個別の商品の販売画面に表示します。」等とだけ記載して、個々の商品に関するページで販売条件を記載する例が多いと思われます。

⑿ 表示事項の一部を表示しない場合であって、当該事項を記載した書面等の交付・提供を請求した者に当該書面等にかかる金銭を負担させる場合

前記Ⅱの2⑴において解説したように、本来広告に記載すべき表示を省略する場合には、ユーザーからの請求に応じて、省略する事項を記載した書面等を遅滞なく交付・提供する必要があります。そして、この交付・提供に際して必要な費用をユーザーに負担させる場合には、広告中にその金額を明記する必要があります。

もっとも、アプリの提供に関しては、書面の交付ではなくメールによる返答等の電磁的記録による提供が主であり、開示に係るコストが僅少であるため、この記載事項を記載している例はほとんど見受けられません。

⒀ 電子メールで広告する場合

電子メールで広告を行う場合には、メールアドレスを記載する必要があります。電子メールによる広告を行わない場合は、不要です。

Column 特定商取引法の令和３年改正の趣旨

令和３年６月16日に公布された「消費者被害の防止及びその回復の促進を図るための特定商取引に関する法律等の一部を改正する法律」により、令和４年６月１日から改正後の特定商取引法が施行されました。当該改正の主要なポイントは、①通販の「詐欺的な定期購入商法」対策、②送り付け商法対策および③消費者利益の擁護増進のための規定の整備とされていますが、とりわけ、インターネット通販やアプリの提供に際しては、①の点を意識する必要があります。

すなわち、改正後の特定商取引法は、サブスクリプション課金を悪用する詐欺的な定期購入商法を規制する観点から、法12条の６第１項を新たに規定し、消費者庁の「通信販売の申込み段階における表示についてのガイドライン」を通じて、定期購入契約やサブスクリプションについて商品やサービスの総分量・支払総額が明確に表示されることを要請しています。また、同じく新設された同条２項２号は、商品やサービス

の分量や金額等（同条１項に掲げる事項）に関して「人を誤認させるような表示」を最終確認画面等に置くことを禁じているところ、これは、欺罔的な表示を用いて定期購入やサブスクリプションに関する申込みを行わせるといった悪質な手法を規制することを念頭に置いた規制です（これらに違反した場合には、業務停止命令や罰則の対象となるほか、誤認をした消費者は当該契約を取り消すことができます）。

こうした改正趣旨に照らすと、今後、インターネット通販やアプリにおいて定期購入やサブスクリプションによるサービスを提供する際には、契約の締結時や変更時において、その都度、契約内容（商品・サービスの総量や消費者が支払うべき対価の総額等）を消費者が明確に理解・納得できるように、消費者と適切なコミュニケーションを図っていくことが重要になると思われます。

いわゆる「資金決済法に基づく表示」とは　第6章

Ⅰ 「資金決済法に基づく表示」の概要

第５章の「特定商取引法に基づく表示」に加えて、アプリ内通貨の購入時などに、「資金決済法に基づく表示」という記載も目にしたことがあるかもしれません。これはその名のとおり、資金決済法に基づいて、アプリ内通貨の発行者が開示する必要のある一定の情報を指します。この「資金決済法に基づく表示」をはじめ、アプリ提供フェーズにおいては、他の法規制に加えて、資金決済法の規制についても意識をする必要があります。

そこで、本章では、下記Ⅱで資金決済法の規制について概説した上で、下記Ⅲでアプリ提供時に記載すべき「資金決済法に基づく表示」の内容について具体的に解説をしていきます。

Ⅱ アプリ提供時に気を付けるべき資金決済法上の規制の概要

1　資金決済法とは

資金決済法は、文字どおり資金の決済に関するサービスを規制対象としています。具体的には、主に①前払式支払手段の発行業務、②資金移動業および③暗号資産交換業を規制しています。本章ではこのうち、アプリの提供時に非常に重要なツールとなる「アプリ内通貨」に関連する規制である①前払式支払手段の発行業務を取り上げます。

2　アプリ内通貨について

本章におけるメインテーマである「資金決済法に基づく表示」をはじめとした資金決済法に基づく規制（前払式支払手段）の解説をする前に、まずはアプリ利用者への課金に関する現状について確認しましょう。

アプリ内でアプリ利用者が課金する方法として、ダウンロード時に課金する方法や定期購読課金とは別に、In-App Purchase ／ In-app Billing と呼ばれるプラットフォーマーが提供する決済システムを使用した都度の決済方法があります。アプリ利用者が課金したい場面で、アプリ販売プラットフォームに登録したパスワードによりアプリ利用者のアカウントを認証させ、あらかじめアカウントと紐付けて登録したクレジットカードやプリペイドカードからその料金を引き落とし、決済する方法です。アプリ提供者はプラットフォーマーに対し手数料を支払う必要があるものの、自社で決済システムを構築する必要がなく、またアプリ利用者もアプリ提供者ごとに支払いに必要な手続をせずに済む点で、非常に便利な決済方法です。

しかし、アプリ内での課金の頻度が高いゲームアプリなどでは、この方法を採用すると、購入の都度、AppleやGoogle等のプラットフォームが要求する決済用パスワードの入力を求められるなど、スムーズな課金行動に誘導できないという欠点があります。

そこで、特に日本企業のゲームアプリで多く採用されているのが、アプリ内通貨として、ポイントを有償で一定量まとめて販売し、これらと引き換えに、アプリ内でサービスを受けたり、アイテムを取得したりすることができる方法です。そして、このアプリ内通貨に関する規制として重要なのが資金決済法上の「前払式支払手段」に関する規制です。

3　資金決済法の適用対象

まずは、発行している、または発行を予定しているアプリ内通貨が資金決済法上の「前払式支払手段」（資金決済法３条１項）に該当するかを確認する必要があります。その上で、一定の場合に「前払式支払手段発行者」として規制が適用されることとなります。その判断過程をまとめたフローチャートとして、**図表6―1**をご覧ください。

以下、実務上問題となりやすい様々なケースや、重要なポイントについて整理し、規制の適否や内容について解説していきます。

(1)　有償発行と無償発行

アプリ内通貨には、AppleまたはGoogleといったプラットフォーマーが提供するアプリ内決済システムを通じて有償で発行されるものと、キャンペーン等によるおまけとして無償で発行されるものとがあります。**図表6―1**のとおり、アプリ内通貨を有償で付与するかどうかは大きな分岐点となります。

理屈上は、後者の無償で発行されるアプリ内通貨は「対価を得て発行される」（資金決済法３条１項１号・２号）ものではないため、前払式支払手段に

図表６―１

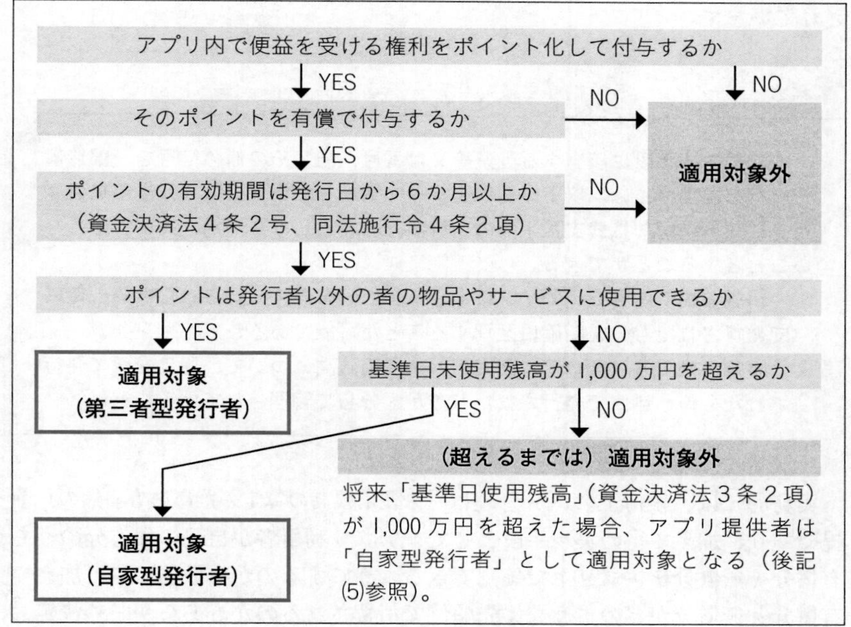

は該当しません。

もっとも、実務上は、アプリ内通貨の無償・有償の区分表示、区分管理が必要です。前払式支払手段に該当するものについては、年に２回の基準日である３月31日と９月30日の時点での未使用残高（これを「基準日未使用残高」といいます）が1,000万円を上回る場合に発行者としての届出を要したり、未使用残高の半額を法務局に供託する義務が発生したりするので、未使用残高をどう算定するかがキーポイントとなります[1]。ここで、アプリ内通貨の無償・有償の区分表示、区分管理ができていない場合、無償発行分と有償発行分を一括して前払式支払手段として取り扱い、その全部を未使用残高の算定対象とせざるを得なくなるおそれが生じます。このような帰結を避け

1　発行した有償アプリ内通貨の数と単価が算定の基本となりますが、Appleは価格帯チャート（Tier）を変更することがあり（2022年９月にも最低単価が120円から160円に変更されました）、そのまま放置すると有償アプリ内通貨の単価が変わってしまいます。アプリ提供者はこれを防ぐため、有償アプリ内通貨の単価ができるだけ変わらないよう、Tier変更の都度、有償アプリ内通貨の販売数量をTierに合わせて変更するのが一般的です。

るためのポイントが、金融庁の「事務ガイドライン[2]」に下記のとおり説明されています。

「事務ガイドライン　5．前払式支払手段発行者関係」Ⅰ―2―Ⅰ(3)

> 前払式支払手段に該当する証票等又は番号、記号その他の符号を一部無償で発行した場合には、以下の要件をすべて満たした場合に限り、当該無償発行分については前払式支払手段の発行額、回収額及び未使用残高に計上しないこととすることができる。
> ①　情報の提供内容やデザインによって、対価を得て発行されたものと無償で発行されたものを明確に区別することが可能であること
> ②　帳簿書類上も、発行額、回収額、未使用残高について、対価を得て発行されたものと無償で発行されたものが区分して管理されていること

実務的には、帳簿上の区分管理は（未使用残高の算定のためにも当然の）前提であり、加えて①の実現手段として、アプリ利用者が自己の保有分のうち有償分・無償分をアプリ上で確認できるようにするのが一般的です。加えて、有償分と無償分がどのような優先順位で消費されるのかもあらかじめ決定し、利用規約やアプリ内での残高確認画面に明記しておく必要があります。

なお、無償付与については、景品類規制に留意が必要です（第8章参照）。

(2)　いわゆるプレイチケット

ゲームを1回プレイするたびに消費する「プレイチケット」の仕組みが存在するアプリの場合、プレイチケットは時間の経過により一定数を無償で取得できることが多いですが、時間の経過を待たずに取得したい場合や無償で取得できる数量の上限以上に取得したいアプリ利用者向けに、有償で販売されることもあります。これは前払式支払手段でしょうか。

これは実務上も難しい論点です。前払式支払手段には、金額の形で表示するもの（資金決済法3条1項1号）もあれば、提供を受けられる物品やサービスの数量を表示するもの（同項2号）もあるところ、その数量が1つだけであっても、そのことのみでは該当性は否定されないためです。そうすると、

2　金融庁「事務ガイドライン（第三分冊：金融会社関係）5．前払式支払手段発行者関係」(http://www.fsa.go.jp/common/law/guide/kaisya/05.pdf)

有償で販売されるプレイチケットは前払式支払手段に該当しそうです。他方、プレイチケットにはゲームをプレイする以外の用途が存在しないため、プレイチケットの取得時点でサービスの提供を受けたものと考え、前払式支払手段に該当しないとする立場もあり、実務上の取扱いは些か不明確です。

(3)　アプリ内二次通貨

アプリ内通貨は、AppleまたはGoogleといったプラットフォーマーが提供するアプリ内決済システムを通じて有償で発行されるもの（一次通貨）と、当該一次通貨との交換で発行されるもの（二次通貨）の二段階構造になっている場合があります。二次通貨は、ゲームプレイ、アイテム購入、ガチャなど複数の用途別に用意されていることもあります。前払式支払手段は「対価を得て発行される」ものであるところ、このような二次通貨もまた、一次通貨との交換で発行される点で対価性があるといえます。ただ、一次通貨から交換可能なものに何らかの用途がありさえすれば何でも前払式支払手段に該当するとすれば、いかにも広すぎます。規制対象か否かは、どこで線引きできるでしょうか。

金融庁はこの点について、法令適用事前確認手続（いわゆるノーアクションレター制度）を利用した照会に対し、2017年9月、オンラインゲームの中で発行される一部の二次通貨について、条件付きで、前払式支払手段に該当しないとする見解を示しました。具体的には、二次通貨が発行されるゲームごとに、その利用者に対して、当該二次通貨の取得をもってこれに係る商品・サービスの提供がなされたものとし、前払式支払手段に該当しない旨を周知し、利用者がそのことに同意する仕組みを設けているものについては、当該二次通貨がゲームの客観的仕様に照らして前払式支払手段に明確に該当すると考えられるもの（例えば、一次通貨を統合したものなど、実質的に一次通貨と同じ性質を有するもの）でない限り、前払式支払手段に該当しないことを明らかにしました[3]。

上記の見解は二次通貨全般を対象とするものではありませんが、資金決済法の適用を回避する方策を、監督官庁が自ら明らかにしている点で重要です。実務的には、二次通貨の前払式支払手段該当性が問題になりそうなケースについては、上記のように利用規約等を通じて包括的な同意を得ることに加え、

3　https://www.fsa.go.jp/common/noact/kaitou/027/027_05b.pdf

必要に応じ、チュートリアルや一次通貨の購入画面など、一次通貨の購入よりも前のタイミングでも同様の説明を表示すること等により、アプリ利用者がみなその点を明確に認識して二次通貨を入手したといえるような状況を整えることが考えられるでしょう。

(4) 有効期限の設定

発行の日から、６か月間に限り使用できるアプリ内通貨は、「前払式支払手段」に該当したとしても、資金決済法の規制対象となりません（同法４条２号、同法施行令４条２項）。現在、Appleのデベロッパー向け規約はアプリ内通貨に有効期限を設けることを禁止しているため[4]、iOS用アプリのアプリ内通貨は、この方法で資金決済法の適用を回避することができません。これに対し、Googleのデベロッパー向け規約にはそのような制限は設けられていないため、Android用アプリであれば、この方法が利用可能です。もっともこの場合、Androidユーザーだけに不利益を負わせる形となりますので、実務上は、アプリ利用者の反発を避けるため、どちらのOS向けアプリにも有効期限を付さないことが一般的かと思います。

(5) 自家型と第三者型

前払式支払手段には、発行者から商品を購入したりサービスの提供を受けたりする場合に限って支払いに使用することができる「自家型前払式支払手段」と、発行者以外の者（加盟店）から商品を購入したりサービスの提供を受けたりする場合にも対価として使用することができる「第三者型前払式支払手段」とがあります。

多くのアプリ内通貨は、アプリ提供者自身が提供するサービスでのみ使用できる「自家型前払式支払手段」です。自家型前払式支払手段の場合、発行後、基準日未使用残高が1,000万円を超えたときに初めて発行者としての届出義務が生じますので（資金決済法５条）、既に他のアプリ等との関係で届出をしていない場合には、アプリ提供当初は無届で発行することも可能です。そして、届出までは資金決済法の各種規制の適用を受けません。

これに対し、第三者型前払式支払手段を発行する場合には、発行前に発行者としての登録を得なければなりませんので（同法７条）、当初から資金決

4　App Store Reviewガイドライン第3.1.1条（https://developer.apple.com/jp/app-store/review/guidelines/#payments）

済法の適用対象となります。

(6)　外国において発行されるもの

外国において発行される前払式支払手段を発行する者は、その前払式支払手段を日本国内で勧誘してはならないとされています（資金決済法36条）。

しかし、海外のアプリ提供者も、日本国内向けのアプリ内でアプリ内通貨を販売している事例は多く、この規制に実効性があるのか疑問のあるところです。もし、そのアプリ内通貨が日本国内で発行されたといえれば、本条の適用はなく、日本国内で勧誘できます。しかし、そのようなアプリ内通貨には、本章で解説する資金決済法の規制が及ぶはずであるにもかかわらず、海外のアプリ提供者には、同法に基づく届出をしていない例が数多く見られます。

(7)　いわゆる「投げ銭」システム

「投げ銭」システムとは、ライブ配信サービスにおいて、視聴者が配信者に対し金銭等のアイテムの送信等を行うものです。この金銭等のアイテムの送信行為が「為替取引」（銀行法２条２項２号および資金決済法２条２項参照[5]）に該当する場合は、アプリ提供者は資金決済法上の資金移動業登録を受けている場合を除き銀行法違反となり、いずれにせよ本章における前払式支払手段に関する規制よりも厳格な規制に服することになります。

実際の投げ銭サービスでは、かかる登録や規制を回避するための方策がとられています。例えば、①いわゆる「投げ銭」を行う際には美麗なビジュアルエフェクト等を表示することで、アイテム購入者に対して支払金額に応じた役務提供が行われていると整理し、かつ、②いわゆる「投げ銭」された金額の一部または全部がそのまま配信者に支払われるかのような説明を行わず（つまり「投げ銭」的な仕組みであるとは説明せず）、また実際の運用においても購入金額に単純比例して配信者への支払金額が決定されるような報酬算定の仕組みを避けることによって、アプリ提供者が手数料を収受する資金移動サービスであるという外形および実質ができるだけ生じないよう工夫されて

5　「為替取引」とは、「隔地者間で直接現金を輸送せずに資金を移動する仕組みを利用して資金を移動することを内容とする依頼を受けて、これを引き受けること、又はこれを引き受けて遂行すること」とされています（最高裁平成13年３月12日決定・刑集55巻２号97頁）。

います。これに対し、いわゆる「収納代行」スキーム[6]をとるサービスもありますが、その場合、視聴者と配信者との間に金銭債務があることを要しますので、例えば、（資金移動業登録が不要となる）贈与契約や寄付契約に基づき実施されているとなるべく評価されるために、アプリの利用規約等において、視聴者と配信者との間で贈与契約や寄付契約が成立する旨を明記することも考えられます。

もっとも、資金移動業登録を回避できた場合でも、ライブ配信の視聴者による有料アイテムの購入をアプリ内通貨を使用して行う仕組みの場合、当該アプリ内通貨は「自家型前払式支払手段」に該当するため、注意が必要です。

4　アプリ提供者の義務

上記３に基づき、発行しているまたは発行を予定しているアプリ内通貨が資金決済法の適用対象となる場合、アプリ提供者は、「資金決済法に基づく表示」をはじめとして様々な義務を負います。

(1)　自家型発行者の届出義務

前記３(5)のとおり、たいていのアプリ内通貨は自家型前払式支払手段に該当します。その発行者は、基準日（毎年３月31日と９月30日）における未使用残高（基準日未使用残高）が1,000万円を超えた場合、当該基準日の翌日から２か月以内に発行者としての届出をする必要があります（資金決済法５条１項[7]）。

届出は、所定の書式[8]に必要事項を記載し、添付書類とともに、主たる営業所または事務所の所在地を管轄する財務局に提出することで行います。この届出を行った者を「自家型発行者」といいます（同法３条６項）。

上記３(5)のとおり、自家型前払式支払手段を発行する者であっても、基準日未使用残高が1,000万円を超えるまで届出義務はありませんが、届出義務があるかどうかを判断することや、届出後に未使用残高を算定する必要が生

6　アプリ提供者が、視聴者から個人である配信者に送られる金銭を配信者に代理して受領する権限の付与を当該配信者から受けた上で、その代理受領権限に基づき、視聴者から金銭を受領し、そこから手数料等を控除した所定の割合の金額を（視聴回数や送信コメント数等の有料アイテム販売代金以外の他の要素を考慮せずに）を配信者に引き渡すスキーム（岡田淳・中野玲也・古市啓・羽深宏樹編著『プラットフォームビジネスの法務〔第２版〕』（商事法務、2022）105頁）。
7　ただし、資金決済法４条に列挙されている前払式支払手段は対象外です。
8　前払式支払手段に関する内閣府令別紙様式第１号

じることを考慮すると、サービスの開始当初から、資金決済法が定める算出方法（同法３条２項、前払式支払手段に関する内閣府令４条）に従って未使用残高を算出できるようにアプリを開発しなければなりません。

また、多くのアプリ提供者が誤解しやすいポイントとして、基準日未使用残高は、発行者が発行した「すべての」（資金決済法３条２項）前払式支払手段の合計額で算出するというルールがあります。つまり、複数のアプリを提供しているアプリ提供者が、アプリごとに種類の異なるアプリ内通貨を発行している場合、届出義務の有無は、アプリ内通貨の種類ごとに1,000万円を超えるか否かではなく、発行したすべてのアプリ内通貨の未使用残高の合計金額が1,000万円を超えるか否かで判断しなければなりません。

⑵　表示／情報提供義務（資金決済法に基づく表示）

前払式支払手段発行者が、発行者の名称等所定の事項を表示しまたは利用者に情報提供する義務を負う（資金決済法13条１項・２項）点については、アプリ提供フェーズにおいて特に重要な点ですので、後記Ⅲで詳しく解説します。

⑶　発行保証金の供託義務

アプリ提供者の破綻等によってアプリ内通貨を利用できなくなる事態に備えてアプリ利用者を保護する目的で、前払式支払手段発行者は、発行保証金を供託[9]する必要があります。具体的には、基準日未使用残高が1,000万円を超える場合、その未使用残高の50％以上の金銭を、基準日の翌日から２か月以内に、主たる営業所または事務所の最寄りの供託所に供託する義務を負います（資金決済法14条１項）。

なお、銀行等との間で発行保証金保全契約を締結するか、信託会社等との間で発行保証金信託契約を締結する場合、そうした措置を講じた金額分だけ、発行保証金の供託をしないことができます（同法15条・16条）。

9　供託とは、金銭や有価証券といった財産を供託所に提出してその管理に委ね、供託所を通じてその財産をある人に受領させることにより、一定の法律上の目的（債務の弁済など）を達成する制度です。

⑷　払戻しに関する規制

a　払戻義務が生じる場合

前払式支払手段発行者は、前払式支払手段の発行業務を廃止する場合、払戻しをすることが義務付けられています（資金決済法20条1項）。これは個々の業務ごとに判断されますので、複数のアプリを提供しているとしても、個々のアプリがサービスを終了するなどしてアプリ内通貨が利用できなくなる場合には、そのアプリについて払戻しが必要です。ただし、新規発行は停止したものの既発行のアプリ内通貨が引き続き利用可能である場合には、発行業務を廃止したものとは扱われず、払戻しは不要です。

なお、払戻義務は、届出を行っていない自家型前払式支払手段を発行する者（基準日未使用残高が1,000万円を超えたことがない者）には適用されません。これに対し、過去に一度でも基準日未使用残高が1,000万円を超えて届出を行った者（自家型発行者）は、たとえ直近の基準日未使用残高が1,000万円未満であっても、払戻義務を負いますのでご注意ください。

b　払戻手続

前払式支払手段発行者であるアプリ提供者は、前払式支払手段の発行業務を廃止する場合、保有者の利用機会を確保するために、保有者に利用終了を周知する期間を置いて、自社ホームページや店頭ポスターでの掲示などにより利用終了を周知させることが望ましいとされています[10]。具体的には、サービス終了の１～３か月前から、アプリ利用者に対してサービス終了を告知してサービス終了前にアプリ内通貨を消費するよう促したり、新規のアプリ内通貨発行を停止して未使用残高の増大を防止したり、サービス終了後のアプリ内通貨の払戻しについて説明したりします。

その上で、アプリ提供者は、サービス終了によりアプリ内通貨の利用ができなくなった時点で、遅滞なく、廃止の届出を行わなければなりません（資金決済法33条1項1号）。

次に、アプリ提供者は、払戻しをすること、払戻しを希望するアプリ利用者は一定期間内（60日以上）に申出をすべきこと、申出をしないアプリ利用者は払戻手続を行えないこと等を所定の方法により公告し、かつ、アプリ通

10　前注2「事務ガイドライン」Ⅱ－３－４－１

貨保有者に情報提供した上で、公告をしたことを当局に届け出る必要があります（同法20条2項）。

最後に、実際にアプリ利用者に対して払戻しを行い、払戻手続を完了したのち、当局に対する完了の報告を行って、払戻手続は終了します。

c　私法上の債務との関係

前払式支払手段は、発行者や加盟店が提供する物品やサービスの対価の弁済に充てることを約束して、利用者からあらかじめその対価を得て発行されるものなので、発行者は、利用者に対して、物品やサービスの提供を行う債務を負っています。そしてこの債務は、私法上の債務なので、資金決済法が定める払戻手続が完了したからといって、必ずしも消滅しないと考えられています[11]。

そこで、アプリ利用規約には、サービス終了時のアプリ内通貨の取扱いを明確に規定することで、アプリ内通貨に関するアプリ事業者の債務の範囲を明確にしておくことが好ましいといえます。このとき考慮しなければならないのは、サービス終了後に払戻手続をしなかったアプリ利用者は、いわばアプリ提供者の都合により一方的に損をすることになることです。サービス終了までの周知期間を置くこと（上記b参照）を利用規約上も明文化するなどして、アプリ事業者に過度に有利な規約であるとの批判を回避するといった配慮が求められます。

d　払戻しの原則禁止

上記で述べたやり方を除き、前払式支払手段は、原則として払戻しが禁止されています（資金決済法20条5項）。自由な払戻し、換金、返金を認めると、実質的な資金移動ツールとなりマネー・ローンダリング（資金洗浄）リスクが生じる等の弊害があるためです[12]。

しかし、例えば、利用者のやむを得ない事情によって前払式支払手段の利用が著しく困難となったような場合にまで払戻しを禁じると、かえって利用者を害することとなります。そこで、以下のいずれかの場合には例外的に払戻しを行うことができるようになっています（同法20条5項ただし書、前払

11　堀天子『実務解説　資金決済法〔第5版〕』（商事法務、2022）286頁

12　こうした資金移動は、銀行などの預金取扱金融機関や、資金決済法上の資金移動業者だけが扱うことができます。

式支払手段に関する内閣府令42条)。

① 基準期間（4月1日から9月30日まで、10月1日から3月31日までの期間）の払戻金額の総額が、当該基準日の直前の基準期間の発行額の20％を超えない場合
② 基準期間の払戻金額の総額が、直前の基準日未使用残高の5％を超えない場合
③ 保有者のやむを得ない事情により前払式支払手段の利用が著しく困難となった場合

上記③の「やむを得ない事情」の具体例としては、地域限定の前払式支払手段について利用者が域外に転出したような場合や社員限定の前払式支払手段について退職等により当該社員でなくなった場合などが考えられます。一方で、アプリ利用者がアプリ事業者のサービスを任意に退会したことによりアプリ内通貨を利用できなくなった場合には、当該アプリ内通貨を利用できない状態はアプリ利用者自身によってもたらされており、「やむを得ない事情」があるといえるのか疑問です。

(5) 情報の安全管理

アプリ内通貨のような前払式支払手段は、金額等がウェブサーバ等において電磁的に記録されるため、情報の滅失や毀損、漏えいや不正利用を防止する必要があります。このため、前払式支払手段発行者は情報の安全管理に必要な措置を講じる義務を負っています（資金決済法21条）。利用者に関する情報管理態勢やシステム管理については、当局が詳細な指針を示しています[13]。

(6) 苦情処理に関する措置

前払式支払手段発行者は、前払式支払手段の発行および利用に関する利用者からの苦情の適切かつ迅速な処理のため、必要な処理を講じなければなりません（資金決済法21条の3）。苦情相談体制・処理体制の整備、利用者に対する説明の履行、苦情の蓄積・分析やフィードバック等が監督上重視され

13　前注2「事務ガイドライン」Ⅱ－2－3、Ⅱ－3－1

ます[14]。

(7)　帳簿書類作成・保存義務

前払式支払手段発行者は、前払式支払手段の発行の業務に関する帳簿書類を作成し、帳簿閉鎖の日から少なくとも５年間保存しなければなりません（資金決済法22条、前払式支払手段に関する内閣府令46条５項）。この帳簿は、未使用残高の算定や次に述べる報告の基礎となるものであって、実務上たいへん重要です。

(8)　報告書提出義務

前払式支払手段発行者は、所定の様式[15]に従い、基準日ごとに、業務に関する報告書を提出しなければなりません（資金決済法23条）。報告書に記載すべき事項は以下のとおりです。

①　当該基準日を含む基準期間に発行した前払支払手段の発行額、当該発行額についての前払式支払手段およびその支払可能金額等の種類ごとの内訳

②　当該基準日における前払式支払手段の基準日未使用残高、当該基準日未使用残高についての前払式支払手段の種類ごとの内訳

③　当該基準日未使用残高の発行保証金額

④　当該基準日を含む基準期間における前払式支払手段の回収額ならびに当該回収額についての前払式支払手段およびその支払可能金額等の種類ごとの内訳

アプリ提供者は、この報告書提出義務を果たすために、アプリ開発段階で、アプリ内通貨の発行数や回収数などの数値を、アプリ内通貨の種類ごとに、正確に把握できるシステムを確立しておく必要があります。これは、上記(7)の帳簿に関する義務にも直結するものです。

14　前注２「事務ガイドライン」Ⅱ－２－４
15　前払式支払手段に関する内閣府令別紙様式第23号

Ⅲ 資金決済法に基づく表示

前払式支払手段発行者は、法令で定める事項を情報提供するために**図表6—2**の各事項を表示する必要があります（資金決済法13条）。この義務を満たすため、アプリ提供者は、アプリ内通貨の販売面等に「資金決済法に基づく表示」へのリンクを表示するのが通例です。届出をして自家型発行者となる前から、任意にこの表示を置くケースも多く見られます。

以下では、表示すべき内容、表示方法、表示時期について説明します。なお、2020年の資金決済法の改正により、利用者に情報提供すべき事項が拡充されています（**図表6—2**の⑪〜⑬）ので、その点についても説明します。

図表6—2　資金決済法に基づいて表示が義務付けられる事項

	表示内容	関連条文
①	タイトル	資金決済法13条
②	前払式支払手段の名称	—
③	前払式支払手段を発行する者の氏名・商号または名称	同条1号
④	前払式支払手段の支払可能金額等	同条2号
⑤	有効期間・期限	同条3号
⑥	苦情・相談の連絡先	同条4号
⑦	アプリ内通貨を使用することができる施設または場所の範囲	前払式支払手段に関する内閣府令22条2項1号
⑧	利用上の注意	同項2号
⑨	未使用残高を知ることができる方法	同項3号
⑩	約款等	同項4号
⑪	資金決済法14条1項の規定の趣旨および31条1項に規定する権利の内容	前払式支払手段に関する内閣府令23条の2第1項1号
⑫	発行保証金の供託、発行保証金保全契約または発行保証金信託契約の別および相手方の氏名、商号または名称	同項2号
⑬	前払式支払手段の発行の業務に関し利用者の意思に反して権限を有しない者の指図が行われたことにより発生した利用者の損失の補償その他の対応に関する方針	同項3号

1　表示内容

⑴　タイトル

ドキュメントのタイトルは、「資金決済法に基づく表示」とされることが多いようです。法文に忠実に「資金決済法に基づく情報提供」と記載している例はあまり見かけません。

⑵　前払式支払手段の名称

前払式支払手段の名称を記載することは法令上必須ではありませんが、アプリ利用者に対してどの前払式支払手段に関する情報提供をしているのかを示すために、「×××コイン」などと記載しておくのが望ましいでしょう。その際には、財務局に届出・登録した名称と同じ名称を記載してください。

⑶　氏名・商号または名称

前払式支払手段を発行する者を記載します。上記⑵同様、財務局に届出・登録したものと同じ内容（「×××株式会社」など）を記載してください。

⑷　支払可能金額等

支払可能金額等（資金決済法３条３項）というのは、典型的にはプリペイドカードの券面額（例えば、5,000円のiTunesカードの場合、5,000円）のことです。加算や減算の都度これを表示することが困難であるアプリ内通貨の場合は、上限金額を記載することとされています（前払式支払手段に関する内閣府令５条）。未成年者の高額課金を防止するために購入限度額を設けた場合は、本箇所にその内容を記載することとなります。

⑸　有効期間・期限

有効期間・有効期限がある場合、記載が必要です。有効期限がない場合であっても、任意にその旨を記載している例が多いようです。

⑹　苦情・相談の連絡先

アプリ利用者からの苦情や相談に対応する営業所または事務所の所在地と連絡先を記載します。

この「連絡先」は、原則として電話番号ですが、ウェブサービスの場合、アプリ利用者がインターネットにアクセスすることを前提としているので、電話番号に代えてURLを表示することができるとされており、実務上も、電話対応コストの回避のため、ウェブ経由の「お問い合わせ窓口」のURLを示すのが一般的です。URLを表示する場合には、これも連絡先として財務局に届出・登録する必要があります。なお、苦情や相談の連絡先を独立の記載項目とする必要はなく、上記(3)の発行者の氏名・商号または名称のところに併記している例も多く見られます。

(7)　使用することができる場所

典型的には、使用可能な店舗等の記載を想定した項目です。アプリ内通貨の場合は、アプリ名などで当該アプリを特定すれば足ります（「アプリ「×××」サービス内でご使用いただけます。」など）。

(8)　利用上の注意

発行するアプリ内通貨の特質に応じて、必要な注意事項を記載します。一般的には、原則として払戻しができないこと、インターネット接続やデバイスが必要であること、障害やメンテナンスにより一時的に利用できない場合があること等の記載がよく見られます。

(9)　未使用残高を知ることができる方法

アプリ利用者がアプリ内通貨の未使用残高を知る方法を記載します。通常は、アプリ内に残高管理画面を設けて、アプリ利用者が確認できるように設定しています。有償発行と無償発行のアプリ内通貨が混在する場合に、それらを区別して表示できるようにすべきであることは、既に述べました（前記Ⅱ3(1)参照）。

(10)　約款等

アプリ内通貨に関して、発行者とアプリ利用者との間の債権債務関係、その他の契約関係を規定した利用規約（約款）がある場合は、その存在を記載します。利用規約へのリンクを設けるのが通例です。ここでいう利用規約は、アプリ自体の利用規約である場合が多いですが、発行者によってはアプリ内通貨専用の利用規約を作っている例もあり、その場合は当該専用の規約のみ示せば足りることとなります。

実務上は、約款等を独立の記載項目とせずに、上記(8)の「利用上の注意」の中で利用規約が適用される旨を記載している例も見られます。

⑾　2020年資金決済法改正で追加された情報提供事項

2020年資金決済法改正により、その他利用者保護を図るための措置等として、上記に加えて前掲図表6―2の⑪～⑬の情報（下記に再掲）も提供義務の範囲に加わりました（前払式支払手段に関する内閣府令23条の2）。改正前から使っている「資金決済法に基づく表示」は、適宜の見直しをするようにしてください。

⑪　資金決済法14条1項の規定の趣旨および31条1項に規定する権利の内容[16]

⑫　発行保証金の供託、発行保証金保全契約または発行保証金信託契約の別および相手方の氏名、商号または名称

⑬　前払式支払手段の発行の業務に関し利用者の意思に反して権限を有しない者の指図が行われたことにより発生した利用者の損失の補償その他の対応に関する方針

2　表示方法

表示事項は、前払式支払手段を一般に購入し、または使用する者が読みやすく、理解しやすいような用語により、正確に表示する必要があります。

また、アプリ内通貨の場合、プリペイドカードなどと異なり、発行時にアプリ利用者に証票が交付されないので、そこに表示事項を印字しておいて表示義務を満たすことができません。

資金決済法は、このような場合のための情報提供方法をいくつか定めていますが、アプリ内通貨の場合、インターネットを利用して情報提供すれば足ります。表示内容自体は発行者の管理するウェブページに置き、アプリ内にリンクを設置して、アプリ内ブラウザで表示内容を閲覧できるようにしている例が多いようです。なお、アプリ内でのリンクの設置場所について法令上の制約はありませんが、アプリ利用者の便宜を考慮すると、アプリ内通貨の購入画面にリンクを置くのが好ましい方法の例といえます。

16　アプリ内通貨の保有者を保護するための発行保証金制度があること、アプリ内通貨保有者は発行保証金から他の債権者に先立ち弁済を受けることができることを、それぞれ説明することとなります。

3　表示時期

アプリ事業者は、自家型前払式支払手段（資金決済法３条４項）のみを発行する場合、自家型発行者としての届出（前記Ⅱ４(1)参照）を行うまでは、資金決済法に基づく表示義務を負いません。もっとも前記のとおり、届出をして自家型発行者となる前から、任意にこの表示を置くケースも多く見られます。

資金決済法に基づく表示をアプリ内に適切に表示できるようになるまでには、予想外に時間がかかる場合もあります。具体的には、アプリ内に資金決済法に基づく表示を掲載する場所を確保しておらず、アプリの追加開発とアップデートが必要となる場合です。特にiOSアプリでアップデートが必要になる場合には、Appleによる審査期間を考慮しておかなければなりません。少なくとも、自家型発行者の届出が必要となることが予想された時点で、資金決済法に基づく表示をアプリ内に適切に表示できるよう準備を始めておくのがよいでしょう。

第3部

アプリ運用フェーズの法律知識

アプリ提供者に課される ユーザー保護規制　第7章

I　未成年者による取引を保護するための規制

インターネットサービスにおいて、未成年者が保護者の知らない間に有料サービスを利用してしまい、保護者が高額な請求を受けるという問題は以前からありました。アプリサービスにおいては、以下の２つの理由から、さらに身近な問題となっています。

１つは、スマートデバイスのOSの特質によるものです。PCと異なり、スマートデバイスに搭載されるOSのアカウントは、初期登録を行う際にクレジットカード等の決済手段と紐付けられ、数回の操作で簡単に決済が成立します。ユーザーは、能動的に利用料の振込み等を行う必要はありません。この簡単な決済システムがスマートデバイスの利便性ともなっているわけですが、クレジットカード等の名義人が自ら日々の利用実績や毎月の請求の確認を行っていないと、課金されたことに気付きにくい仕組みともいえます。どこにでも持ち運びやすいデバイスであることとあいまって、保護者がデバイスから目を離した隙に子どもが有料サービスを利用して高額請求が発生してしまう事例が起きています。

もう１つは、アプリサービスの特質によるものです。アプリのセールスランキングを見ると、上位のほとんどをゲームアプリが占めています。ゲームは、大人も楽しんでいますが、やはり子どもが好んでプレイする傾向にあり、費やせる時間量も、何かと忙しい大人の比ではありません。PCでは手軽にプレイできなかったオンラインゲームの面白さに子どもが触れやすく、また長時間のめり込んでしまうことで、有料サービスの行き過ぎた利用が発生することがあります。

このようなアプリサービスの特質を踏まえた上で、アプリ提供者の立場から、未成年者による契約が事後に取り消される問題に法的にどう対処すべきかを、法律上の論点を押さえながら考えてみましょう。

1　民法が定める未成年者取引の取消制度

アプリを利用する際には、アプリ提供者とアプリ利用者との間に、利用規約等に基づく契約が成立しています。アプリ利用者が有料サービスを利用すれば、成立した契約に従って、利用料金を支払わなければならないのが原則です。

しかし、民法は、未成年者を保護する目的で、未成年者が行った契約について法定代理人の同意を得ていないときは、原則として未成年者の契約を取り消すことができる制度を設けています（同法５条１項・２項）。他方で、同法は、未成年者の取消権が濫用されることで、未成年者と取引した相手方が不利益を被らないよう、取消権の行使を認めない制度も設けています（処分を許した財産の範囲での取引：同法５条３項、詐術を用いた場合：同法21条）。そこで、アプリ提供者は、民法の未成年者取消制度をよく理解した上で

①　アプリ利用者が未成年者か
②　未成年者の場合、法定代理人の同意を得ているか

という２点について、サービスの性質上未成年者による申込みがどの程度予想されるか、取引の対象、金額等から取消権を行使されるおそれがどの程度あるか、取消権の発生を防止するためのシステム構築にどの程度のコストを要するか、といった事情を考慮して、アプリ利用者の年齢確認および法定代理人の同意確認のために適当な申込受付のステップを検討することが必要となります。

未成年者の場合、法定代理人は一般に親権者（父母）となります。アプリ上の操作によって親権者の有効な同意があったことを確認することは容易ではありませんが、一般には、「未成年の方は、保護者の方に確認の上同意をしてもらいましょう」といった画面を表示し、これに対応しようとしています。

2　法定代理人の同意

アプリの有料サービスを利用する取引は、携帯電話の利用契約とは別に成立する取引[1]であり、アプリの有料サービスに申込みをしたアプリ利用者が未成年者であれば、原則として個々の有料サービスごとに法定代理人の同意

1　最高裁平成13年３月27日判決・集民201号667頁［ダイヤルQ2事件］は、親が加入電話契約者であった電話回線から子どもがダイヤルQ2サービス（利用に応じて情報料が発生し、電話料金とあわせて加入契約者に請求されます）を利用し、加入電話契約者である親が情報料の支払義務を負うかが問題となった事案です。同事案では、「Q2情報サービスの利用が行われた場合、利用者と情報提供者との間で、その都度、情報提供者による電話を通じた情報等の提供と利用者によるこれに対する対価である情報料の支払いを内容とする有料情報提供契約が成立し」と、ダイヤルQ2サービス利用契約の当事者は、あくまでサービスを利用した子どもとダイヤルQ2事業者であると判断されています。

が必要になります。

法定代理人の同意を確認する方法ですが、特に慎重に行うのであれば、対面や書面によって確認する方が確実です。しかし、多くのアプリ提供者にとってはそのような方法はコスト観点から現実的ではなく、アプリ利用者によるアプリの操作だけで法定代理人の同意を確認したいでしょう。

ただ、アプリの利用規約やアプリ内の有料サービスの購入画面で「未成年者による有料サービスの申込みには、法定代理人の同意が必要である」などと記載するだけでは、法定代理人の同意ありと推定することはできません。さらに、未成年者が自ら申込手続を行うときには、画面上での操作を行うのは未成年者自身ですから、法定代理人の同意を得ることが必要であるとの注意喚起を行うのであれば、その理解力・注意力等を考慮した適切な画面設計（文字の大きさ、色、文章表現）も必要になってきます。以下では、iOSのIn-App PurchaseおよびAndroidのIn-App Billingで利用可能なクレジットカード決済とキャリア決済について、どのような場合であれば、法定代理人の同意があったと認められるかを検討します。

(1)　法定代理人名義のクレジットカード決済

未成年者が、法定代理人のクレジットカード情報を決済手段として入力する場合には、未成年者がカード情報を入力したことの一事をもって、法定代理人の同意があったと推定することはできません。クレジットカード事業者は、名義人以外の者がカードを利用することを利用規約等で禁止しているのが通例であって、利用規約等に違反した方法による決済を未成年者保護に反する形で肯定するのは妥当ではありませんし、未成年者が法定代理人名義のカード情報を知るに至った経緯（同意を得ているのか、無断使用か）を、カード情報が入力された事実のみから確実に判断するのは困難だからです。

もっとも、スマートフォン端末は、第三者によって端末を不正に利用されないよう、生体認証やパスワード認証によってアクセス制限を施すことができます。また、OSやプラットフォームサービス側でも、購入時のパスワード保護機能を提供しています[2]。このような機能を利用せずに、親権者自らがスマートフォンの端末・OSにクレジットカード情報を登録し、登録した状態であることを認識しながら子どもに貸与し（使用を認め）、または必要な

2　Google Play「購入時の認証またはパスワードについて」（https://support.google.com/googleplay/answer/1626831?hl=ja）

パスワードを自ら子どもに教えて利用させていたような場合には、同意を黙示のうちに与えたと解釈される余地もあるものと考えます。

⑵　キャリア決済

キャリア決済が利用者により選択される場合、携帯電話利用契約時にあらかじめ設定されたパスワードを入力するなど、携帯電話会社による一定の認証がなされる場合もあります。しかし、この認証が行われたからといって法定代理人の同意があったと推定できるとは限りません。各キャリア課金の認証システムの具体的な内容、課金時の法定代理人の認識等によって個別に判断されることになります。

なお、キャリア決済については、未成年者が携帯電話利用契約者である場合、あるいは親が契約者であっても利用者として未成年者が登録される場合等においては、利用額の上限が成年者である場合よりも低額に設定されていたり、上限額を任意に低額に設定できるようになっていたりします。このような場合に、法定代理人が明確に認識した上で上限を設定したと認定できるステップが踏まれていれば、アプリの有料サービスの申込みについても、上限額の範囲であらかじめ包括的に同意したと推定できる可能性があります。

3　目的を定めて処分を許した財産

法定代理人が「目的を定めて処分を許した財産」については、法定代理人の同意がなくとも、未成年者が処分をすることが認められています（民法5条3項）。例えば、使途を限定せずに与えられた小遣いの範囲で未成年者が取引を行う場合、法定代理人の同意を要しません。そこで、アプリ提供者は、利用規約等で未成年者が1か月当たりに利用できる有料サービスの上限金額を低額に設定し、未成年者から取消主張がなされた場合、「目的を定めて処分を許した財産」であるから、取消権は生じないと主張することが考えられます。

ただし、「目的を定めて処分を許した財産」に当たるかは、消費した金額が低額であるという点のみから判断されるのではなく、個々の法定代理人・未成年者間の事情によって決まることなので、必ずしも「目的を定めて処分を許した財産」と判断されるとは限らないことには注意が必要です。

4　詐術

未成年者が、取引の相手方に対し、成年であると誤信させるか、または、法定代理人の同意があると誤信させるために詐術を用いたときには、取引を取り消すことができません（民法21条)。そして、未成年者であることを黙秘していただけでは、詐術を用いたとはいえないものの、普通に人を欺くに足りる言動を用いて相手方の誤信を誘起し、または誤信を強めれば、詐術を用いたといえると解されています[3]。

具体的に、どのような未成年者の行為があれば詐術を用いたといえるかは明らかでないものの、経済産業省「電子商取引及び情報財取引等に関する準則」(令和4年4月改訂。以下、本章において「電子商取引準則」といいます）によれば、事業者が電子契約の際に「未成年者の場合は親権者の同意が必要である」旨を申込み画面上で明確に表示・警告した上で、申込者の生年月日（または年齢）を入力させるようにしているのに、未成年者が虚偽の生年月日（または年齢）を入力して成年者であるかのように見せかけた結果、事業者が成年者と誤信した場合は「詐術を用いた」に該当し、当該未成年者は取消権を失う可能性もあるとされています[4]。これに対し、単に「成年ですか」との問いに「はい」のボタンをクリックさせるだけの場合は、詐術に当たらないとされています[5]。

したがって、アプリ提供者は、民法21条によって、未成年者の契約の取消主張に対抗しようとする場合、年齢確認の方法として、少なくとも、アプ

3　最高裁昭和44年2月13日判決・民集23巻2号291頁「「詐術ヲ用ヰタルトキ」とは、無能力者が能力者であることを誤信させるために、相手方に対し積極的術策を用いた場合にかぎるものではなく、無能力者が、ふつうに人を欺くに足りる言動を用いて相手方の誤信を誘起し、または誤信を強めた場合をも包含すると解すべきである。したがつて、無能力者であることを黙秘していた場合でも、それが、無能力者の他の言動などと相俟つて、相手方を誤信させ、または誤信を強めたものと認められるときは、なお詐術に当たるというべきであるが、単に無能力者であることを黙秘していたことの一事をもつて、右にいう詐術に当たるとするのは相当ではない」。

4　電子商取引準則84頁では、「未成年者が詐術を用いたと認められるか否かは、単に未成年者が成年者を装って生年月日（又は年齢）を入力したことのみにより判断されるものではなく、未成年者の意図的な虚偽の入力が「人を欺くに足りる」行為といえるのかについて、他の事実も考慮に入れた個別の事実に沿った判断が必要である。すなわち、当該未成年者の年齢、商品・役務が未成年者が取引に入ることが想定されるような性質のものか否か（未成年者を対象にしていたり訴求力があるものか、特に未成年者を取引に誘引するような勧誘・広告がなされているか等も含む)、取引をした価格の多寡、及びこれらの事情に対応して事業者が設定する未成年者か否かの確認のための画面上の表示が未成年者に対する警告の意味を認識させるに足りる内容の表示であるか、未成年者が不実の入力により取引することを困難にする年齢確認や同意確認の仕組みとなっているか等、個別具体的な事情を総合考慮した上で実質的な観点から判断されるものと解される」との留保がついています。

5　電子商取引準則77頁

リ利用者が生年月等を能動的に入力しないと購入手続が進められない仕組みを設けておく方がよいでしょう。

5　法定代理人の責任

アプリ提供者は、未成年者の取引が取り消され、利用料の返還を余儀なくされた場合には損害を被ります。この損害について、法定代理人の責任を追及して損害賠償を請求できないかということも検討されています。すなわち、未成年者が初めから取消しを念頭に置いて契約を申し込んだ場合には、未成年者に不法行為（民法709条）が成立し、未成年者の責任能力の有無にかかわらず、かかる不法行為によって発生したアプリ提供者の損害を賠償する責任を、法定代理人が負うことはあり得ます[6]（同法714条、709条）。また、未成年者が有料サービスを利用することを十分予見でき、かつ、未成年者の有料サービスの利用を防止することも容易であったにもかかわらず、未成年者に対し、クレジットカード決済やキャリア決済が可能な状態のスマートデバイスを、利用に必要なアカウントのパスワードとともに貸与したこと自体に注意義務違反があるとして、不法行為（同法709条）が成立する余地もあるかもしれません。

6　未成年者取消しを主張された場合の対応

上記1～5で述べた法律上の論点を押さえた上で、アプリ利用者が未成年者であったとしても契約を有効に成立させ、取消請求を受けるリスクを最小化するための方策をまとめると、以下のとおりとなります[7]。

①　法定代理人（親権者）の同意を取得する

6　最高裁昭和49年3月22日判決・民集28巻2号347頁
7　古川昌平・上原拓也・小林直弥『BtoC　Eコマース実務対応』（商事法務、2022）34頁では、利用規約により法定代理人のみなし同意を取得する等の対策をとったとしても、「未成年者の保護のため、法定代理人による同意制度を採用している民法の趣旨からすれば、かかる条項を規定するとしても、サービス利用により当然に法定代理人の同意を得たことにはならない。このような条項は、法定代理人による取消権の行使を実質的に否定する規定として、民法548条の2第2項によりみなし合意【原文ママ】の効力が否定される、あるいは消費者契約法10条に該当し条項自体が無効になる可能性もある。」とし、続く35頁において「未成年者との取引を行う際には事業者としてとり得る措置に限界があり、取消しを主張されるリスクは残ると言わざるを得ない。」と述べています。

- 利用規約
- 利用規約同意画面への表示
- 課金画面への表示

②　アプリ利用者の年齢確認を行う

- 生年月（日）を入力させる方式

③　年齢に応じた課金利用限度額の設定

- 月額１万円から３万円程度

④　そもそも法律上の意思表示を有効にできる年齢にも達していない「幼年者」利用の禁止（ただしこれについてはプラットフォーマーの審査においてリジェクトされる可能性あり）

Column　家庭内におけるクレジットカードの不正利用責任

スマートデバイスの決済は、一般的にクレジットカードを利用して行われます[8]。そのため、保護者は、DPFやアプリ提供者に対して取消しを主張して返金を請求するよりも、クレジットカード会社に対して決済のキャンセルを請求する方が簡単であるようにも思えます。つまり、子どもが締結したコンテンツ購入の契約を取り消すのではなく、カードの名義人ではない無権限者が行った不正利用として、クレジットカード決済の取消しや免責をクレジットカード会社に対し主張するということです。

しかしながら、クレジットカードの会員規約には以下のような規定[9]があり、クレジットカード会社は、子どもの決済であったことを根拠とする取消しや免責の主張には応じません。

三井住友カード会員規約（個人会員用）
第13条（紛失・盗難、偽造）
1．カードまたはカード情報あるいはチケット等が紛失・盗難・詐取・横領等（以下まとめて「紛失・盗難」という）により他人に不正利用された場合、本会員は、そのカードまたはカード情報の利用

8　携帯電話会社の決済やプリペイドカード決済もあります。
9　三井住友カード会員規約（個人会員用）より引用。

により発生する利用代金、チケット利用代金についてすべて支払いの責を負うものとします。

……

第14条（会員保障制度）

1．前条第1項の規定にかかわらず、当社は、会員が紛失・盗難により他人にカードもしくはカード情報またはチケット等を不正利用された場合であって、前条第2項に従い警察および当社への届出がなされたときは、これによって本会員が被るカードまたはチケット等の不正利用による損害をてん補します。

2．……

3．次の場合は、当社はてん補の責を負いません。なお、本項において会員の故意過失を明示的に記載しているものを除き、会員の故意過失は問わないものとします。

⑴　会員の故意若しくは重大な過失に起因する損害

⑵　損害の発生が保障期間外の場合

⑶　会員の家族・同居人・当社から送付したカードまたはチケット等の受領の代理人による不正利用に起因する場合

……

このような、家族間での無権限利用や不正利用の責任をカード名義人本人に負わせる規定の有効性は裁判でも度々争われていますが、ほとんどはこれを有効とする（カード名義人にカード情報の善管注意義務があり、会員規約に基づいて責任を負うべきとする）判決が下されています。そこで、保護者は、請求の難しいクレジットカード会社ではなく、コンテンツ販売者側であるアプリ提供者に取消しを請求してくることがあります。さらに、アプリ提供者を飛び越えてDPFに対して返金を求め、アプリ提供者の意向によらずDPFがこれに応じるケースも見られます（第2章57頁・76頁参照）。

Ⅱ 出会い系・非出会い系サービスの利用者を保護するための規制

スマートフォンの普及に伴い、アプリを使って交際相手を探したり、婚活したりできるサービス、いわゆる「デーティング」や「出会い系」アプリの人気が高まっています。人が出会いを求め、交際を希望すること自体はごく自然なことですし、アプリによって、より簡単に、便利に、人と人とがつながり合えるようになることは、一種のイノベーションであると思います。

もっとも、こういったサービスが児童を被害者とする犯罪に悪用されている実態もあることから、サービスの安全性・健全性を確保することが重要となっています。ここでは、「デーティング」や「出会い系」サービスに関連して、出会い系サイト規制法の概要と、これらに隣接する「非出会い系」サービスを利用する児童の被害を防止する取組みについて説明します。

1　出会い系サイト規制法

(1)　適用対象

「デーティング」や「出会い系」のサービスというと、実際の法規制がどうなっているのかよく知らないまま、何となく法律で規制されたり、禁止されたりしていると思っている方も多いと思います。しかし、「デーティング」や「出会い系」のサービスの中には「インターネット異性紹介事業を利用して児童を誘引する行為の規制等に関する法律」（以下「出会い系サイト規制法」といいます）が規制対象とする「インターネット異性紹介事業」に該当せず、自由に営むことができるものも多くあります。また、「インターネット異性紹介事業」に該当するサービスであっても、後述の出会い系サイト規制法の規制を守って運営している限り、完全に適法なサービスです。

出会い系サイト規制法が規制する「インターネット異性紹介事業」とは、以下の４つの要件をすべて満たすサービスをいいます。規制対象となる事業はかなり限定されているので、アプリ提供者としては、以下の要件のいずれかを満たさないようサービス設計して規制を回避しつつ、世間で「デーティング」や「出会い系」に分類されるようなサービスを運営することも可能です。

a　面識のない異性との交際を希望する者（異性交際希望者）の求めに応じて、その者の異性交際に関する情報をインターネット上に掲載するサービスを提供していること

「異性との交際」とは、男女の性に着目した交際、すなわち相手方が男であることまたは女であることへの関心が重要な要素となっている感情に基づく交際を意味します。そこで、男女の性以外の要素に着目した交際であれば、「異性との交際」に当たりません[10]。例えば、結婚を目的とした交際であれば「異性との交際」に該当しますが、社交ダンスやテニスといった趣味のパートナーとなることが目的であれば「異性との交際」には当たりません[11]。

「面識のない」とは、インターネット異性紹介事業をきっかけとして知り合うまで顔見知りでなかった、見ず知らずの関係であることをいいます。顔見知りである者のみを対象としてサービスを提供している場合は「面識のない」という要件を満たしません。

「（異性交際希望者の）求めに応じ」とは、アプリ提供者が、その「運営方針」として、異性交際希望者を対象としてサービスを提供するという意味です。そこで、アプリ利用者の中に異性交際を希望する意図をもってサービスを利用している者がいたとしても、アプリ提供者の「運営方針」が、異性交際希望者を対象としない場合は、この要件を満たしません。アプリ提供者の「運営方針」は、以下のような事項から客観的に判断されます。

①　事業を行う者が示している規約やサイト名その他利用案内、告知等のサービス上の記載等
②　サービスのシステム（例えば、書き込みをした者の性別を表示する機能の有無等）
③　利用者の規約等違反行為に対する事業を行う者の措置等

なお、異性交際目的での利用を禁ずる規約等に反して利用者が異性交際目的で利用している実態がある場合でも、アプリ提供者が異性交際を求める書き込みの削除や書き込んだ者の利用停止措置を行っていれば、当該サービスは、基本的には「インターネット異性紹介事業」に該当しません。しかし、

10　警察庁「「インターネット異性紹介事業」の定義に関するガイドライン」１頁（https://www.npa.go.jp/policy_area/no_cp/uploads/01.pdf）
11　古川ほか・前注７・６頁参照。

そのような書き込みを知りながら放置するなど、アプリ提供者がその実態を許容していると認められるときは「インターネット異性紹介事業」に該当する場合があるとされています[12]。

b　異性交際希望者の異性交際に関する情報を公衆が閲覧できるサービスであること

異性交際に関する情報をウェブサーバ等に記録し、アプリ利用者がインターネットを通じて、いつでもその情報を閲覧できる状態にしているサービスはこの要件を満たします。

c　インターネット上に掲載された情報を閲覧した異性交際希望者が、その情報を掲載した異性交際希望者と電子メール等を利用して相互に連絡することができるようにするサービスであること

「相互に連絡することができるようにする役務」とは、他人が書き込んだ異性交際に関する情報を閲覧した異性交際希望者（「閲覧者」）が当該情報を書き込んだ異性交際希望者（「書込者」）に返信することをきっかけとして閲覧者と書込者が相互に連絡することができるようになる機能を利用することにより、異性交際に関する情報を載せた異性交際希望者とこれを見た者との間で相互に１対１の連絡ができるようにすることをいいます。

例えば、１対１のチャット形式のメッセージを送受信できる機能を提供すれば、この要件を満たします。また、閲覧者側の端末機器に書込者のメールアドレスを通知するとともにメールソフトを立ち上げてメールを送信できる状態にさせるといった場合でもこの要件を満たすとされています。他方、公開された場でのチャットや、いわゆるレス方式（ウェブサイト上で、書き込まれた情報に対する返答・意見が順次記載されていく方式）については、当事者間の１対１の通信ではないことから、この要件を満たしません。

なお、公開された場での書き込みの中に書込者が勝手にメールアドレスを記載しても、当該事業を行う者が「相互に連絡することができるようにする役務」を提供しているとはいえません。しかし、アプリ提供者が、書込者がメールアドレスや電話番号を入力しないと当該書き込みを公衆が閲覧することができないようにしていることにより、書込者の電子メールアドレスや電

12　古川ほか・前注７・２頁参照。

話番号を閲覧者が知ることができ、１対１で連絡することが可能であるものについては、「相互に連絡することができるようにする役務」の要件を満たすとされています。

d　有償、無償を問わず、a～cのサービスを反復継続して提供していること

アプリ提供者がアプリ利用者から対価を得ていなくても、反復継続してサービスを提供していれば「事業」性があると解釈されています。

⑵　規制内容

a　届出

サービスが「インターネット異性紹介事業」に該当する場合、このサービスを行おうとする者は、サービスを開始しようとする日の前日までに、サービスの本拠となる事務所の所在地を管轄する都道府県公安委員会に、所轄警察署長を経由して、届出をしなければなりません（出会い系サイト規制法７条１項）。なお、この届出はインターネット異性紹介事業を行おうとする者ごとに行います。つまり、インターネット異性紹介事業に該当するサービスを複数運営している場合であっても、サービス提供主体が同一である限り、まとめて１つの事業として届出をすることとなります。

b　その他の義務

インターネット異性紹介事業者は、届出義務に加え以下の義務を負っています。

⒜　児童でないことの確認

インターネット異性紹介事業者は、ユーザーが書き込みや閲覧をしたり、ユーザー同士がメール等で連絡を取り合ったりする際に、原則として、利用の都度、次の①または②の方法をとるか、あるいは①または②の確認を受けた者にID、パスワードを付与し、利用の際には当該識別符号の送信を受けることにより、児童（18歳未満の者）でないことを確認することが義務付けられています（出会い系サイト規制法11条、同法施行規則５条・６条）。

①　運転免許証、国民健康保険被保険者証その他の年齢または生年月日を

証する書面のうち、年齢または生年月日、書面の名称、書面の発行・発給者の名称に係る部分について提示、写しの送付または画像の送信を受けること

② クレジットカードでの支払いなど児童が通常利用できない方法によって料金を支払う旨の同意を得ること

(b) 児童による利用禁止の伝達

インターネット異性紹介事業者は、ユーザーが、児童でないことの確認を受ける際、児童がそのインターネット異性紹介事業を利用してはならない旨をウェブサイト上に表示するなどして、ユーザーに伝達することが義務付けられています（出会い系サイト規制法10条2項、同法施行規則4条）。

(c) 児童による利用禁止の明示

インターネット異性紹介事業者が広告・宣伝を行う場合、「18禁」と表示するなど、文字、図形や記号などで児童が利用してはならない旨をわかりやすく表示しなければなりません（出会い系サイト規制法10条1項、同法施行規則3条）。

(d) 公衆閲覧防止措置

インターネット異性紹介事業者は、事業を行う中で「禁止誘引行為」（児童を異性交際の相手方となるように誘う書き込み、大人に対し児童との異性交際の相手方となるように誘う書き込み）が行われていることを知ったときに、速やかに、その禁止誘引行為に関する情報を削除するなど、他の利用者がその情報を閲覧することができないようにするための措置をとらなければなりません（出会い系サイト規制法12条）。

2　非出会い系サービスを利用する児童被害の防止

出会い系サイト規制法によりインターネット異性紹介事業での児童被害は減少しましたが、他方で規制のない「非出会い系」サービスに起因する児童被害が大幅に増加し、問題となりました。ここでいう「非出会い系」サービスとは、インターネット異性紹介事業に該当しない、SNSなどのコミュニティ・コミュニケーションサービスのことです。これらの児童被害を防止するため、フィルタリングやモニタリングといった対策がとられています。

⑴　フィルタリング

フィルタリングとは、インターネットを利用して公衆の閲覧に供されている情報を一定の基準に基づき選別した上でインターネットを利用するものの閲覧を制限することをいいます[13]。青少年インターネット環境整備法では、携帯電話インターネット接続役務提供事業者（docomo、au、SoftBank、楽天モバイル等のモバイルキャリア）は、青少年（18歳未満の者）が利用する携帯電話について、保護者が不要と申し出ない限り、フィルタリングサービスの利用を条件としてインターネット接続役務を提供しなければなりません（同法17条）。

⑵　モニタリング

コミュニティ・コミュニケーションサービスを通じた児童被害は、青少年の未熟な判断力に起因するものが多く、コミュニケーションの内容を事前または事後に監視すること（モニタリング）が被害防止のための有効な手段です。しかし、クローズドなチャットやメッセージの内容は、電気通信事業法の「通信の秘密」に該当するものであり、その内容をアプリ提供者が監視することは通信の秘密の侵害となります。

この点については、通信内容の監視を行うことについて、通信当事者たるアプリ利用者からの有効な同意がある場合には、モニタリングを実施することも可能と考えられています。もっとも、有効な同意があるといえるためには、メッセージ発信画面で個別の同意を得ることが望ましいとされており、利用規約等によって事前に包括的にモニタリング実施について同意を得ても有効な同意とはいえないと考えられています[14]。

13　松本恒雄・町村泰貴・齋藤雅弘編『電子商取引法』（勁草書房、2013）457頁

14　総務省「利用者視点を踏まえたICTサービスに係る諸問題に関する研究会　第二次提言」（平成22年5月）12頁の脚注7には、「役務提供契約約款等に基づく事前の包括同意のみにより通信の秘密の利益を放棄させることができるかどうかについては、①約款は当事者の同意が推定可能な事項を定める性質であり、通信の秘密の利益を放棄させる内容はその性質になじまないこと、②事前の包括同意は将来の事実に対する予測に基づくため対象・範囲が不明確となることから、一般的には有効な同意と解されていない」（http://www.soumu.go.jp/main_content/000067551.pdf）との言及があります。一方で、総務省「同意取得の在り方に関する参照文書」8頁では、「通信の秘密は、重要な権利であることから、その権利放棄に係る『同意取得の在り方』については原則として『個別具体的かつ明確な』同意が必要とされる厳格な解釈がされてきた。しかしながら、従来から、個別の事例を詳細に検討し、各事例において通信の秘密の侵害により実現する法益（目的の正当性）の検討に加えて、ここでのリスク評価を行うことにより、『同意取得の在り方』についても事前の包括同意を許容するなど、原則としての『個別具体的かつ明確な』同意手続を事例に応じて柔軟に解釈する対応も行われており」とし、利用者の「同意疲れ」を回避する観点から、一括同意や2階層による同意取得が有効になり得るケースについても詳細に分析しています（https://www.soumu.go.jp/main_content/000735985.pdf）。

Ⅲ アダルトコンテンツ規制

アダルトコンテンツを含むアプリは、第2章Ⅰで述べたとおり、プラットフォーマーのデベロッパー向け規約に違反し、リジェクトされる可能性があることに加え、わいせつに関する犯罪や児童買春・児童ポルノ禁止法違反となる場合もあるので、注意が必要です。

1　わいせつに関する犯罪

アプリ内で「わいせつ」なコンテンツを提供する場合、アプリ提供者は「電気通信の送信によりわいせつな電磁的記録その他の記録を頒布する」行為を行ったとして、わいせつ物頒布等の罪（刑法175条）により処罰される可能性があります。「わいせつ」とは、いたずらに性欲を興奮または刺激せしめ、かつ普通人の正常な性的羞恥心を害し、善良な性的道徳観念に反するものとされています[15]。

なお、ユーザー投稿型サービスにおいて、アプリ利用者がわいせつなコンテンツを投稿したとしても、それだけでアプリ提供者がわいせつ罪に問われることはありません。しかし、わいせつなコンテンツが投稿されていることを認識した上で、これを削除しようと思えば削除できたにもかかわらず、あえて放置しておいたような場合には、アプリ提供者自身がわいせつ罪に問われる可能性があります[16]。

2　児童買春・児童ポルノ禁止法

アプリ内で「児童ポルノ」を提供する場合、アプリ提供者は児童買春・ポルノ禁止法違反（公然陳列）で処罰される可能性があります[17・18]。「児童ポルノ」とは、①性交または性交類似行為を行っている児童（18歳未満の者）の

15　最高裁昭和32年3月13日判決・刑集11巻3号997頁［チャタレイ事件］

16　プロバイダの刑事責任については、高橋和之・松井茂記・鈴木秀美編『インターネットと法〔第4版〕』（有斐閣、2010）113頁以下参照。

17　写真・動画共有アプリ「写真カプセル」で児童ポルノ画像などを公開したとして、中学3年の男子生徒が検挙された事例があります。

18　児童ポルノ画像そのものではなく、児童ポルノ画像が掲載されているウェブページのURLを一部改変した文字列を元の文字列の復元方法とともに掲載する行為が、児童ポルノの公然陳列に当たるとした事例もあります（最高裁平成24年7月9日決定・判時2166号140頁）。

姿態（同法２条３項１号）、②性器等を他人に触られている児童の姿態または他人の性器等を触っている児童の姿態であって性欲を興奮させ、刺激するもの（同項２号）、③衣服の全部または一部を着けない児童の姿態であって、殊更に児童の性的な部位が露出・強調されているものであり、かつ、性欲を興奮させ、刺激するもの（同項３号）と定義されています。③は「３号ポルノ」ともいわれ、定義が不明確かつ過度に広範であるとの批判もあります。

Ⅳ ゲームサービス規制

アプリマーケットのセールスランキングを見ると、App Store でも Google Play でも、上位アプリのほとんどがゲームアプリであることに気付きます。つまり、スマートフォンアプリ業界で最も儲かっている分野はゲームなのです。そして、お金が動く分野では、お金をめぐる種々の法的問題が発生しています。

1　ガチャ問題

(1)　ガチャとコンプガチャ

ゲームアプリは、「ガチャ」と呼ばれる抽選方式の課金システムで大きな売上を達成しています。中でも、複数のガチャアイテムが一定の組み合わせになった場合に、さらに希少価値のあるアイテムを手に入れることができる「コンプガチャ」（コンプリートガチャ）は、アプリ利用者の射幸心をあおって高額課金を誘発し、社会問題となりました。

そこで、消費者庁は、2012 年５月 18 日、「「カード合わせ」に関する景品表示法（景品規制）上の考え方の公表及び景品表示法の運用基準の改正に関するパブリックコメントについて[19]」と題するニュースリリースを行い、「コンプガチャ」が景品表示法の禁止する「カード合わせ」に該当するとの考え方を公表することで、コンプガチャの撲滅に乗り出しました。その一方で、「ガチャ」自体は、取得するアイテムが景品ではなく取引対象そのものであ

19　消費者庁「「カード合わせ」に関する景品表示法（景品規制）上の考え方の公表及び景品表示法の運用基準の改正に関するパブリックコメントについて」（https://www.caa.go.jp/policies/policy/consumer_policy/policy_coordination/internet_committee/pdf/120802shiryo9_1.pdf）

ることから、景品表示法の景品規制を受けないとの考え方も明らかにされました。

その後「「懸賞による景品類の提供に関する事項の制限」の運用基準[20]」が改定されて（2012年7月1日施行)、コンプガチャが「カード合わせ」に該当することが改めて明記されました。現在では「コンプガチャ」は姿を消しています。

しかし、「コンプガチャ」以降も、高い射幸性をもつ「ガチャ」は問題視されており、法的側面からも以下の議論が行われています。

(2)　賭博罪

「ガチャ」は、賭博ではないかという議論があります。刑法185条は「賭博をした者は、50万円以下の罰金又は科料に処する。ただし、一時の娯楽に供する物を賭けたにとどまるときは、この限りでない」として、賭博を禁止しています。賭博とは、偶然の勝敗によって、財物・財産上の利益の得喪を2人以上の者が争う行為です[21]。当事者の一方が危険を負担せず、常に利益を取得する場合、賭博罪は成立しないとされています[22]。

「ガチャ」によって取得できる複数のガチャアイテムの財産上の利益はどれも同じであり（少なくとも財産的価値の大小を客観的に判断できず)、そうするとガチャの取引は常にアプリ提供者とアプリ利用者との間の等価交換といえるので財産上の利益の得喪が発生することはなく、したがって賭博とならないと考えるのが一般的な立場でしょう。しかし、アプリ利用者からするとゲームをプレイする上で優劣に差がある2つのガチャアイテムの財産上の利益は同じではない（通常のアイテムよりもレアアイテムの方が経済的な価値が高い）とも考えられることから、アプリ利用者、アプリ提供者、いずれにも財産上の利益の喪失が発生すると考えることも可能であり、ガチャアイテムが「一時の娯楽に供する物」（刑法185条）といえない場合には賭博罪が成立するとの意見もあります[23]。

(3)　不当表示

「ガチャ」によってランダムに提供されるアイテムは景品類には該当せず、

20　消費者庁「「懸賞による景品類の提供に関する事項の制限」の運用基準」(https://www.caa.go.jp/policies/policy/representation/fair_labeling/guideline/pdf/120702premiums_1.pdf)

21　山口厚『刑法〔第3版〕』（有斐閣、2015）434頁

22　大審院大正6年4月30日判決・刑録23輯436頁

景品表示法の景品規制が適用されないことが明らかになって以降も、アプリ提供者がガチャから提供されるレアアイテムの提供割合を低く設定し射幸心を過度にあおっているのではないか、との批判は止みませんでした。特に、ガチャアイテムの提供割合に関する表記をめぐっては、アプリサービス内の文章やビジュアル表現がユーザーに誤解や過度な期待を与えるなど、景品表示法の不当表示に当たるのではとの批判も少なからずありました[24]。そうした表示を行うアプリ提供者に不満を抱くユーザーらのネット投稿により、アプリサービスが「炎上」する事例も増え、一部には訴訟に発展するアプリサービスが現れるまでになりました[25]。

こうした状況を踏まえ、オンラインゲームの運営企業らによる業界団体である一般社団法人日本オンラインゲーム協会（JOGA）、一般社団法人コンピュータエンターテインメント協会（CESA）および一般社団法人モバイル・コンテンツ・フォーラム（MCF）が連絡会を組成して協議を行い、その結果、2016年4月1日に各団体がガチャアイテムの提供割合等の表示に関する自主規制ルールを策定[26]。各団体が加盟企業らにこのルールを遵守させることで、ゲームサービスの健全化を図ることとなりました。

さらに、2018年1月には、AppleがApp Store Reviewガイドラインを改定し、「『ルートボックス』などの方法でバーチャルアイテムをランダムに購入できるAppでは、各種アイテムの入手確率を明記して、ユーザーが購入前に確認できるようにしてください。」とのルールが追加されました。2019年5月には、GoogleもGoogle Playデベロッパープログラムポリシーを改定し、同様のルールを明文化しました。

このような業界団体による自主規制とDPFによる規制により、現在では、ガチャアイテムの提供割合を表示しないアプリゲームサービスは事実上提供できなくなっています。

23　ガチャの賭博罪該当性については、松原仁国家公安委員長（当時）が2012年5月10日の記者会見において「このコンプリートガチャについては、これまでのところ賭博罪、その他の刑罰法令に該当するような実態は確認されていないとの報告を警察庁からも受けているところであります」と、賭博罪の該当性を否定するともとれる発言をしています（国家公安委員会委員長記者会見要旨。https://www.npsc.go.jp/pressconf24/05_10.htm）。

24　「ドラゴンクエストモンスターズ　スーパーライトの返金問題は、ソーシャルゲーム業界を巻き込むスーパーヘビーな問題になりつつある。」（http://www.gamecast-blog.com/archives/65781515.html）

25　「『星のドラゴンクエスト』ガチャ集団訴訟はなぜプレイヤー側敗訴となったのか　裁判所の判断は『不当表示なし』」（https://nlab.itmedia.co.jp/nl/articles/1809/22/news036.html）

26　代表例として、JOGAの「ランダム型アイテム提供方式を利用したアイテム販売における表示および運営ガイドライン」（https://japanonlinegame.org/wp-content/uploads/2017/06/JOGA20160401.pdf）参照。

2　RMT

RMT（リアル・マネー・トレード）とは、ゲーム内通貨やゲームアイテムを、オークションサイト等を通じて、現金と交換する行為です。RMTを目的とするアプリ利用者は、ゲーム内で特定の行為を繰り返し行うプログラム（BOT）を使ったり、アイテムコピーやバグを利用したり（チート）して、短時間に大量のゲーム内通貨やゲームアイテムを取得しようとします。RMTが横行するゲームでは、ゲームバランスが崩れ、アプリ利用者間の公平性が失われたり、ゲーム内でのアイテム詐欺やアカウント乗っ取りが誘発されたりする弊害があります。そこで、RMTは、多くの場合、アプリ提供者の利用規約によって禁止されていますし、前記のJOGA・CESAといった各業界団体も、RMTを禁止する旨の利用規約を置くことを会員企業に求めています。

RMTが利用規約によって禁止されている場合、RMTの法的な効果は以下のように考えられます。まず、RMTの譲渡人は、ゲーム内通貨やゲームアイテムをゲーム内で使用できる債権をアプリ提供者に対して有していると考えられます。そこで、RMTの譲渡人からRMTの譲受人へのゲーム内通貨やゲームアイテムの譲渡は、上記債権の譲渡といえます。ここで、上記債権は、ゲーム外で譲渡してはならないという譲渡禁止特約付きの債権です。譲渡禁止特約によっても、原則は譲渡人による譲受人への債権譲渡は有効（民法466条２項）であるものの、譲受人が債権譲渡が制限されていることを知っていた場合には、債務者は債権の譲受人に対し、債務の履行を拒むことができます（同条３項）。ここで、RMTの譲受人は当該ゲームの利用者であり、利用規約にも同意していることから、この債権の譲渡を制限する譲渡禁止特約について知っているはずです。そのため、アプリ提供者は、このRMTの譲受人に対して債務の履行を拒むことになります。さらに、RMTを行った譲渡人・譲受人は、アプリ提供者の利用規約に違反したことに対する制裁として、アカウントの利用停止措置を受けることがあります。

3　サービス終了時の対応

アプリ上でオンラインゲームを運営する事業者は、利用者の減少により、サービスを終了させる必要に迫られることがあります。このような場合に備えて、通常、アプリの利用規約にはアプリ提供者がいつでもサービスを終了させることができるという規定が置かれています。しかし、この規定があるからといって、お金を払って利用しているアプリ利用者がいるサービスを予告もなく終了させてしまうと問題が生じるおそれがあります。すなわち、アプリ提供者とアプリ利用者の間には、利用規約等に基づいてサービスを提供するという契約が成立していると考えられますが、アプリ提供者が自分の都合でサービスを終了することが、アプリ利用者との間の契約の債務不履行となってしまう可能性があります[27]。

他方で、アプリ利用者は、サービス終了までの期間、問題なくアプリを利用することができていたのですから、サービスが終了したからといって、支払った金額をすべて返金するよう求めることができるわけでないことも自明です。

どのような場合にサービス終了が債務不履行となり、アプリ利用者に対して損害賠償（返金）の責任を負うこととなるかは、ケース・バイ・ケースの検討が必要ですが、次の２つのポイントが重要です。

⑴　サービス終了の事前告知

サービス利用規約等で、アプリ提供者がいつでもサービスを終了できると定めている場合、この規定に基づいていつでもサービスを終了できそうですが、サービスによってはそのような利用規約等が有効とならない場合もあり得ます。また、実際問題として、ある日突然サービスが利用できなくなるような乱暴な運用は、顧客であるアプリ利用者から反発を受けるおそれが高いでしょう。そこで、事前にサービス終了の告知を行い、２～３か月程度の十分な周知期間を置いてサービスを終了するのが妥当と考えます。告知の方法も、アプリ利用者が確実に認識する方法をとるのが望ましいでしょう。

⑵　有料サービスの利用期間確保

サービス終了直前に、サービス終了を知らないまま、アプリ内通貨や有料アイテムを購入してしまうアプリ利用者が出てくることも考えられます。このようなアプリ利用者が、支払った金額に見合うサービスの提供を得られなかったとして、返金を求めてくることも考えられます。十分な告知をしていたのであれば、サービス終了を知った上で購入したアプリ利用者の自己責任

27　電子商取引準則 314 頁

であるとの反論をしていくことも考えられますが、クレームが発生すること自体を防止するために、サービス終了のある程度前から、有料サービスの購入やアプリの新規ダウンロードができないような措置を講じておくのがよいように思われます。

なお、アプリ内通貨が前払式支払手段に該当する場合は、第６章Ⅱで述べたとおり、資金決済法に従って未使用分の払戻手続が必要になります。

Ⅴ 違法な情報による被害者を保護するための規制

インターネットサービスの中には、ユーザーから投稿されたコンテンツを他のユーザーが閲覧する形態のサービスも多くあります。例えば、YouTube に代表される動画投稿アプリ、Instagram のような写真投稿アプリ、商品やサービスのレビューサービス（Amazon や食べログのレビュー欄のようなものもこれに含まれます）、Twitter のような SNS やブログなどが挙げられます。これらのサービスは、ユーザー個人から発信される多種多様な情報がその魅力ですが、コンテンツの内容は玉石混交で、時には違法な情報が含まれていることもあります。例えば、投稿された動画や写真が、実は第三者の著作物であって、著作権者の許諾なく投稿されたものだった場合や、レビュー欄に誹謗中傷や風説が流布されてしまった場合、SNS やブログに名誉毀損的な内容が投稿された場合、個人情報・プライバシー情報が公開されてしまった場合などが考えられます。

このような場合、違法な情報によって権利侵害を受けた被害者は、違法な情報を流通させたサービスの利用者（発信者）に対して、損害賠償請求などの責任追及が可能です。しかし、被害者は、まずはサービス上で自分の権利を侵害している情報を削除してほしいと考えるでしょう。また、被害者は、違法な情報を流通させた発信者の責任を追及しようにも、発信者がどこの誰なのかわからないのが通常です。

そこで、被害者が、一定の場合に、サービスを運営する事業者に対して、違法な情報を削除するよう求めたり（送信防止措置依頼）、違法な情報を流通させた発信者の情報を開示するよう請求したり（発信者情報開示請求）できる制度があります。以下では、この送信防止措置依頼と発信者情報開示請求という制度の根拠であるプロバイダ責任制限法について解説します。

1　プロバイダ責任制限法の制度概要

アプリ提供者は、アプリサービスを通じて他人（被害者）の権利を侵害する情報が流通しているにもかかわらず、これを放置していると、被害者から損害賠償などの責任を追及されるおそれがあります[28]。他方で、アプリ提供者は、被害者だと主張する者の言い分をよく吟味せずに受け入れて、実際は権利侵害にならない情報を削除してしまうと、情報を発信した者（発信者）から責任を追及されるおそれがあります。

プロバイダ責任制限法は、このようなアプリ提供者が被害者や発信者に対して損害賠償責任を負う場面を限定することにより、そのようなサービス提供者が、被害者の救済と発信者の表現の自由のバランスに配慮しながら、適切な対応を行えるようにするためのものです。

(1)　対象となる通信

プロバイダ責任制限法は、不特定の者によって受信されることを目的とする電気通信の送信（以下「特定電気通信」といいます）（同法２条１号）によって流通する情報を対象としています。特定電気通信の典型例は、誰でもアクセス可能なインターネット上のウェブページに情報を掲載すること、ブログやSNSへの投稿です。

アプリサービス上の情報であっても、アプリをインストールしさえすれば閲覧できる情報であれば、不特定の者によって受信されることを目的とするといえるので、特定電気通信に該当し、プロバイダ責任制限法の対象となります。

(2)　プロバイダの責任制限

本来、民法の一般原則に従えば、故意過失によって他人の権利を侵害し、これにより損害が発生した場合には、その損害を賠償する責任を課せられます（同法709条）。しかし、プロバイダ責任制限法は、この民法の一般原則を修正し、

①　プロバイダが情報を流通させたことで権利を侵害され損害を被った被

28　例えば、著作権侵害について知財高裁平成22年９月８日判決・判タ1389号324頁［TVブレイク事件］参照。

害者に対して負う損害賠償責任

② プロバイダが違法な情報であると誤認して適法な情報を削除してしまったことで表現の自由等の権利を侵害され損害を被った発信者に対して負う損害賠償責任

これらについて、特定電気通信を取り扱っている者（以下「プロバイダ[29]」といいます）の責任範囲を制限しています（プロバイダ責任制限法３条）。

以下では、まず、プロバイダの被害者に対する損害賠償責任の制限について説明し、次に、プロバイダの発信者に対する損害賠償責任の制限について説明します。

a　被害者に対する損害賠償責任の制限

プロバイダは、自分が取り扱った特定電気通信により流通した情報（権利侵害情報）が、他人（被害者）の権利を侵害し、結果として被害者に損害が発生した場合であっても、

① 不特定人に対する権利侵害情報の送信を防止する措置（送信防止措置）を講じることが技術的に可能[30]であり、かつ、

② １）被害者の権利が侵害されていることを知っていたとき、または、
２）他人の権利が侵害されていることを知ることができたと認めるに足りる相当の理由があるとき

でない限り、被害者に対して、損害賠償責任を負いません（法３条１項）。このことは、言い換えると、プロバイダには、自己の管理下にあるサーバに格納されている情報が他人の権利を侵害していないか監視する義務がないこと

29　正確には、特定電気通信に利用される電気通信設備（特定電気通信設備）を利用して、他人の通信を媒介するなど、他人（発信者）に特定電気通信設備を通信に利用させる者が「プロバイダ」に該当します。特定電気通信設備というのは、典型的にはWebサーバです。プロバイダには、Webサーバの保有者（ホスティング事業者など）、インターネット接続プロバイダのほか、ホスティング事業者等からサーバコンピュータを借り受けて、特定のWebサイトやサービスを運営する者も含まれます。

30　技術的に可能か否かについては、「例えば、問題とされる情報の送信を防止するためには他の関係ない大量の情報の送信を停止しなければならないような場合や、インターネットへの接続自体をさせない等当該情報の発信者の情報発信のすべてを停止するしかない場合には、関係役務提供者がその措置を講ずることが「技術的に可能」とは言えない」とされています（総務省「特定電気通信役務提供者の損害賠償責任の制限及び発信者情報の開示に関する法律―解説―」（平成29年１月更新）10頁（https://www.soumu.go.jp/main_content/000461787.pdf)。

を明らかにしたものとされています[31]。

b　発信者に対する損害賠償責任の制限

プロバイダは、発信者が発信した情報が他人の権利を侵害する情報ではないにもかかわらず、送信防止措置を講じてしまい、結果として発信者に損害が発生した場合であっても、

①　その送信防止措置が、不特定の者に対する送信を防止するために必要な限度において行われたものであって、かつ、
②　1）他人の権利が侵害されていると信じるに足る相当の理由があったとき、または、
　　2）被害を受けたと主張する者から削除の申し出があったことを発信者に連絡して７日（事案によっては２日）が経過しても反論がなかったとき

であれば、発信者に対して損害賠償責任を負いません（法３条２項）。

(3)　発信者情報開示制度

a　概要

プロバイダ責任制限法は、プロバイダが保有している発信者の情報を被害者に開示する制度を設けています。被害者は、発信者による情報発信により権利侵害を受けた場合に、発信者に対して法的責任を追及したいと考えますが、そのためには、発信者がどこの誰であるのか特定する必要があります。

他方で、プロバイダが保有している発信者の氏名、住所その他の身元情報は、発信者のプライバシー情報なので、みだりに開示するわけにはいきません。そこで、被害者の情報開示を受けるニーズと発信者のプライバシー保護のニーズとの調和を図ったのがこの制度です。

なお、2020年以降、インターネット上の誹謗中傷が大きな社会問題となったことを受け、円滑な被害者救済を目的として、発信者のサービスログ

31　前注30・12頁参照。監視義務があるとすると、サーバ内で頻繁に更新されていく情報を常にモニタリングしなければならないことになって負担が大きいばかりでなく、責任を問われることをおそれてサーバにアップロードされる情報をプロバイダが常時チェックして、必要以上に情報を削除してしまい、表現の自由に対する萎縮効果をもたらす可能性があるからです。

イン時の IP アドレス等を開示対象とする特定発信者情報の開示請求権が新たに創設されました。

b　請求できる場合

(a)　特定発信者情報の開示請求およびそれを用いた発信者情報の開示請求

被害者は、

①　発信者による情報発信により権利侵害を受けたことが明らか
②　発信者に対する損害賠償請求を行うために必要な場合など、開示を受ける正当な理由がある次のいずれかに該当する
　1）特定電気通信役務提供者が開示請求に係る発信者情報（特定発信者情報を除く）を保有していないと認めるとき
　2）特定電気通信役務提供者が保有する当該権利の侵害に係る特定発信者情報以外の発信者情報が氏名・住所等以外の発信者情報であって総務省令で認めるもののみであると認めるとき
　3）開示請求者が開示を受けた発信者情報（特定発信者情報を除く）によっては開示請求に係る侵害情報の発信者を特定することができないと認めるとき

上記２要件をいずれも満たす場合には、特定発信者情報として、発信者のサービスログイン時の IP アドレス等の開示を請求することができます（法５条１項）。

(b)　特定発信者情報以外の発信者情報の開示請求

被害者は、

①　発信者による情報発信により権利侵害を受けたことが明らか
②　発信者に対する損害賠償請求を行うために必要な場合など、開示を受ける正当な理由がある

上記２要件を満たすことにより、プロバイダに対して、プロバイダが保有する発信者に関する**図表７―１**の情報を開示するよう請求することができます（法５条１項、特定電気通信役務提供者の損害賠償責任の制限及び発信者情報の開示に関する法律第４条第１項の発信者情報を定める省令）。

図表７―１

発信者を直接特定する情報	①　氏名または名称
	②　住所
	③　電話番号
	④　電子メールアドレス
発信者を特定するための手掛かりとなる情報	⑤　侵害情報に係るIPアドレスおよび当該IPアドレスと組み合わされたポート番号
	⑥　侵害情報に係る携帯電話端末等からのインターネット接続サービス利用者識別符号
	⑦　侵害情報に係るSIMカード識別番号のうち、当該サービスにより送信されたもの
	⑧　⑤～⑦に係る特定電気通信設備等からプロバイダ等の特定電気通信設備に侵害情報が送信された年月日および時刻

(c)　関連電気通信役務提供者に対する発信者情報の開示請求

さらに、被害者は、ログイン時の通信等の侵害関連通信（法５条３項）を媒介した関連電気通信役務提供者、すなわちアクセスプロバイダに対しても、

①　発信者による情報発信により権利侵害を受けたことが明らか
②　発信者に対する損害賠償請求を行うために必要な場合など、開示を受ける正当な理由がある

の２要件を満たす場合、コンテンツプロバイダから開示された侵害関連通信に係る特定発信者情報を用いて、発信者情報の開示請求ができます（同条２項）。

c　プロバイダの免責

開示請求を受けたプロバイダは、発信者に対して意見照会をした後、開示請求に応じるか否かについて判断します。なお、発信者情報は、いったん開示してしまうとプライバシーを回復することができないため、慎重に行われる必要があります。

そこで、プロバイダが開示請求に応じないことにより被害者に何らかの損害が生じた場合であっても、プロバイダ自身が発信者である場合を除いては、プロバイダに故意または重大な過失がない限り、損害賠償の責任を負わない旨の免責規定が政策的に置かれています（法６条４項）。

(4) 非訟手続

a 概要

従来、被害者が発信者を特定するためには、まずコンテンツプロバイダに対してIP アドレス等の開示請求を行い、その後、そこで開示を受けたIP アドレス等から特定したアクセスプロバイダに対して氏名等の開示請求を行うという、２回に分けての請求を行わなければならず、この間にアクセスプロバイダの保有するアクセスログが消去されてしまう（よって誰が通信していたのかがわからず発信者情報をそもそも開示できなくなる）おそれがありました。

そこで2022年10月施行の改正プロバイダ責任制限法により、新たな裁判手続として、裁判所が被害者の申立てにより以下３つの命令を発することができる非訟手続が開始されることとなりました。

b 裁判所による命令の内容

(a) 開示命令

申立てに基づく決定により、裁判所はプロバイダ等に対し、保有する発信者情報の開示を命ずることができます（法８条）。

(b) 提供命令

同様に、裁判所はコンテンツプロバイダに対し、以下を命ずることができます（法15条）。

① 保有する発信者情報（IPアドレス等）により特定されるアクセスプロバイダの名称等の情報を申立人に提供すること
② 申立人から、アクセスプロバイダに開示命令を申し立てた旨の通知を受けた場合、保有する発信者情報（IPアドレス等）を当該アクセスプロバイダに対して提供すること

(c) 消去禁止命令

開示命令事件が終了するまでの間、裁判所はアクセスプロバイダに対し、保有する発信者情報の消去禁止を命ずることができます（法16条）。

2　対応

(1)　送信防止措置依頼を受けた場合の対応

プロバイダは、「プロバイダ責任制限法ガイドライン等検討協議会」が定める「名誉棄損・プライバシー関係ガイドライン〔第６版〕」（以下「プロバイダ責任制限法ガイドライン」といいます[32]）に従って、権利侵害を受けたと主張する者からの送信防止措置依頼に対応しています。

a　送信防止措置依頼の受付

まず、プロバイダは、送信防止措置依頼の受付に際して、以下の事項を確認します。

①　送信防止措置を求める者が自己の権利を侵害されたとする者であること
②　侵害情報が特定されていること[33]
③　侵害されたとする権利が特定されていること
④　権利が侵害されたとする理由が述べられていること
⑤　送信防止措置を希望することの意思表示があること

この段階で、侵害された権利とは無関係な第三者からの送信防止措置依頼や侵害情報の特定性に欠ける送信防止措置依頼は、他人の権利が侵害されているかを確認することができず、依頼には応じられない場合が多くなります。

b　発信者への意見照会

次に、プロバイダは、発信者に対して、送信防止措置依頼があったことを伝え、送信防止措置を講じることに同意するか否かを照会します。そして、発信者がこの照会を受けた日から７日[34]が経過しても送信防止措置に同意しないという連絡を行わない場合、プロバイダは、法３条２項２号を根拠に、損害賠償責任のリスクを負うことなく侵害情報を削除することができます。

32　プロバイダ責任制限法関連情報 Web サイト（http://www.isplaw.jp）に掲載。

33　プロバイダ責任制限法ガイドライン等検討協議会により公表されている書式においては、侵害情報が掲載されている場所として URL の特定が要求されています。なお、アクセスプロバイダ等に対する請求においては、IP アドレス、当該 IP アドレスと組み合わされたポート番号、タイムスタンプ等、発信者の特定に資する情報を明示することが求められています。

ただし、この方法で完全にリスクを負うことなく侵害情報を削除したいのであれば、内容証明郵便等によって照会通知が発信者に到達したことを確認できる運用にしておかなければなりません。そうでなければ、発信者が後に、照会通知を受け取っていないと主張してきた場合に、照会通知が到達したことを立証できないからです。

もっとも、多くのサービスは利用者（発信者）の身元確認などしておらず、発信者の氏名住所がわかりません。その場合、発信者の登録メールアドレス宛てに照会通知を送ったりしています。しかし、登録メールアドレス宛てに照会通知を送っても発信者本人に到達したか否かを確実に確認できる手段はありません。そこで、メールアドレス登録時にメール認証のプロセスを入れてアクティブなメールアドレスであることを確認し、かつ、利用規約に「利用者への通知は登録メールアドレス宛てに行うことで到達したものとみなす」と規定するといった対策によって、万一、照会の有無が争われた場合に、照会があったことが認定されるよう工夫しておく必要があります。

c　権利侵害の有無の判断に窮する場合

プロバイダが発信者に照会できない場合、または発信者から送信防止措置に同意しない旨の返答があった場合、プロバイダは、自ら「他人の権利が侵害されていることを知ることができたと認めるに足りる相当の理由」（法３条１項２号）の有無を判断しなければなりません。もしこの「相当の理由」があれば、プロバイダは送信防止措置を講じないと被害者に対して損害賠償責任を負うリスクがあります。

他方で、この「相当の理由」がない場合は、送信防止措置を講じる必要はありませんし、勇み足で送信防止措置を講じてしまって、万一、「他人の権利が不当に侵害されていると信じるに足りる相当の理由」（同条２項１号）がないとされてしまったら、反対に、発信者に対して損害賠償責任を負うリスクが生じてしまいます。しかも、権利侵害の争いには、権利侵害を受けたと主張する者、発信者、それぞれに言い分があって、どちらが正しいと簡単に

34　なお、2013年の公職選挙法改正によりインターネットを利用した選挙運動が一部可能となりましたが、解禁にあたり、主に政治家から誹謗中傷対策を求める声が上がり、結果、プロバイダ責任制限法も同時に改正され、公職の候補者に対する名誉毀損が疑われる情報について、プロバイダが送信防止措置を講じやすいように免責範囲が拡大されました（具体的には、発信者への照会期間が７日から２日に短縮されました。同法４条）。また、2014年11月に「私事性的画像記録の提供被害防止法」（いわゆるリベンジポルノ防止法）が成立したことに伴い、リベンジポルノ防止法４条において、リベンジポルノ画像による名誉毀損やプライバシー権侵害が疑われる情報について、プロバイダ責任制限法の特例が規定されました。

判断ができないものも多くあります。

そこで、コンテンツプロバイダであるアプリ提供者としては、利用規約を根拠に、これに該当し得る情報をユーザーに投稿させない、または速やかに削除するという運用を行うことが自衛のためには重要となります。そこで、利用規約に、「当社は、投稿コンテンツが他人の権利を侵害するおそれがあると合理的に判断する場合、当該投稿コンテンツを、事前の予告なく削除することができる」旨を定めておくことで、プロバイダ責任制限法の免責要件にとらわれずに、発信者が発信した情報を削除することが可能となります（第３章Ⅳのアプリ利用規約のサンプル第17条７項参照）。

(2)　発信者情報開示請求を受けた場合の対応

a　発信者情報開示請求の受付

プロバイダは、発信者情報開示請求を受けた場合、「プロバイダ責任制限法ガイドライン等検討協議会」が定める「発信者情報開示関係ガイドライン〔第９版〕」に則って対応しています。まず、開示を請求された情報を保有しているか否かを確認します[35]。その結果、請求された情報をそもそも保有していない場合には、その旨を回答することでプロバイダの対応は終了します。

b　発信者への意見聴取

もし、開示を請求された情報を保有している場合には、開示について、まず、発信者に意見聴取する必要があります。これは、送信防止措置の照会とは異なり、義務となっています（法６条１項）。

c　発信者が開示に同意しない場合

意見聴取の結果、発信者から開示に同意するという回答がくることは稀です。そこで、プロバイダは、自ら、開示の適否を判断することになります。そのときの重要な判断基準が「開示の請求をする者の権利が侵害されたことが明らか」（権利侵害の明白性。法５条１項１号、２項１号）という基準です。プロバイダは、権利侵害の明白性がない限り、開示請求に応じなくとも、不開示

35　現行法は、プロバイダに対して、発信者の氏名、住所、メールアドレス、IPアドレス、タイムスタンプ（アクセス日時の記録）の保有を義務付けていないので、これらの情報の取得の有無や保存期間は、プロバイダが自主的に決定できます。

によって被害者が被った損害を賠償する責任を負いません。

送信防止措置に応じない場合の免責要件に比して、開示請求に応じない場合の免責が広く認められている理由は、一度開示してしまうと回復困難なプライバシーに関わるからです。

プロバイダとしては、発信者のプライバシー権を侵害するリスクを犯してまで積極的に情報開示に応じるインセンティブは低く、裁判によることなく任意に情報を開示する場合は限定的でした。多くの場合、裁判外での開示請求は拒否した上で、開示請求者に仮処分の申立てをしてもらい、裁判所から開示を命じられることで、裁判所から開示してもよいというお墨付きをもらってリスクヘッジを図ってから、発信者情報を開示するという運用が行われてきた実態があります。

(3)　非訟手続の申立てを受けた場合の対応

2022年10月施行の改正プロバイダ責任制限法により、新たに非訟手続が創設されました。

これにより、被害者は裁判所に対し、

①　IPアドレス等の開示命令申立て
②　アクセスプロバイダの名称の提供命令申立て
③　発信者の氏名・住所等の開示命令申立て

を行うことができるようになります。この非訟手続において、アプリ提供者は、おおよそ図表7－2の流れで手続に対応することになります。

a　被害者に対するアクセスプロバイダの名称提供

裁判所は、「発信者を特定することができなくなることを防止するため必要があると認めるとき」は、コンテンツプロバイダであるアプリ提供者に対し、提供命令を発令します（法15条1項）。

命令を受けたアプリ提供者は、これに従い、保有するIPアドレスおよびタイムスタンプ等を用いてアクセスプロバイダの名称等を特定し、その本社所在地・正式名称を調べ、被害者（申立人）に提供する必要があります（同項1号イ）。

図表７―２

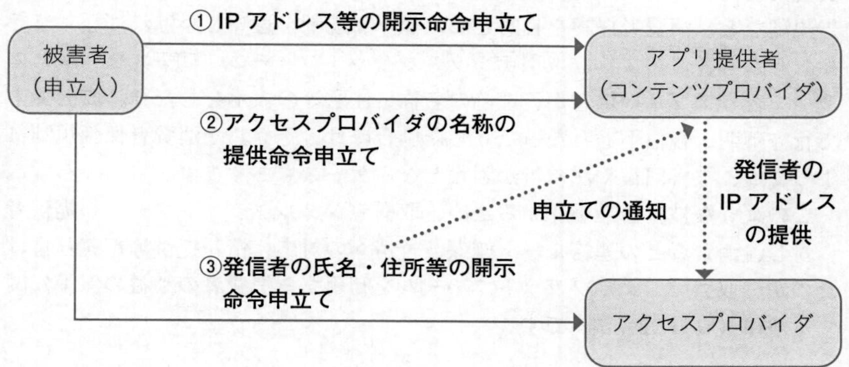

b　アクセスプロバイダに対する発信者情報の提供

アプリ提供者は、被害者（申立人）より、アクセスプロバイダを相手方とする開示命令の申立てを行った旨の通知を受けた場合には、アクセスプロバイダに対し、その保有する発信者情報（IP アドレス等。なお取り扱っている IP アドレスがログイン時 IP アドレスであれば、そのうちのどれが「侵害関連通信（法５条３項）」としてのログイン時 IP アドレスなのか特定する必要があります）を提供します（法 15 条１項２号）。

アクセスプロバイダは、これをもとに発信者の氏名・住所等を特定します。

c　被害者に対する発信者情報の開示

裁判所は、コンテンツプロバイダおよびアクセスプロバイダに対する開示命令の申立てを併合して審理を行い、要件を満たすと判断した場合には、コンテンツプロバイダおよびアクセスプロバイダに対し、開示命令を発令します。

これを受け、コンテンツプロバイダであるアプリ提供者およびアクセスプロバイダは、被害者に対し、それぞれ発信者情報を開示します。

Ⅵ　プラットフォームを利用する消費者を保護するための規制

App Store や Google Play ストア上でビジネスを行うアプリ提供者は、消費者契約法の不当条項規制、特定商取引法の通信販売規制、景品表示法の広告規制など、消費者保護を目的とした様々な規制を遵守しなければなりません。しかし、このような取引デジタルプラットフォーム（DPF）を利用して取引を行うアプリ提供者が、虚偽の名称・住所等の表示をしたり、取引途中で行方不明・音信不通となったりした場合には、そうした消費者保護規制によっても、被害回復や法執行が困難となるケースもあります。

このような被害を最小化するため、取引デジタルプラットフォーム提供者に対し、消費者との連絡ルート確保、苦情への対応、情報提供等を義務付けたのが、取引デジタルプラットフォームを利用する消費者の利益の保護に関する法律（取引DPF法）です。

1　取引DPF法の制度概要

(1)　規制の対象

規制対象となる取引デジタルプラットフォームとは、第1部第2章で解説した特定DPF透明化法2条1項に定義されるデジタルプラットフォームのうち、次の機能を有するものと定義されています。

①　オンラインモール、アプリストア、シェアリングエコノミー（取引DPF法2条1項1号）
②　オークション（同項2号）

なお、取引DPF法では、特定DPF透明化法と異なり、規制の対象に売上規模要件がありません。そのため、上記①または②の機能を持つ取引デジタルプラットフォームを運営する事業者のすべてが、本法における取引デジタルプラットフォーム提供者として規制の対象となります（法2条2項）。

アプリ取引市場においては、原則としてApp Storeを提供するAppleおよびGoogle Playストアを提供するGoogleが対象となりますが、アプリ提供者がアプリ上で取引デジタルプラットフォームを提供する場合には、アプリ提供者自身も規制の対象となる点、注意が必要です。

(2)　消費者保護措置を講ずる努力義務

a　販売業者と消費者との間の円滑な連絡を可能とする措置

基本的な取組として、消費者が販売業者の連絡先や連絡手段を容易に認識することができることが求められており、ベストプラクティスとして、以下が例示されています（「取引デジタルプラットフォームを利用する消費者の利益の保護に関する法律第３条第３項に基づき取引デジタルプラットフォーム提供者が行う措置に関して、その適切かつ有効な実施に資するために必要な指針」令和４年５月２日内閣府告示第66号）。

(a)　販売業者等の連絡先の表示の徹底

①　取引DPF内に販売業者等向けの特定商取引法11条の表示義務に関する専用ページを設ける。

②　特定商取引法11条の規定により取引DPFの「場」に連絡先を掲載しない場合は、消費者からの請求があり次第、連絡先を記載した書面を遅滞なく交付し、または連絡先を記録した電磁的記録を遅滞なく提供する旨の表示をするよう徹底する。

③　販売業者等に対して、連絡先に加え、対応可能日時も記載するよう義務付ける。

(b)　専用のメッセージ機能の提供

取引DPF提供者自らが構築した専用のメッセージ機能を提供する。

(c)　連絡手段が機能しているか否かの確認

①　取引DPF提供者が定期的なパトロールを実施する。

②　消費者からの情報受付窓口を設置して販売業者等への連絡の可否に関する情報を収集する。

b　販売条件等の表示に関し苦情の申出を受けた場合における必要な調査等の実施

基本的な取組として、消費者が苦情の申出を行いやすい仕組みを設けるとともに、消費者から苦情の申出を受けた場合において、取引DPF提供者が事情の調査を行うことが求められており、ベストプラクティスとして、以下が例示されています（前掲内閣府告示第66号）。

(a) 消費者からの苦情の申出の受付

① 購入した商品等に関する苦情であれば注文（取引完了）確認画面またはメールに、購入前の商品等に関する苦情であれば商品ページごとに苦情申出のためのリンクを張る等、消費者にとってわかりやすい場所、わかりやすい方法で受け付けられるようにする。

② 申出を受け付けた旨および当該申出への対応について申出を行った消費者に対し回答する。

③ 苦情の申出の受付を購入後に限定せず、疑義情報の通報という形式等により購入前の苦情の申出も受け付ける。

(b) 関係者への照会等

① 特に商品の安全性や知的財産権の侵害等のリスクが高い商品等について、製造業者、ブランドオーナー、権利者等にスムーズに照会できる仕組みを整える。

② 商品の販売等に関し監督官庁がある場合に、当該監督官庁との連絡担当者の配置やホットラインの設置等により、円滑な連絡体制を構築する。

(c) 不適正な表示が行われた場合の対応

① 利用規約に基づき状況に応じた比例的な制裁を行う。

② 違反の状況等の記録を蓄積し、利用規約の改定等の予防措置の改善に活用する。

c 販売業者等に対し、必要に応じ、身元確認のための情報提供を求める

基本的な取組として、販売業者等の表示について問題のおそれのある事例に接した場合に、販売業者等の特定に資する情報の提供を求めることが求められており、ベストプラクティスとして、以下が例示されています（前掲内閣府告示第66号）。

① アカウント登録にあたり、法人であれば当該法人自らの法人番号または登記事項証明書等、個人事業主であれば当該個人自らの住民票や事業証明書等の情報および公的書類の提出を受ける。また、アカウント登録情報の変更時においても、変更しようとする情報を裏付ける資料の提出を受ける。

② 販売業者等の氏名または名称が、登録された銀行口座の名義と一致し

ているか確認する。

③　商品の販売等に許認可等が必要である場合には、許認可等を受けた旨の証明書の提出を受ける。

④　取引の過程において登録情報と異なる情報に接したときは、個別に事実確認を行い、正しい情報の記載を求める。

(3)　販売業者等に対する取引DPF利用停止要請

内閣総理大臣は、以下の２要件を満たす場合、取引DPF提供者に対し、販売業者等による取引DPFの利用停止（出品停止）措置を要請することができ、要請を行ったことを公表することができます（法４条１項・２項）。

①　重要事項の虚偽誤認表示（商品等の安全性の判断に資するもの、商品等の信用に関わる著名な法人や著名な個人の関与、商品の原産地・製造地・商標・製造者名、商品等の販売や提供に関する許可・資格等、その他[36]）に関する事項等の表示が著しく事実と相違している

②　販売業者等が特定不能であるなどして、問題となる表示が是正されることが期待できない場合等、当該取引DPFを利用する消費者の利益が害されるおそれがある

また、取引DPF提供者は、利用停止措置要請に従ったことにより販売業者等に生じた損害については、賠償責任を負わないこととされています（法４条３項[37]）。

(4)　販売業者等情報開示請求

消費者は、取引DPF上の販売業者等に対し１万円を超える金銭債権を行使するために、販売業者等の氏名・名称、住所、電話番号、ファクシミリ番号、メールアドレス等の確認を必要とする場合、取引DPF提供者が保有する販売業者等の情報の開示を請求することができます（法５条１項・２項、内閣府令[38]）。

当該請求に対し、取引DPF提供者が要件を充足しかつ不正な目的のために開示請求が行われたものではないと思料するときは、その販売業者等と連

36　取引デジタルプラットフォームを利用する消費者の利益の保護に関する法律施行規則（令和４年内閣府令第９号）

絡することができない場合を除き、開示に応じるか否かについて当該販売業者等の意見を聞き、販売業者等がこれに同意しなかったとしても、開示請求が適法なものであるときは、取引 DPF 提供者等は、販売業者等情報を開示しなければなりません（法5条3項）。

図表7―3　開示請求のイメージ

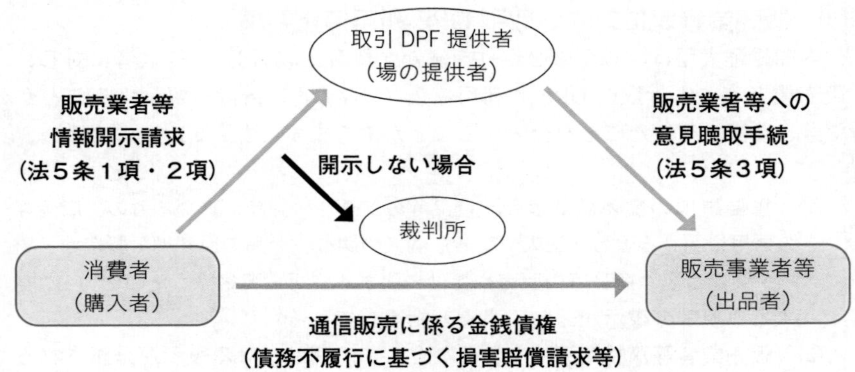

37　パブリックコメント（「取引デジタルプラットフォームを利用する消費者の利益の保護に関する法律施行令（案）」等に関する意見募集の結果について）26頁では、「法4条（取引デジタルプラットフォームの利用の停止等に係る要請）に関しては、法4条1項の要請を受けて商品の取下げやアカウント停止等を行った場合の損害賠償責任の免責については同条3項に規定されているが、独占禁止法やデジタルプラットフォーム取引透明化法などとの関係においても取引 DPF 提供者が免責されることを、法施行前になんらかの形で明確にしていただきたい。例えば、デジタルプラットフォーム取引透明化法では、全部拒絶といった行為を行う際には、DPF 提供者は当該行為の内容や理由等を事前開示しなければならないとされているところ、取引 DPF 消費者保護法第4条に基づく要請の場合には、直ちに当該措置を行う必要がある場合と考えられるため、それをもって事前開示の例外要件を充足すると考えてよいのか明確にしていただきたい。また、同法では当該行為の内容や理由等の説明も求められるところ、法第4条に基づく要請があったためという理由で足りるのかという点も併せて明確にしていただきたい。」との意見に対し、「私的独占の禁止及び公正取引の確保に関する法律（昭和22年法律第54号）や特定デジタルプラットフォームの透明性及び公正性の向上に関する法律（令和2年法律第38号）との関係性については、最終的にはそれぞれの法律を所管する各行政機関において個別の事案ごとに判断されることになりますが、例えば、特定デジタルプラットフォームの透明性及び公正性の向上に関する法律上では、取引 DPF 消費者保護法の要請で行う行為であってそれを速やかに行う必要がある場合や、理由を通知することで不正手段が巧妙化してしまい消費者の利益が害されるような場合には例外規定が設けられているように、基本的に、法第4条第1項の要件を満たした要請に従って取引デジタルプラットフォーム提供者が措置をとったことをもってこれらの法律に違反することとはならないと承知しています。」と回答しています。

38　前注36参照。

2　対応

(1)　取引DPF利用停止等要請を受けた場合の対応

内閣総理大臣から、取引DPF提供者となるアプリ提供者に対して利用停止等要請がなされる場合には、

①　要請の対象となる販売業者等および商品等
②　利用の停止その他の必要な措置の内容
③　販売業者等が特定できないと考えられる理由
④　販売条件等が虚偽表示等であると認められる理由等

が示されると想定されています[39]。

アプリ提供者は、原則としてこれに従うべきこととなります。

(2)　販売業者等情報開示請求を受けた場合の対応

アプリ提供者が取引DPF提供者に当たる場合であって、アプリ利用者から情報開示請求を受けた場合、

①　アプリ利用者の本人確認
②　販売業者等との間で1万円を超える金銭債権があること
③　販売業者等の確認を必要とすること
④　販売業者等情報を用いて当該販売業者等の信用を毀損する目的その他の不正の目的によるものでないこと

を確認します。具体的には、アプリ提供者は消費者庁が提供する「書式①販売業者等情報開示請求標準書式[40]」を参考にフォームを作成し、これをアプリ利用者に記入させるとよいでしょう。

アプリ利用者から必要な情報を取得・確認した後、今度は販売業者等への意見聴取手続を行います。これについても、消費者庁が提供する「書式②―

39　消費者庁「取引デジタルプラットフォームを利用する消費者の利益の保護に関する法律についてのQ&A」（Q3）1頁（https://www.caa.go.jp/policies/policy/consumer_policy/digital_platform/assets/consumer_policy_104_220628_14.pdf）

40　書式①～③は、以下よりダウンロード可能　https://www.caa.go.jp/policies/policy/consumer_policy/digital_platform/assets/consumer_policy_cms104_220628_04.pdf

１　販売業者等に対する意見照会書」を利用してフォームを作成しておき、これを販売業者等へ提出の上、その回答書として同じく消費者庁が提供する「書式②―２　販売業者等からの回答書」を参考にしたフォームを添付しておき、販売業者等からこれを回収します。

最後に、回答書の内容を踏まえて開示・一部開示・不開示を決定し、結果を消費者に対し通知します。この際の通知書についても消費者庁が提供する「書式③―１　販売業者等情報開示決定通知書」「書式③―２　販売業者等情報一部開示決定通知書」「書式③―３　販売業者等情報不開示決定通知書」を参考にフォームを作成し送付するのがよいでしょう。

広告・キャンペーン・マーケティングに関する規制　第8章

開発したアプリがどんなに魅力的なものでも、ビジネスとして成り立たせるためには、その存在を周知し、アプリストアからアプリ利用者にダウンロードさせ、アプリの中で実際に有料サービスを購入してもらうことが重要です。そのために、アプリ提供者は、それぞれの過程で、アプリを魅力的に見せるための広告表現を工夫したり、キャンペーンを行ったり、また、リワード広告等のマーケティング手法を利用し、アプリ利用者数と売上の最大化を目指します。

これらの広告・キャンペーン・マーケティング活動を行うには、第２章Ⅰで解説したデベロッパー向け規約に抵触しないよう配慮するとともに、関連規制への抵触が発生しないように注意しなければなりません。

本章では、アプリに係る広告・キャンペーン・マーケティング活動に関する実務上の留意点をいくつか取り上げて、解説していきます。

Ⅰ 広告表示に関する規制

不当に消費者を誘引し、消費者による自主的かつ合理的な選択を阻害することを防止するために、広告表示については特定商取引法や景品表示法による一定の規制が課されています。

図表８－１　広告表示規制

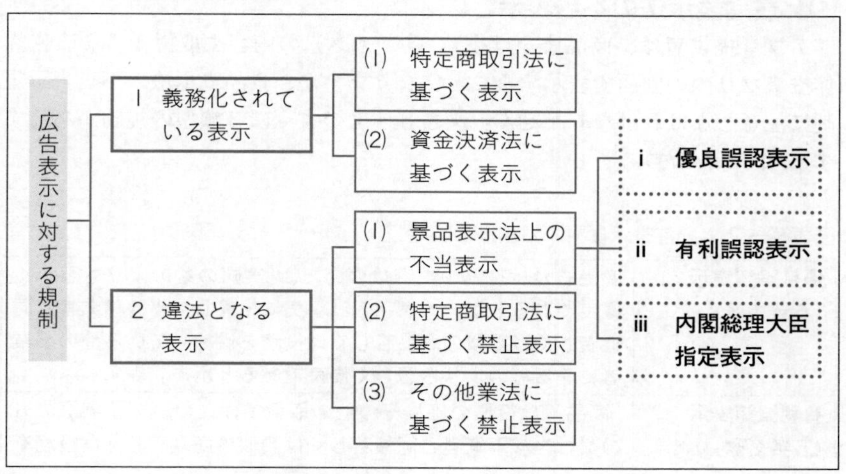

アプリビジネスにおける広告表示に関する規制を概観したものが図表８―１です。以下、それぞれ解説していきます。

1　義務化されている表示

(1)　特定商取引法に基づく表示

アプリ内でデジタルアイテム等を有償で販売する場合、アプリ提供者は特定商取引法上の通信販売業者に該当するため、同法に基づき一定の事項を表示しなければなりません。

この表示義務については、第５章をご参照ください。

(2)　資金決済法に基づく表示

アプリ内で提供されているサービスや、デジタルアイテムを購入するためのアプリ内通貨を有償で販売し、かつ、このアプリ内通貨が資金決済法上の「前払式支払手段」（同法３条１項）に該当する場合、アプリ内通貨の発行者であるアプリ提供者は、同法に基づき一定の事項を表示しなければならないことがあります。

この表示義務については、第６章をご参照ください。

2　違法となる表示

(1)　景品表示法の不当表示とは

アプリ提供者は、商品または役務（サービス）の内容や取引条件を広告媒体やアプリ内の画面で表示することになりますが、景品表示法の不当表示規制に注意しなければなりません。図表８―２のように３類型の規制があります（同法５条各号）。

図表８―２　広告表示に対する規制の概観

優良誤認表示 （５条１号）	商品または役務の内容について、「実際のものよりも著しく優良であると示」す表示と「事実に相違して当該事業者と同種若しくは類似の商品若しくは役務を供給している他の事業者に係るものよりも著しく優良であると示す」表示
有利誤認表示 （５条２号）	「商品又は役務の価格その他の取引条件について、実際のもの又は当該事業者と同種若しくは類似の商品若しくは役務を

	供給している他の事業者に係るものよりも取引の相手方に著しく有利であると一般消費者に誤認される」表示
その他の不当表示（5条3号）	その他、取引に関する事項について誤認されるおそれがあると認められるものとして内閣総理大臣が指定する表示（おとり広告等、いくつかの指定があります。）

以下、景品表示法における不当表示規制に共通する事項である「表示」の定義や誰がその「表示」をしていることになるかを押さえた上で、上記それぞれの類型について解説します。

⑵　「表示」について

a　何が「表示」に当たるか

景品表示法による規制の対象となる「表示」は、「顧客を誘引するための手段として、事業者が自己の供給する商品又は役務の内容又は取引条件その他これらの取引に関する事項について行う広告その他の表示であって、内閣総理大臣が指定するもの」です（同法２条４項）。その詳細を定める告示[1]によれば、以下のものが規制対象となる「表示」に当たります。

① 商品、容器または包装による広告その他の表示およびこれらに添付した物による広告その他の表示
② 見本、チラシ、パンフレット、説明書面その他これらに類似する物による広告その他の表示（ダイレクトメール、ファクシミリ等によるものを含む）および口頭による広告その他の表示（電話によるものを含む）
③ ポスター、看板（プラカードおよび建物または電車、自動車等に記載されたものを含む）、ネオン・サイン、アドバルーン、その他これらに類似する物による広告および陳列物または実演による広告
④ 新聞紙、雑誌その他の出版物、放送（有線電気通信設備または拡声機による放送を含む）、映写、演劇または電光による広告
⑤ 情報処理の用に供する機器による広告その他の表示（インターネット、

1　公正取引委員会「不当景品類及び不当表示防止法第二条の規定により景品類及び表示を指定する件」（平成21年８月28日最終改正）（https://www.caa.go.jp/policies/policy/representation/fair_labeling/public_notice/pdf/100121premiums_6.pdf）

パソコン通信等によるものを含む）

このように、「表示」に該当し得るものは極めて広く、アプリストアおよびアプリ内における表示は、少なくとも上記④や⑤に該当するでしょう。

b　誰が「表示」をしていることになるか

景品表示法の表示規制を受ける者は、問題となる表示の内容の決定に関与した事業者です。この「表示内容の決定に関与した事業者」には、①自らまたは他者と共同して積極的に表示の内容を決定した者だけではなく、②他者の表示内容に関する説明に基づきその内容を定めた者、③他者にその決定を委ねた者も含まれます。

アプリ提供者が自ら広告・マーケティングを行う場合には、アプリ提供者が表示をしていると評価されるでしょう。これに対し、アフィリエイト広告を行う場合で、広告自体をアフィリエイターが作成しているケースでは、どちらが表示主体となるかが問題となります。この点については、後記Ⅲ4「アフィリエイト広告に関する規制および留意点」をご参照ください。

(3)　不当表示の各類型

a　優良誤認表示

品質、規格その他商品・サービスの内容に関する表示について、事実に反して、実際の商品・サービスまたは競争事業者の商品・サービスよりも著しく優良であると示すことにより、不当に顧客を誘引し、一般消費者による自主的かつ合理的な選択を阻害するおそれがあると認められる表示は、「優良誤認表示」として禁止されており、後述する処分等の対象となります。

優良誤認の典型的な例が、「他社アプリと比べて処理が２倍高速」「ゲームアプリ人気No.1」というように、競争事業者のサービスとの比較優位性を示す表示を客観的合理的根拠もなく使用してしまうケースです。

また、サービス内容の実態が表示と合致しているかどうかについても、注意深く確認する必要があります。ゲーム内の有料ガチャの確率表記が問題となった事例で、いわゆる10連ガチャ（１回ガチャを引くと10個のキャラクターやアイテムが得られるガチャ）について、あたかもキャラクターやアイテムの抽選が独立して10回行われるかのように表示していたところ、実際は事前に決められた組み合わせの中から抽選を行っていたとして、消費者庁が優良誤認表示と認定し措置命令を行ったものがあります[2]。

また、消費者庁長官は、ある表示が優良誤認表示に該当するかどうかを判断するために必要な場合に、事業者に対し当該表示の裏付けとなる合理的な根拠を示す資料の提出を求めることができ、事業者がこれを一定期間内[3]に提出しなかった場合は、優良誤認表示とみなすことができます（景品表示法7条2項）。これを「不実証広告規制」といいます。合理的な根拠を示しているかについては、①提出資料が客観的に実証された内容のものであること、②表示された効果、性能と提出資料によって実証された内容が適切に対応していることの２つの要件を満たす必要があります（不実証広告ガイドライン[4]第3）。

アプリのサービス内容に関する表示を行うときは、表示の裏付けとなる客観的合理的な根拠があるかどうかを確認するようにしましょう。

b　有利誤認表示

価格その他の取引条件について、実際の条件または競争事業者の条件よりも著しく有利であると誤認させ、不当に顧客を誘引し、一般消費者による自主的かつ合理的な選択を阻害するおそれがある表示は、「有利誤認表示」として禁止されており、後述する処分等の対象となります。

(a)　価格に関する有利誤認表示

価格表示についての有利誤認該当性については、公正取引委員会が「価格表示ガイドライン[5]」を公表しています。同ガイドラインが示す、アプリとの関係で特に留意すべき表示類型は**図表8－3**のとおりです。

2　消費者庁「株式会社 gumi 及び株式会社スクウェア・エニックスに対する景品表示法に基づく措置命令について」（令和３年６月29日）（https://www.caa.go.jp/notice/assets/representation_210629_03.pdf）

3　一定期間は、内閣総理大臣（消費者庁長官）が文書で資料の提出を求めた日から15日後とされています（景品表示法施行規則７条２項本文）。

4　消費者庁「不当景品類及び不当表示防止法第７条第２項の運用指針―不実証広告規制に関する指針―」（平成28年４月１日最終改正）（https://www.caa.go.jp/policies/policy/representation/fair_labeling/guideline/pdf/100121premiums_34.pdf）

5　消費者庁「不当な価格表示についての景品表示法上の考え方」（平成28年４月１日最終改定）（https://www.caa.go.jp/policies/policy/representation/fair_labeling/guideline/pdf/100121premiums_35.pdf）

図表8―3　特に留意すべき表示類型（価格表示ガイドラインをもとに著者作成）

類型	不当表示に該当する場合	表示の例
過去の販売価格と比較	同一の商品について「最近相当期間にわたって販売されていた価格[6]」とはいえない価格を比較対照価格に用いる場合	「デジタルアイテムAが通常価格500円のところ、1/1～1/3の3日間に限り300円！」
将来の販売価格と比較	表示された将来の販売価格が十分な根拠のあるものでない場合[7]	「祝オープニングキャンペーン！4/1のリリース日より7日間はガチャ1回300円！（4/8から通常価格500円となります）」
タイムサービス	（通常は、不当表示に該当するおそれはない）	「本日12:00から13:00まで、デジタルアイテム全品20%引きで販売！」
他の顧客向けの販売価格と比較	当該販売価格が適用される顧客の条件の内容等について、実際と異なる表示を行ったり、あいまいな表示を行う場合	「初心者応援キャンペーン！有料ガチャ未体験ユーザーに限り、初回の3回のガチャサービス利用料金を50%引き！」
割引率又は割引額の表示	算出の基礎となる価格や割引率又は割引額の内容等について実際と異なる表示を行ったり、あいまいな表示を行う場合	「ショップ内全品30%OFF！」
販売価格の安さを強調するその他の表示	通常時等の価格と比較してほとんど差がなかったり、適用対象となる商品が一部に限定されているのに全体が値引されているような表示を行う等、実際と異なって安さを強調する場合	「全デジタルアイテム大幅値下げで大放出」

6　「最近相当期間にわたって販売されていた価格」（最近相当期間価格）といえるかどうかは、その価格で販売されていた時期および期間、対象となっている商品の一般的価格変動の状況、当該店舗における販売形態等を考慮しつつ、個々の事案ごとに検討されます。価格表示ガイドラインによれば、原則としてセール開始時点から遡って8週間の販売期間（販売期間が8週間未満の場合には当該期間）において、①比較対照価格で販売実績が販売期間の過半を占めていること、②その価格での販売期間が2週間未満でないこと、③その価格で販売された最後の日から2週間以上経過していないことの3つの要件を満たす場合には、最近相当期間価格と見てよいとされています。

7　消費者庁は「将来の価格として表示された価格で販売することが確かな場合……以外において、将来の販売価格を用いた二重価格表示を行うことは、適切でない」として否定的な見解を示しています。

(b)　その他の取引条件に係る有利誤認表示

価格以外の「その他の取引条件」には、数量、支払条件、取引に付随して提供される景品類、アフターサービス等、種々のものが幅広く含まれます。

アプリのサービスにおける有利誤認の例としては、ゲームの有料ガチャについて、レアなキャラクターの出現確率が実際には0.333%であるにもかかわらず、３％であるかのようにゲーム内の有料ガチャ画面で表示をしたことが有利誤認表示に該当するとして、ゲームの配信事業者に対して措置命令が出された事例があります[8]。

(c)　フリーミアムモデルにおける「無料」表示の有利誤認性

「フリーミアム」とは、Free（「無料」の意）にPremium（「上質な」の意）を組み合わせた造語で、基本的なサービスを無料で提供し、付加的なサービスを有償で提供して収益を得るビジネスモデルを指します。このようなフリーミアムモデルを採用する事業者が、実際には付加的なサービスを利用するためには利用料の支払いが必要であるにもかかわらず、顧客誘引手段として、サービスが無料で利用できることをことさらに強調する表示を行い、アプリ利用者に誤認を与えると、景品表示法上の不当表示として問題となるおそれがあります[9]。

これを受けて、最近ではほとんどのフリーミアムモデルのアプリが、「ダウンロード無料」、「アイテム課金制」と表示するようになっていますが、アプリのダウンロードが無料であること自体にさほど競争力はなくなっている現状を考えると、有料サービスを一部でも含む場合は、広告に「無料」の語句は極力使用しない方が無難といえます。

c　その他の不当表示（内閣総理大臣が指定するもの）

優良誤認表示・有利誤認表示に加えて、「商品又は役務の取引に関する事項について一般消費者に誤認されるおそれがある表示であって、不当に顧客を誘引し、一般消費者による自主的かつ合理的な選択を阻害するおそれがあ

8　消費者庁「アワ・パーム・カンパニー・リミテッドに対する景品表示法に基づく措置命令について」（平成30年1月26日）（https://www.caa.go.jp/policies/policy/representation/fair_labeling/pdf/fair_labeling_180126_0001.pdf）

9　消費者庁「インターネット消費者取引に係る広告表示に関する景品表示法上の問題点及び留意事項」（平成24年5月9日最終改定）２頁（https://www.caa.go.jp/policies/policy/representation/fair_labeling/guideline/pdf/120509premiums_2.pdf）

ると認めて内閣総理大臣が指定する」表示についても、不当表示として規制されています（景品表示法５条１項３号）。

現在指定されている６つの表示のうち、アプリサービスを運営する上で特に気を付けるべきものに「おとり広告に関する表示」があります。これを指定する告示[10]では、①取引の準備がされていない場合、②商品の供給量がわずかしかない場合、③商品の販売期間または１人当たりの販売量が限定されている場合、④取引する意思がない場合の４つを「おとり広告」と定義し、禁止しています。

d　公正競争規約制度

これまで見てきた規制とは異なる業界等の自主規制として、公正競争規約というものがあります。これは、複数の事業者が業界における表示や景品類の提供について、消費者庁および公正取引委員会の認定を条件として、業界の自主的なルールを定めることを可能にする制度です（景品表示法31条）。食品、酒類、不動産等の業種において様々な商品やサービスの表示・景品に関する公正競争規約が定められています[11]。

公正競争規約は、規約に参加していない事業者には適用されませんが、アプリで扱う商品またはサービスに関して公正競争規約が定められている場合、その公正競争規約に参加している事業者は、その内容にも留意して広告表示内容を検討する必要があります。

e　景品表示法の不当表示に対する処分・制裁

景品表示法に違反するおそれのある行為を行ったアプリ事業者に対しては、消費者庁から、是正措置をとるよう指導が行われる場合があります。また、不当表示規制に違反した場合には、当該行為を行っているアプリ事業者に対して、不当表示により一般消費者に与えた誤認の排除、再発防止策の実施、今後同様の違反行為を行わないこと等を命ずる措置命令が命じられることがあります（景品表示法７条１項）。さらに、不当表示のうち、優良誤認表示または有利誤認表示により措置命令が命じられた場合には、違反につき相当の注意を怠っていなかったと認められない限り、不当表示を行っていた商品・

10　公正取引員会「おとり広告に関する表示」（平成５年４月28日最終改定）（https://www.caa.go.jp/policies/policy/representation/fair_labeling/public_notice/pdf/100121premiums_17.pdf）

11　消費者庁「公正競争規約が設定されている業種」（https://www.caa.go.jp/policies/policy/representation/fair_labeling/fair_competition_code/industries/）

役務の最長３年分の売上額の３％の課徴金の納付を命ぜられます（同法８条第１項）。

このように景品表示法の不当表示規制に対しては非常に重い処分・制裁があり、事業への直接的かつ重大な影響が生じるリスクがありますので、違反とならないよう慎重な検討が必要です。

⑷　特定商取引法に基づく禁止表示

特定商取引法には、前記１⑴にて言及した表示義務のほか、虚偽・誇大な広告を禁止する規定があります。具体的には、広告における「著しく事実に相違する表示」や「実際のものより著しく優良であり、若しくは有利であると人を誤認させるような表示」が禁止されています（同法12条）。

どのような表示がこの誇大広告等に当たるかという具体的な基準については、当局の指針[12]でも述べられているものの、明確な基準が存在するわけではなく、ケース・バイ・ケースの判断となります。同指針によれば、「消費者等が広告に書いてあることと事実との相違を知っていれば、当然契約に誘い込まれることはない」といえるような表示等が該当すると考えられています。

⑸　その他業法に基づく禁止表示

広告表示を規制する法令は、景品表示法や特定商取引法以外にも存在します。特に、許認可や届出が必要となるような専門事業を規律する各業法によって課される広告規制が盲点となりやすく、注意が必要です。例えば、食品を通信販売するアプリサービスを運営する場合、食品衛生法や健康増進法等の関連業法に精通しないアプリ事業者が、これらに抵触してしまう可能性があります。宅地建物、旅行、求人求職等の需要者と供給者をマッチングするアプリサービスも、各業法に基づく広告規制に抵触する可能性が出てきます。

このような、業法に抵触するサービスをアプリ上で展開する場合には、個別具体的に、規制当局や専門家に相談・確認することが必要です。各法令の具体的な内容は本書では詳述しませんが、主な業法と規制対象は**図表８―４**

12　経済産業省「特定商取引に関する法律第６条の２等の運用指針―不実勧誘・誇大広告等の規制に関する指針―」（https://www.caa.go.jp/policies/policy/consumer_transaction/amendment/2012/pdf/130220legal_5.pdf）

のとおりです。

図表8―4　主な業法と規制対象

法令	規制対象
医薬品医療機器等法 （医薬品、医療機器等の品質、有効性及び安全性の確保等に関する法律）	• 医薬品 • 医薬部外品 • 化粧品 • 医療機器 • 再生医療等製品
健康増進法	• 食品
食品衛生法	• 食品 • 添加物 • 器具または容器包装
金融商品取引法	• 投資・金融商品
宅地建物取引業法	• 宅地建物
旅行業法	• 旅行
職業安定法	• 求人

Ⅱ　景品類の提供を含むプロモーションに関する規制

1　景品類の提供が規制される理由

アプリにおけるプロモーション方法として、アプリの登録や利用に際してポイントやアイテム（景品）を無償で提供するケースが多く見られます。このようなプロモーション方法は、景品表示法４条に基づく景品類規制によって、景品の金額などに一定の制限を受けるため、注意が必要です。

景品類規制は、表示規制（前記Ⅰ）と同様に、消費者保護を目的とした規制です。事業者が商品やサービス（以下、本項において「商品等」といいます）の提供に伴い、景品を制限なく提供した場合、消費者は、商品等の価格や品質ではなく、景品が付いてくるかどうかによって商品等を選択してしまうおそれがあります。それが常態化すると、事業者間では、商品等の価格や品質について有効な競争が行われなくなります。その結果、市場において、割高な、あるいは、質や内容が良くない商品等が大量に流通し、消費者の利益が損なわれる事態となってしまいます。そこで、景品表示法は、「一般消費者による自主的かつ合理的な選択を確保するため」に、景品類の価額などについて制限を設けています。

2　景品類規制に違反するとどうなるか

景品類規制に違反した場合、当局から、違反行為の差止めなどの措置命令を受けるおそれがあります。

近年、景品類規制違反を理由として措置命令がなされた例は非常に限られた件数しかありませんが、行政指導がなされるケースは決して少なくありません。このような行政指導をきっかけに、キャンペーンや、アプリそのものの中止・変更を余儀なくされることもあるため、アプリのプロモーションを検討する際には特に注意が必要な規制の１つです。

3　景品類規制の概要

何をどのように消費者に提供した場合に「景品類」の提供にあたり、どのような規制を受けるのか、詳しく見ていきます。

以下では、図表８―５の判断の流れに沿って、まず後記４で、どのようなプロモーション方法が「景品類の提供」に当たるのかを説明し、その次の後記５で、景品類の提供についてどのような制限を受けるのかを説明していきます。

図表８―５　景品類規制の判断の流れ

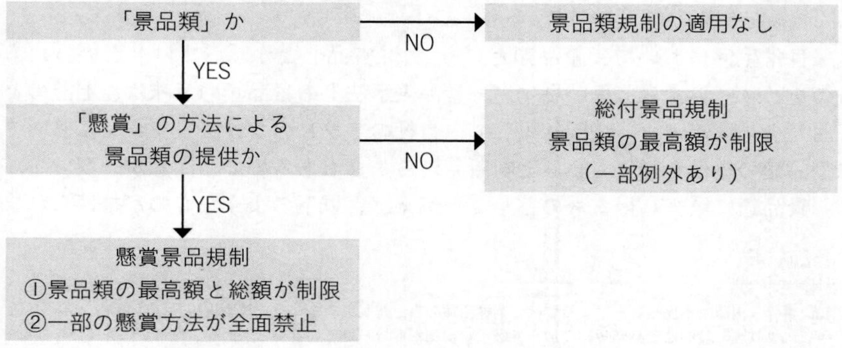

なお、景品類規制の詳細は、下記の告示のほか、その告示の運用基準や関連する通達により具体的に定められています。本書では1つ1つ触れることはしませんが、実務上、これらは非常に重要であり、アプリのプロモーションと景品類規制との関係を確認する上では、必ず確認してください[13]。

① 「不当景品類及び不当表示防止法第2条の規定により景品類及び表示を指定する件」（定義告示）
② 「懸賞による景品類の提供に関する事項の制限」（懸賞制限告示）
③ 「一般消費者に対する景品類の提供に関する事項の制限」（総付制限告示）
④ 業種別景品制限告示（新聞業、雑誌業、不動産業、医療用医薬用品業等）

4 「景品類」とは

(1) 概要

景品表示法上、「景品類」とは、下記①～③の要件をすべて満たしたものをいいます。

① 顧客を誘引するための手段として（顧客誘引性）
② 事業者が自己の供給する商品または役務の取引に付随して（取引付随性）
③ 相手方に提供する物品、金銭その他の経済上の利益

ただし、例外的に、④一定の要件を満たす場合には、景品類に該当しません（後記(5)参照）。

日常生活において、景品類というと、「賞品」とか「おまけ」といったものをイメージすると思いますが、景品表示法上の景品類の意味は、上記のとおり少し複雑です。意図せずして、自社のアプリのプロモーションにおいて景品類の提供を行っていると判断されることもあるので、注意が必要です。

景品類に該当し得るものとして、例えば、以下のようなものが挙げられま

---

13 業界（出版物小売業等）によっては、業界団体の自主規制である「公正競争規約」（前記Ⅰの2(3)d参照）により、一般的な景品類規制に加えて厳しい規制が設けられている場合があり、自社が業界団体に加盟している場合にはこれも参照する必要があります。

す。

① ダウンロード時に課金される有料のアプリや、課金要素を含むアプリについて、一定期間にダウンロードをしたアプリ利用者の一部に対して、抽選で、アプリストアで支払いに利用できるギフトコードや、アプリ上で使えるアイテムを提供する
② 上記ギフトコードやアイテムを、上記アプリのダウンロード者全員に提供する

なお、抽選によりもらえる者が決まる①は、懸賞により提供される景品類、全員もらえる②は、懸賞以外の方法により提供される景品類（いわゆる総付景品）に分類されます。この方法の違いが、具体的にどのような制限を受けるかを左右することになるのですが、この点は後で確認するとして（後記5参照）、先に「景品類」の上記の各要件について詳しく見ていきましょう。

図表8－6　景品類該当性の判断フロー

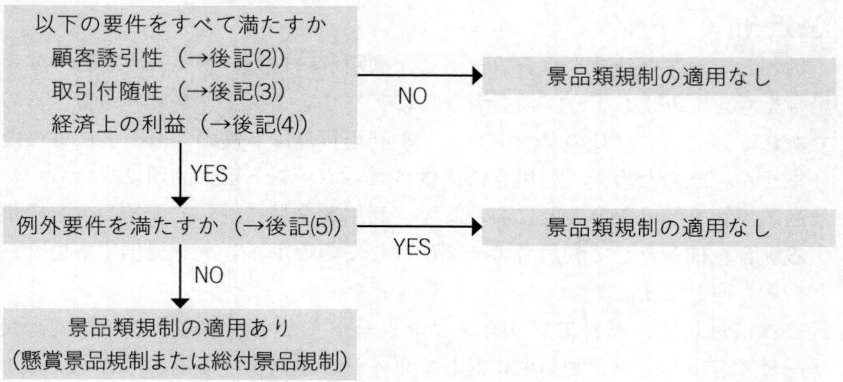

(2) 顧客誘引性（顧客を誘引するための手段）

この点は、客観的に、顧客誘引のための手段になっているかどうかによって判断されます。事業者の意図やキャンペーンの名目によって判断されるものではないので、注意が必要です。

ダウンロード前にあらかじめ告知をした上、有料アプリをダウンロードした利用者に対してのみ経済上の利益を提供するような場合は、顧客誘引性が

認められる場合がほとんどでしょう。

⑶　取引付随性（事業者が自己の供給する商品または役務の取引に付随して）

この要件は、景品類に該当するかどうかを決める分かれ目になることが多く、たいへん重要です。

以下、取引付随性を「自己の供給する商品または役務の取引」と「取引に付随して」と２つの要素に分解して、それぞれの意味を確認していきましょう。

a　自己の供給する商品または役務の取引

取引付随性は、事業者が「自己の供給する商品または役務の取引」に付随して経済上の利益を提供する場合に限り認められます（「役務」は、サービスを意味する用語です）。

ここでいう「取引」は、有償の取引に限られると考えられています。過大な景品につられて無償の取引を行ったとしても、消費者は不利益を受けないためです。

例として、アプリをダウンロードした利用者に対し、ポイントを付与する場合を考えてみましょう。消費者がこのアプリをすべて無料で利用できるのであれば、このアプリのダウンロードや利用行為は有償の「取引」には当たりません。そのため、この場合に提供されるポイントは景品類に当たらず、景品類規制を受けないことになります。利用者全員に対してポイントを提供する場合、抽選をして利用者の一部に対してのみポイントを提供する場合、どちらも同じです。

これに対して、有料アプリをダウンロードした利用者や、アプリ内課金サービスを申し込んだ利用者に対してポイントを提供する場合はどうでしょうか。この場合は、いずれも有償の「取引」に付随してポイントが提供されています。したがって、この場合のポイントは景品類に当たり、規制の対象となります。

また、無償アプリをダウンロードした利用者に対してポイントを提供する場合であっても、当該アプリ内に課金サービスがある場合は、個別具体的な事情によっては、アプリ内課金サービスという有償の「取引」に付随してポイントが提供されている、と評価される余地があります。例えば、アプリにログインすることを条件としてポイントを提供するような場合には、課金サービスの利用を条件としていなくとも、取引の場であるアプリの利用を前提とした提供であることから、慎重な判断が必要でしょう（後記コラム「景品類該当性の判断の難しさ」参照）。

b　取引に付随して

(a)　取引に「付随」していると判断される場合

次に、取引に「付随」する、という部分を説明していきます。取引に「付随」して経済上の利益を提供していると認められる場合は、次の２つです。

第１に、①取引を条件として経済上の利益を提供する場合です。例えば、「○月×日までにアイテムＡを購入したユーザー全員に、アイテムＢを無料でプレゼント」というキャンペーンがこの場合に当たります。

第２に、②取引を条件としないが、経済上の利益の提供が消費者（顧客）の購入の意思決定に直接結びつく可能性がある場合です。具体的には、経済上の利益の提供が、取引の相手方を主たる対象として行われるとき（例：「特定のアイテムを購入したユーザーのみ、次回ガチャの当選確率アップ」）や、取引の勧誘に際して、相手方に、金品、招待券等を提供するときがこれに該当します。

少し複雑ですが、ごく大まかには、商品等を購入することで初めて企画に参加できる（あるいは、当選確率が上がる）場合や、消費者にそのように思わせる可能性のある場合に、取引付随性が認められると理解しておくとよいでしょう。

(b)　取引に「付随」していると判断されない場合

これに対して、取引に「付随」していると認められない場合は、大きく３つあります。以下、わかりやすいものから順に見ていきます。

第１に、誰でも参加できるタイプのキャンペーンを行う場合です。上記①②のいずれにも該当しない場合、といってもよいでしょう。

例えば、有料アプリのタイトルを、Twitter上でハッシュタグを付けてツイートした者に対し、抽選で、合計１億円の現金をプレゼントするキャンペーンを考えてみます[14]。

この場合、消費者は、有料アプリのダウンロードをしなくても、このアプ

14　このように、誰でも参加できる抽選方式を「オープン懸賞」と呼び、景品類の提供方法として規制対象となる懸賞（これを「一般懸賞」と呼ぶこともあります）と区別することがあります。

リのタイトルをツイートすることは可能なので、誰もがキャンペーンに参加し、現金をもらえるチャンスがあることになります。これを事業者の視点から見れば、有料アプリのダウンロード（有償の取引）を条件とせず、現金の提供を行っているということになります（上記①が否定）。

また、このようなキャンペーンを実施すると、話題にはなりますが、合理的な消費者であれば、現金に惑わされて、この有料アプリをダウンロードすることはないでしょう。そのため、現金の提供それ自体は、消費者が取引をするか否かの意思決定に影響を与えていないものといえます（上記②が否定）。

したがって、上記のキャンペーンでは、取引付随性が認められず、ここで提供される現金は景品類に該当しないことになります。現金に惑わされて、この有料アプリをダウンロードする消費者が（ほぼ）いない以上、景品類規制を及ぼす必要がないのです。もちろん、有料アプリをダウンロードしなければ、このキャンペーンに参加できないという場合には、取引付随性は認められることになります。

第２に、提供される経済上の利益が、正常な商慣習に照らして取引の本来の内容をなす場合です（正常な商慣習の考え方については、後記(5)ｄも参照）。上記①②の要件からは直ちには読み取れませんが、取引付随性にいう「付随」とは、本体に別個のものが付いてくるという意味なので、取引本来の内容をなす経済上の利益は、取引に「付随」するものではないといえます。

この類型に当たる典型例は、宝くじの当せん金です[15]。当せん金を獲得することは、宝くじ購入という取引本来の内容です。そのため、取引付随性に欠け、当せん金は景品類に該当しないことになるのです。また、ゲームアプリにおいて、有料ガチャを引いた利用者に対してのみ、有料ガチャの「当たり」として、特定のレアアイテムを提供するという場合も、このレアアイテムは景品類に該当しません。レアアイテムの獲得は、有料ガチャの購入という取引本来の内容をなし、取引付随性に欠けることになるからです[16]。利用者は、取引本来の内容に従って宝くじやレアアイテムを獲得するのだから、景品類規制を及ぼす必要がないのです（ただし、キャンペーンの内容によっては、賭博罪など他の法律に抵触しないかは注意が必要です）。

第３に、商品等をセット販売[17]する場合です。例えば、商品を２つ以上組

15　宝くじを挙げているのは、あくまで説明のための例えばなしです。実際には、宝くじの販売は原則として富くじ発売罪に当たり（刑法187条１項）、当せん金付証票法で例外的に認められている場合があるにすぎません。民間業者の取扱いは不可能ですので、ご注意ください。

み合わせて販売していることが明らかな場合（例：「アイテムAとアイテムBをセットで〇〇円」）などがこれに当たります。

この場合も、消費者は、取引本来の内容に従ってアイテムAとアイテムBを獲得するため、景品類規制を及ぼす必要はありません。ただし、形式的にはセット販売に当たり得る場合であっても、①抽選などの懸賞によって提供する場合（例：「アイテムAを購入した人から抽選で100名にアイテムBをプレゼント」）や、②提供方法から、取引の相手方に景品類であると認識されるような仕方で提供する場合（例：「アイテムAを買った人には無料でアイテムBをプレゼント」）には、例外的に、取引付随性が認められています。いずれの場合も、アイテムBの購入は取引本来の内容ではなく、消費者は、アイテムBによって惑わされてアイテムAを購入するおそれがあるため、景品類規制を受け得るのです。

(4)　相手方に対して提供する経済上の利益

次に、第3の要件である「経済上の利益」について見ていきます。

a　経済上の利益に当たる場合

例えば、提供を受ける者の側から見て、通常、経済的対価を支払って取得すると認められるものは「経済上の利益」に含まれます[18]。実務上は、ポイ

16　取引本来の内容をなすかどうかは、実際の判断が難しい場合も少なくありません。例えば、ゲームアプリでステージクリア時に提供されるレアアイテムなどの報酬について考えてみましょう。まず、有料で挑戦可能なステージをクリアした利用者に対してのみクリア報酬を提供するキャンペーンの場合は、クリア報酬は有料ステージ購入との取引附随性を欠くと考えられます。この場合、利用者はクリアしなければ報酬を獲得できないことを理解して有料ステージを購入しているといえ、クリア報酬の獲得は、有料ステージの購入という取引本来の内容をなすといえるからです。また、クリア報酬が用意されているステージのクリアに失敗した場合に、有料で再チャレンジ（コンティニュー）する場合も、取引附随性が欠けるといえるでしょう。これに対し、クリア報酬が得られるステージを有利に進めることのできるアイテムを有料で販売する場合は、クリア報酬が取引本来の内容をなすとはいいづらく、利用者のアイテム購入の意思決定に直接結びつく側面があるため（前記b(a)参照）、取引付随性の有無を個別具体的に検討する必要があります。

17　セット販売の場合、景品類規制を回避できても、独占禁止法により禁止される「抱き合わせ販売」に該当する可能性があり、注意が必要です。

18　「経済上の利益」の範囲には「便益、労務その他の役務」が含まれますが、これは極めて広い概念です。消費者庁「インターネット上の取引と「カード合わせ」に関するQ&A」では、「オンラインゲームにおいて提供されるアイテム等は、……それによって利用者が、オンラインゲーム上で敵と戦うとか仮想空間上の部屋を飾るといった何らかの便益等の提供を受けることができるものであることから、第4号の『便益、労務その他の役務』に当たると考えられます。」と説明されています。ゲーム内でのみ利用できるようなデジタルアイテムであってもこのような評価を受けてしまうため、アプリサービスについては、景品類規制への注意を要する場面は極めて広いといえます。

ント、グッズのみならず、オンラインゲーム上のアイテムやキャラクター、スキルの入手といったゲーム上の効果なども、「通常、経済的対価を支払って取得する」ものであると評価される傾向にあります。また、割引券（クーポン）など、商品等を通常の価格よりも安く購入できる利益も、「経済上の利益」に含まれます。

b　経済上の利益に当たらない場合

これに対して、仕事の報酬等と認められる金品は「経済上の利益」に当たりません。

例えば、折れ曲がったり、木に隠れてしまったりして、通行者から見にくくなっている交通標識がないかを調べるため、ユーザーに、地域の交通標識の写真と位置情報を投稿してもらい、その投稿数に応じて、ポイントを提供するアプリがあるとします。ここで提供されるポイントは、まさに仕事の報酬等ですので、「経済上の利益」には当たらず、景品類に当たらないこととなります（仕事に相応しない過大なポイントを提供する場合は別です）。他方で、単に利用者の歩数のみに応じてポイントを提供するというアプリの場合、ここで提供されるポイントは仕事の報酬等ではないため、「経済上の利益」に当たり、景品類規制が及び得ることになります。

では、ｅスポーツの大会において賞金等が提供される場合はどうでしょうか。ｅスポーツの大会といっても様々なものがありますが、例えば、主催者が、自ら販売する有料ゲームアプリを使用して、プロゲーマー以外も参加できる大会を実施し、その優勝者に対して賞金を提供する、という場合を考えてみます。

この場合、主催者は、アプリを購入する消費者を誘引するための手段として、その購入に付随して賞金を提供する（アプリを購入すると、練習の機会を得ることができ、景品等の提供を受けることが容易になる）ものと評価されそうです。そこで、大会の賞金が、大会参加者の仕事上の報酬等として、「経済上の利益」でないといえる余地はないでしょうか。

この点に関し、消費者庁は、大会参加者の資格を所定の審査基準（予選の順位や過去の実績、能力・経験など）に基づいて限定し、大会の成績に応じて賞金を提供するケースにおいては、原則として、賞金が、大会参加者の仕事の報酬等に当たる（つまり、「経済上の利益」の提供に当たらない）と考え得る旨を述べています[19]。この消費者庁の見解においては、大会参加者の資格が一定の審査基準に基づき限定されており、大会参加者によるゲームの実演それ自体が、大会の競技性および興行性を向上させるという仕事と評価できるか否かが重要視されているものと考えられ、アプリを利用したｅスポーツの大会を開催する上で参考になります。

(5)　景品類に当たらない経済上の利益

a　はじめに

ここまで説明してきた景品類の要件を形式的に満たす場合でも、正常な商慣習に照らし、①値引き、②アフターサービス、または③商品等の付属品と認められるものは、例外的に景品類に該当しません。

以下では、アプリ上のキャンペーンと関連性の高い値引きについて説明していきます。

b　値引きはなぜ景品類に当たらないか

値引きは、商品等の価格に直結するものです。事業者が値引きをした場合、消費者は、その値引き後の価格を吟味した上で商品等を購入するのであって、値引きに惑わされて（「自主的かつ合理的な選択」が阻害されて）商品等を購入するという事態は通常生じません。そのため景品類規制の対象外とされています。

景品類規制の対象外となる値引きは、次の３類型に整理されます。

c　値引きの種類

(a)　減額（狭義の値引き）

１つ目は、対価の減額です。①商品等それ自体の対価を減額する（例：「今だけ月額利用料20％ OFF」）、②同じ種類の商品等を複数購入した場合に対価を減額する（例：「５個アイテムを買うと代金合計10％ OFF」）、③異なる種類の商品等を購入した場合に対価を減額する（例：「アプリＡの利用者はアプリＢの利用料50％ OFF」）といったものがこれに該当します。

なお、後の支払いに利用できるポイントを付与する行為も、減額のメリットを受けられるタイミングが遅れること以外には同様の経済的効果を生むので、対価の減額と整理できます。ただし、いわゆる共通ポイントは、消費者

19　消費者庁表示対策課長作成の2019年９月３日付「法令適用事前確認手続回答通知書」（https://www.caa.go.jp/law/nal/pdf/info_nal_190903_0002.pdf）

と他の事業者の取引の対価の減額にもなり得るので、ここでいう対価の減額には当たりません[20]（この「値引き」と評価されず景品類に該当したとしても、後記5(3)cで触れるとおり、上限額規制の適用除外となることはあります）。

(b)　代金の割戻し（キャッシュバック）

2つ目は、1度支払いを受けた代金を後で返金する、代金の割戻しです。例えば、「50万円分以上の暗号資産購入で、1,000円相当分の暗号資産をキャッシュバック」という場合がこれに当たります。事後的に対価を減額する行為であり、事業者が結果として価格を下げていることから、値引きと認められています。

(c)　同一商品等の付加（増量値引き）

3つ目は、事業者が実質的に同一の商品等を付加する場合です。例えば、「10連ガチャを引くと、もう1回分ガチャ無料」「ゲーム内通貨を100個購入すると、ボーナスで10個増量」という場合がこれに当たります。

d　「正常な商慣習に照らして」

ただし、規制されるべき景品類と実質的に異ならないものを除外するため、これらの類型の値引きのうち、「正常な商慣習に照らして」値引きと認められるものだけが、景品類から除外されます。

これに該当するかは、商品の特徴、その経済上の利益の内容、提供の方法等を勘案した場合に、一般消費者による自主的かつ合理的な選択の確保という点から見て容認し得るものか否かという観点から判断されます[21]。明確な基準があるわけではないので、実際の判断は難しい場合もありますが、実務上は、業界の慣行や他社事例等に照らして検討することが多いように思われます。

なお、形式的には「正常な商慣習に照らして」値引きと認められる場合でも、懸賞により値引きをする場合（例：アプリ内の抽選に当選すると、100円分の電子クーポンがもらえる場合）など、一定の場合には、実質的に値引きではない（＝景品類に当たる）と評価されますので注意が必要です[22]。

20　植村幸也『製造も広告担当も知っておきたい　景品表示法対応ガイド』（第一法規、2018）142頁参照。
21　西川康一編著『景品表示法〔第6版〕』（商事法務、2021）213頁
22　ただし、景品類に該当しない値引きを行う場合でも、不当表示（前記Ⅰ）や独占禁止法上の不当廉売に該当することはあり得るので、注意が必要です。

Column 景品類該当性の判断の難しさ—ログインボーナスを例に

これまで景品類の要件について解説をしてきましたが、実務上は、景品類に該当するか否かの判断に迷うことも少なくありません。例として、無料ゲームアプリ（アプリ内課金サービスあり）のログインボーナスについて考えてみます。

まず、顧客誘引性についてみると、ログインボーナスは、利用者にアプリを継続して利用してもらい、アプリ内で、有料ガチャ等の課金取引を行ってもらうために（課金取引を行う消費者を誘引するための手段として）提供されている側面がないとはいえません。

では、取引付随性はどうでしょうか。例えば、ログインボーナスとして、アプリ内のアイテムや有料ガチャの引換券を提供するだけの場合は、取引付随性が否定されることも多いと考えられます。利用者がこれらのログインボーナスの提供を受けたとしても、必ずしも、課金取引を行うか否かの意思決定に直接結びつくとは限られないためです。

他方で、ログインボーナスが一定程度貯まった利用者が有料ガチャを引く場合に、ガチャの当選確率がアップするというような設計にした場合は、ログインボーナスの付与と有料ガチャとの間の取引付随性が肯定され得ると考えられます。利用者が一定のログインボーナスが貯まったことをきっかけに、有料ガチャを行うと意思決定をすることが十分に考えられるためです。そして、この場合のログインボーナスは、「役務」という「経済上の利益」に当たるため、景品類に該当して規制の対象になり得ると考えられます。

このように、ログインボーナスとひと口にいっても、景品類に該当するか否かはその内容によって変わります。アプリ自体の仕組みや、プロモーション全体の内容を個別具体的に検討する必要があるでしょう。

5　景品類を提供する場合に、どのような規制を受けるのか

(1)　はじめに

ここからは、景品類を提供する場合に、どのような規制を受けるのかとい

う点を見ていきましょう。

規制の内容は、事業者が景品類をどのような方法によって提供するかによって異なります。具体的には、懸賞の方法による場合と、それ以外の場合（いわゆる「総付景品」）とで分かれるので、まず、懸賞の意味を確認します。

a　懸賞とは

「懸賞」とは、①くじその他の偶然性を利用して定める方法、または②特定の行為の優劣または正誤によって定める方法によって、景品類の提供の相手方または提供する景品類の価額を定めることをいいます。要するに、景品類の提供の有無や提供される景品類の価額・種類が偶然によって左右される方法が「懸賞」です。

懸賞という言葉からは、「賞金」とか「報奨金」といった経済上の利益を思い浮かべるかもしれませんが、規制上の「懸賞」とは、そうではなく、くじや抽選に当たった人にプレゼントする（①）、コンテストの優勝者やクイズの正解者にプレゼントする（②）といった景品類を提供する方法を意味します。混乱のもとになりやすいので、ご注意ください。

b　総付とは

懸賞以外の方法、つまり、偶然性や特定の行為の優劣に基づかずに経済上の利益を提供する方法は、「総付」（ベタ付）と呼ばれます。

景品類を提供するに際して何らかの条件を設けたとしても、景品類の提供の有無や提供される景品類の価額・種類が偶然によって左右されていなければ、総付に当たります。

ここで、懸賞と総付の例をそれぞれ挙げると、以下のとおりです。

①　懸賞に当たる例

- 有料アプリをダウンロードした利用者のうち一部の利用者に対して、抽選で、アプリストアで支払いに利用できるギフトコードや、アプリ上で使えるアイテムをプレゼントする場合

②　総付に当たる例

- 一定期間内に有料アプリをダウンロードした利用者全員に対して、上記ギフトコードやアイテムをプレゼントする場合
- 有料アプリをダウンロードした先着1万名に対して、同様にプレゼントする場合

⑵　懸賞による景品類（懸賞景品規制）

a　概要

懸賞により景品類を提供する場合、図表８―７のとおり、①景品類の最高額の制限と、②景品類の総額の制限（そのキャンペーンで提供する景品類の合計額の制限）を受けます[23]。

図表８―７　一般懸賞における景品類の限度額

取引の価額	景品類の限度額	
	最高額	総額
5,000円未満	「取引の価額」の20倍	懸賞に係る売上予定総額の２％
5,000円以上	10万円	

なお、上記①②の制限のほか、一部の懸賞方法（いわゆる「カード合わせ」）に限っては、その方法を用いて景品類を提供すること自体が禁止されるという重要な例外があります（後記ｅ参照）。

b　懸賞による景品類の最高額の制限

(a)　景品類の最高額の算定方法

懸賞による景品類の最高額は、「取引の価額」の20倍または10万円のいずれか低い方までとする必要があります。景品類の最高額の制限は、取引価額がどんなに高額であっても（たとえ１億円の取引のためのプレゼント企画であっても）、10万円以上の景品は提供できないので、注意が必要です。

(b)　「取引の価額」

「取引の価額」の算定方法は、懸賞のタイプに応じて異なります。ここでは、アプリを企画・運営する上で重要な２つに絞って説明をします。なお、取引の価額は、いずれも個別の事案ごとに検討することになりますが、いずれも消費税相当額を含めて計算します。

第１に、消費者の購入額に応じて懸賞への参加資格を決定して、景品類を提供する場合です。この場合は、その購入額が取引価額となります。例えば、

23　多数の事業者が共同して実施する懸賞（共同懸賞）については、特例として、一般の場合よりも制限が緩和されていますが、アプリにおいて共同懸賞が行われている例は多くないため、本書では割愛します。

「5,500円（税込）以上お買い上げの方に抽選で○○をプレゼント」というキャンペーンを実施する場合は、消費者の購入額が5,500円（税込）以上になった場合に限り景品類を提供するので、取引価額は5,500円になります（取引の価額が5,000円以上であるので、景品類の最高額は10万円）。

第2に、購入額を問わずに、購入者に対し景品類を提供する場合です。この場合は、原則として、取引価額は100円となります。ただし、①対象商品等の価額のうちの最低のもの（最低価額）が明らかに100円を下回っているものがあるときは、当該最低価額が取引価額となります。他方で、②対象商品等で通常行われる取引の価額のうちの最低価額の100円を超えるときは、当該最低価額を取引価額とすることができます。

例えば、「期間内に有料アイテムを購入した方々の中から、抽選で○○をプレゼント」というキャンペーンを実施する場合には、取引価額は、原則として100円になります（景品類の最高額は2,000円）。ただし、①アプリ内で販売している有料アイテムの最低価額が55円（税込）であるときは、取引価額は55円となります（景品類の最高額は1,100円）。他方で、②アイテムの最低価額が200円であるときは、取引価額を200円とすることができ、その場合、景品類の最高額は4,000円となります[24]。

c　懸賞による景品類の総額の制限

懸賞による景品類の総額は、取引の予定総額の2％以下とする必要があります。ここでいう「取引の予定総額」とは、懸賞販売実施期間中における対象商品の売上予定総額のことをいいます。

このように懸賞による景品類の総額には制限があるため、事業者は、事前に売上総額の見込みを立て、景品類の総額がその2％以内に収まるようキャンペーンを立案したり、アプリを設計したりする必要があります。客観的に見て合理的な売上予定総額に基づいているのであれば、何らかの理由で実際の売上総額が予定を下回り、結果として景品類の総額が当初の売上予定総額の2％を超過したとしても、問題にはなりません[25]。

24　取引価額の算定方法は、実務上、悩ましい場合も少なくありません。本文で述べたとおり、取引価額は、いずれも個別の事案ごとに検討することになりますが、購入額を問わずに購入者に対し景品類を提供する場合における取引価額の算定方法については、日本証券業協会「広告等に関する指針（平成28年9月版・平成29年10月一部改正）」（https://www.jsda.or.jp/about/jishukisei/web-handbook/103_koukoku/files/koukokushishin_1710.pdf）61頁以下なども参考になります。

25　西川・前注21・227頁

d　景品類の価額

以上のとおり、懸賞により景品類の提供を行う場合には、景品類の最高額と総額の双方につき制限を受けることになるのですが、そもそも、景品類の価額はどのように算定すればよいのでしょうか。

第1に、景品類と同じものが市販されている場合は、景品類の提供を受ける者がそれを通常購入するときの価格が、景品類の価額になります。例えば、「期間内に有料アプリをダウンロードした方々の中から、抽選で、アプリ内アイテム1,000円分をプレゼント」というキャンペーンを実施する場合は、このアプリ内アイテムを通常購入するときの価格（1,000円）が景品類の価額になります。なお、シーズンによって値段が変わったり、日々値段が変わったりするもの（テーマパークや飛行機のチケット、株式、暗号資産など）を景品類として提供する場合には、当該景品類が提供される時点で価格を算定することとなるため、思いがけずに景品類の最高額または総額の規制に抵触しないように注意が必要です。

第2に、景品類と同じものが市販されていない場合は、入手価格、類似品の市価等を勘案し、景品類の提供を受ける者がそれを通常購入することとしたときの価格が、景品類の価額になります。例えば、既に市販されなくなったプレミアムグッズを景品類として提供する場合は、ショッピングサイトやフリマアプリなどにおける当該プレミアムグッズの価格などを参考にして、景品類の価額を算定することも考えられます。

また、唯一無二のNFTアートなど、市場に出回ったことのないものを景品類として提供する場合は、仕入価格や類似品の市価等を勘案して、仮にその賞品等が市販されていた場合に想定される市価を景品類の価額として算定することが考えられます。もっとも、実務上はそもそも算定が困難な場合も少なくないものと思われます。その場合、例えば、入手価格に準ずるものとしてその制作に要したコストを考慮するといった工夫が考えられます。

e　懸賞方法に関する制限

(a)　カード合わせの禁止

懸賞の方法によっては、提供する景品類の価額や総額にかかわらず、景品類の提供が全面的に禁止される場合があります。

具体的には、「2以上の種類の文字、絵、符号等を表示した符票のうち、異なる種類の符票の特定の組み合わせを提示させる方法」による懸賞の方法（いわゆる「カード合わせ」）が禁止されています。

(b)　コンプガチャ

これによって禁止される代表例が、いわゆるコンプガチャです[26]。少し長くなりますが、なぜコンプガチャが禁止され得るのか、次のようなアプリを例にとって、景品類の要件にも立ち返りながら説明します。

> 有料ガチャを行うと、武器、兜、防具、アクセサリーという４種の装備の中から、ランダムで装備（アイテム）を入手できる。アプリ上の説明によると、特定の属性を持った装備４種をすべて集めることができた場合、通常のものより強化された装備（レアアイテム）を入手することができる。

上記のアプリでは、有料ガチャ取引を行う消費者を誘引するための手段として、有料ガチャ取引に付随して（有料ガチャ取引を行い、これにより入手できる特定のアイテム４種を集めることを条件として）、レアアイテムという経済上の利益を提供しています。そのため、レアアイテムの提供は、景品類の提供に当たります。

このとき、レアアイテムを誰に提供するかは、有料ガチャ取引で入手したアイテムを使って特定のアイテム４種を集められるかという、偶然性のある事情によって定まります。すなわち、懸賞により景品類の提供がなされることになります。

問題は、上記アプリのこのような仕組みが、懸賞のうちカード合わせという方法に該当するか否かです。先ほど述べたとおり、利用者がレアアイテム（景品類）の提供を受けるためには、有料ガチャ取引を行うだけでなく、そこで入手したアイテムのうち特定の４種を集める必要があります。これを言い換えれば、利用者は、景品類の提供を受けるため、特定の４種のアイテム（符票）の組み合わせを作り、それを事業者に提示する必要があるのです。これはまさに、「２以上の……異なる種類の符票の特定の組み合わせを提示させる方法」といえます。

よって、上記仕組みはいわゆるカード合わせに該当することとなり、景品類の提供をすること（つまり、このようなガチャを行わせること）自体が禁止されることになります。

26　一般的には、「ガチャ」によって、例えば、特定の数種類のアイテム等を全部揃えると、オンラインゲーム上で使用することができる別のアイテム等を新たに入手できるという仕組みをいいます。

上記のような形態のコンプガチャをはじめとして、カード合わせによる懸賞が禁止されるのは、欺瞞性と射幸性が強いためです。コンプガチャに関していえば、初めのうちは、ガチャ取引で得られるアイテムも順調に増えるため、指定された特定の組み合わせを作るのが簡単なように思えますが、実際には、だんだんとその組み合わせを作るのが難しくなります。このように、カード合わせは、当選率について消費者を錯覚させる可能性があり（欺瞞性）、また他面において、一種のギャンブル性（射幸性）も強い方法といえるため、その方法自体が禁止されているのです。

Column　どのようなガチャが全面的に禁止されるのか

カード合わせの該当性の判断は、アプリにおいて、「異なる種類の符票の特定の組み合わせ」を提示させる方法が用いられているか否かによって決まります。「コンプガチャ」という名称を使用しているかどうかは重要ではありません。いわゆるビンゴガチャなども、カード合わせに該当し得ます。

もっとも、一見するとコンプガチャのように見えても、カード合わせに該当せず、適法に実施できるものもあり得ます。

例えば、上記の例では、特定の属性を持った装備４種をすべて揃えることができた場合、通常のものより強化された装備（レアアイテム）を入手できるという仕組みになっていました。それでは、アプリ上、このような仕組みを採用していることについて、何ら説明がされていなかった場合はどうでしょうか。消費者がそのような仕組みが採用されている旨を知らないことを前提とすると、消費者は、その属性を持った装備４種をすべて揃えるために有料ガチャを行うということはありません。そのため、このような場合は、特別の事情がない限り顧客誘引性（前記４⑵参照）は認められず、そもそも景品類に該当しません[27]。

また、次のような仕組みを採用することは禁止されないと考えられま

27　西川・前注21・233頁～235頁参照。同書によると、特段の事情として、事業者が他のサイトの掲示板等に特定の組み合わせやその効果を自ら書き込んで（または第三者に依頼して書き込ませて）利用者に周知させた場合などが想定されています。ここまで至らずとも、利用者の相当数が利用する攻略サイト等において掲載されるなどして、利用者の間で事実上周知された仕組みとなっている場合には、該当性を否定しづらくなるでしょう。

す（懸賞による景品類には当たりますので、景品類の最高額と総額の制限は受けます）[28]。

① 有料ガチャで入手するアイテムに固有の点数を割り当てた上、その点数の合計が一定点数を超えた場合に、レアアイテムを入手できることとする場合
② 有料ガチャで同じアイテムを４種集めた場合に、レアアイテムを入手できることとする場合
③ 有料ガチャで入手できる特定のアイテム１個、無料ガチャで入手できる特定のアイテムを集めた場合に、レアアイテムを入手できることとする場合

(3) 総付による景品類（総付景品規制）

a 概要

「総付」（ベタ付）は、前記(1)ｂのとおり、懸賞以外の方法、つまり、偶然性や特定の行為の優劣に基づかずに景品類を提供する方法を意味します。

この場合、景品類の最高額が制限されます（総額の制限はありません）。

b 総付による景品類の最高額の制限

総付による景品類の最高額は、①取引の価額の２割（取引価額が1,000円未満の場合は200円）までであって、かつ、②「正常な商慣習に照らして適当と認められる限度」までです。「取引の価額」や「景品類の価額」の算定方法は、懸賞の場合と概ね同じです（前記(2)ｂ(b)、ｄ）。

28　オンラインゲームにおけるカード合わせ該当性の判断は、一般社団法人日本オンラインゲーム協会ガイドラインワーキンググループ「オンラインゲームにおけるビジネスモデルの企画設計および運用ガイドライン」（https://japanonlinegame.org/wp-content/uploads/2017/06/business_method_guideline_2016.pdf）も参考になります。

図表８−８　総付景品の限度額

取引の価額	景品類の限度額	
	最高額	総額
1,000円未満	200円	なし
1,000円以上	取引価額の10分の2	

なお、上記②のとおり、総付により「正常な商慣習に照らして適当と認められる限度」を超える金額の景品類を提供することは禁止されますが、①を満たす限り、この要件に抵触する場合は極めて例外的な場合に限られると思われます。

c　総付景品規制の適用除外

事業者が総付により景品類を提供する場合でも、次の①〜④に該当する場合、景品類の最高額の制限が及びません（懸賞により景品類を提供する場合には、このような例外規定はありません）。ただし、いずれも「正常な商慣習に照らして適当と認められるもの」でなければなりません。

①　商品の販売もしくは使用のためまたはサービスの提供のため必要な物品またはサービス
(例)ゲームストーリー上最初に仲間になるキャラクターを提供するために、有料ガチャを無料で実施させる

②　見本その他宣伝用の物品またはサービス
(例)有料アイテムの効果を体感してもらうために、お試しで1回だけアイテムを無料で使用させる

③　自己の[29]供給する商品またはサービスの取引において用いられる割引券その他割引を約する証票
(例)期間内にアプリをダウンロードした利用者に対し、ゲーム内通貨を30％割引で購入できるクーポンを一律で提供する

④　開店披露、創業記念等の行事に際して提供する物品またはサービス
(例)ゲームリリースを記念して、リリース前にユーザー登録をした利用者に、ゲームを有利に進めることができるアイテムをプレゼントする

29　当局の示す運用基準によれば、他の事業者の供給する商品・サービスにも共通して用いられる証票も、この③に含まれます。

なお、総付により事業者向けに景品類を提供する場合は、医療機関等の事業者向けである場合を除き、景品類規制は適用されません（懸賞の方法による場合は、提供の相手方が事業者であっても一般消費者であっても規制対象となります）。

Ⅲ 広告手法ごとの規制や留意点

アプリでよく見られる広告手法に、①リワード広告、②友だち招待、③ステルスマーケティング（ステマ）、④アフィリエイト広告、⑤行動ターゲティング広告があります。

①リワード広告とは、広告に対してのアクションによってユーザーにリワード（報酬）を還元する広告手法をいいます。例えば、あるアプリをダウンロードすれば、別のアプリゲームのレアアイテムがもらえる手法です。

②友だち招待とは、アプリ利用者（勧誘ユーザー）が「招待コード」と呼ばれるユニークな文字列を別のユーザー（被勧誘ユーザー）に配布してアプリのダウンロードを勧誘し、被勧誘ユーザーが招待コードを利用してアプリをダウンロードした場合に、勧誘ユーザーに対して限定デジタルアイテム等の経済上の利益を提供する手法です。

③ステルスマーケティングとは、事業者が自らまたは第三者に依頼して、消費者に商品やサービスの宣伝と気付かれないように宣伝行為を行う手法です。アプリマーケティングにおいても、アプリ提供者の従業員やそれを代行するステマ業者と思われる事業者らが、アプリレビューサイトやGoogle、Appleのストアレビュー欄に好意的な評価を書き込んでいる事例が見られます。

④アフィリエイト広告とは、広告主以外のブロガー・ウェブサイトの媒体（アフィリエイター）に広告をしてもらい、そのアフィリエイターを経由したダウンロードやユーザー登録数に応じてアフィリエイト広告料を払うタイプの広告をいいます。

⑤行動ターゲティング広告とは、利用者のインターネット上での行動履歴を収集し、それに応じた広告を配信する広告手法をいいます。

以下、上記の各手法についての規制や留意点を解説していきます。

1　リワード広告に関する規制および留意点

(1)　景品表示法による規制

リワード広告では、アプリ提供者が広告主として報酬の原資を支払い、代理店からポイントメディア、アプリ利用者に対し報酬が支払われることになります。最終的にダウンロードを行ったアプリ利用者に対してインセンティブ（＝経済上の利益）が支払われることになるため、この部分が総付景品に該当し、景品規制に抵触するおそれがあります（詳細は前記Ⅱ5「景品類を提供する場合に、どのような規制を受けるのか」を参照してください）。広告代理店は通常、このリスクを考慮し、広告主に対して広告対象アプリの販売価格（＝取引価額）に応じたインセンティブ上限を設けて広告商品を販売しています。

(2)　デベロッパー向け規約の適用

リワード広告は、アプリのダウンロードランキングの操作につながることから、Apple、Google等のアプリストア提供者は、デベロッパー向け規約やレビューガイドラインでリワード広告について禁止したり、一定の制限を課したりしていることが通常です。こうした規約等に違反するとしてアプリの削除等の措置を受けないよう、留意する必要があります。

2　友だち招待に関する規制および留意点

(1)　景品表示法による規制

友だち招待は、一見するとリワード広告にも似た手法ですが、勧誘ユーザーを商品・サービスの購入者に限定しない限り、取引付随性はないものと評価され、景品規制には抵触しないこととなります（定義告示運用基準[30] 4(7)）。

(2)　特定商取引法による規制

勧誘ユーザーがさらに別のユーザーを勧誘した際に報酬が支払われるといった報酬構造をとると、特定商取引法上の「連鎖販売取引」（いわゆるマル

30　消費者庁「景品類等の指定の告示の運用基準について」（昭和52年4月1日）（https://www.caa.go.jp/policies/policy/representation/fair_labeling/guideline/pdf/100121premiums_20.pdf）

チ商法。33条1項）として、表示義務や誇大広告等の禁止等の規制を受ける場合があり、留意が必要です。

(3)　デベロッパー向け規約の適用

友だち招待についても、アプリストア提供者は、リワード広告と同様にランキング操作につながるものとして、デベロッパー向け規約や審査ガイドラインによってこれを婉曲的に禁じています。

実際の運用としては、友だち招待をするアプリ利用者（勧誘ユーザー）にインセンティブを提供するアプリはリジェクトされず、友だち招待を受けてアプリをダウンロードしたアプリ利用者（被勧誘ユーザー）にインセンティブを提供するアプリがリジェクトされているケースが多く、プラットフォーマーからの要請により当該友だち招待を中止する事例もあります[31]。

3　ステルスマーケティングに関する規制および留意点

(1)　景品表示法による規制

消費者庁のガイドラインは、ステルスマーケティング（ステマ）が景品表示法上の不当表示となり得るとの考え方を示しています[32]。

これはつまり、消費者庁が、ステマも「自己の供給する商品又は役務の取引について」の「表示」に当たるという前提をとっていることを意味します。そうすると、書き込みの内容自体が商品に関する具体的な説明となっており、実際のものよりも著しく優良または有利であると一般消費者を誤認させるものである場合、景品表示法に違反する不当表示となると考えられます。また、当該書き込みの内容が抽象的な内容または主観的な内容である場合でも、投稿者が自らの意思で好意的な内容のレビューを書き込んでいる、または当該商品等を愛用している等の事実が実際には「ない」のに「ある」かのように

31　例えば、ミクシィのゲームアプリ「モンスターストライク」が平成27年9月にApple社からの要請に応じて友達招待キャンペーンを廃止しています（https://www.monster-strike.com/news/20150902_2.html）。

32　消費者庁は、「インターネット消費者取引に係る広告表示に関する景品表示法上の問題点及び留意事項」（令和4年6月29日最終改定）において、「商品・サービスを提供する店舗を経営する事業者が、口コミ投稿の代行を行う事業者に依頼し、自己の供給する商品・サービスに関するサイトの口コミ情報コーナーに口コミを多数書き込ませ、口コミサイト上の評価自体を変動させて、もともと口コミサイト上で当該商品・サービスに対する好意的な評価はさほど多くなかったにもかかわらず、提供する商品・サービスの品質その他の内容について、あたかも一般消費者の多数から好意的評価を受けているかのように表示させること。」との事例を記載し、このような行為が景品表示法の不当表示に該当する可能性があるとの考え方を示しています。

示すものであるといえ、多数の消費者がそのように誤解するおそれがあれば不当表示になり得るとの見解もあります。

米国では、ステマは欺罔的な広告と位置付けられており、また、他国でも違法とする国が増えています。日本における規制についても、今後の動向に留意が必要です。

なお、いわゆる逆ステマ・口コミサイト（競合他社の商品・サービスの評価を下げる投稿）は、その口コミが競合他社の社会的評価を低下させると評価される場合、名誉権侵害を理由とする差止めや損害賠償の請求を受けるおそれがあるほか、名誉棄損罪（刑法230条）、侮辱罪（同法231条）、偽計業務妨害罪（同法233条）に当たるおそれもあり、望ましくない施策といえます。

⑵　デベロッパー向け規約の適用

デベロッパー向け規約においても、ステマを含む不正なレビュー・ランキング操作が禁止されており、実際に、不正なランキング操作を理由としてアプリがリジェクトされた例もあります。

⑶　業界での自主規制

ステマについては、広告業界の一部でも自主規制の動きがあります。WOMマーケティング協議会の「WOMJガイドライン」は[33]、「現実とは異なる『情報発信者から発せられる情報』や『消費者行動の履歴』を、あたかも現実であるかのように表現すること」を「偽装行為」と定義した上で、一定の規制をしています。例えば、「クチコミサイトなどで、虚偽の推奨コメント（または批判コメント）を投稿したり、実態のない評価を意図的に作り上げたりすること」が「偽装行為」に当たるとされています。

また、一般社団法人日本インタラクティブ広告協会（JIAA）は、会員企業向けのガイドラインとして、2015年３月に「ネイティブ広告に関する推奨規定[34]」を定めています。同規定は、ネイティブ広告を「デザイン、内容、フォーマットが、媒体社が編集する記事・コンテンツの形式や提供するサービスの機能と同様でそれらと一体化しており、ユーザーの情報利用体験を妨

33　WOMマーケティング協議会「WOMJガイドライン」（平成29年12月4日）（https://www.womj.jp/download?file_id=136573）

34　JIAAネイティブアド研究会「ネイティブ広告に関する推奨規定」（平成27年3月18日）（http://www.jiaa.org/download/JIAA_nativead_rule.pdf）

げない広告[35]」と定義した上で、このような広告を掲載する場合は、違法性のあるステマとみなされないように、広告であることがわかる表記を行うこと、広告主体者を明示すること、ならびに広告審査を行うことを会員企業に対し推奨しています。

このような自主規制の流れを受けて、ネット系媒体社では、媒体を通した正規ルートの広告に「公認」「【PR】」等のマークをつけて広告であることを表示するようになっています。しかし、中には、媒体社の事前審査を受けずにステマを行う非正規ルートの広告も多数存在している実態があるといわれています[36]。

4　アフィリエイト広告に関する規制および留意点

アフィリエイト広告については、一般的に広告主ではないアフィリエイターが表示物を作成・掲載するため、広告主による表示物の管理が行き届きにくいという特性や、アフィリエイターが成果報酬を求めて虚偽誇大広告を行うインセンティブが働きやすいという特性があるとされており、また、消費者にとっては、アフィリエイト広告であるか否かが外見上判別できない場合もあるため、不当な表示が行われるおそれがあるといわれています[37]。

しかし、アフィリエイト広告であっても、広告主の商品やサービスのための広告であることに変わりないことから、一般消費者の誤認を生じさせる広告が行われないようにする必要があります。この点、広告主が自らまたは他の者と共同して積極的に表示の内容を決定した場合だけでなく、他の事業者にその決定を委ねた場合等においても、表示内容の決定に関与しているとして、不当表示をしたと評価される点に注意が必要です[38]。実際に、育毛剤に関するアフィリエイト広告について、優良誤認表示に該当することを理由に、広告主に対する措置命令が行われた事例があります[39]。

35　JIAA ネイティブアド研究会「ネイティブ広告の定義と用語解説」（平成27年3月18日）（http://www.jiaa.org/download/150318_nativead_words.pdf）

36　公益社団法人日本広告審査機構著、宣伝会議編『広告法務Q&A』（宣伝会議、2014）24頁

37　消費者庁「アフィリエイト広告等に関する検討会報告書」（令和4年2月15日）1頁（https://www.caa.go.jp/policies/policy/representation/meeting_materials/review_meeting_003/assets/representation_cms216_220215_01.pdf）

38　西川・前注21・54頁～55頁

39　消費者庁「株式会社T.Sコーポレーションに対する景品表示法に基づく措置命令について」（令和3年3月3日）（https://www.caa.go.jp/notice/assets/representation_210303_1.pdf）

2022年6月、消費者庁はアフィリエイト広告に関して、広告主が行うべき措置を定めた指針を改定しました[40]。改定により、アフィリエイト広告を行う広告主の義務として、アフィリエイターが不当表示等を行わないように表示内容を事前に確認することや、アフィリエイト広告であることを明示すること等が定められたため、これらの義務を遵守するよう留意する必要があります。

5　行動ターゲティング広告に関する規制および留意点

(1)　個人情報保護法による規制

行動ターゲティング広告については、その広告のために収集される情報をアカウント情報と紐付ける等した結果、特定の個人を識別できる情報と紐付いた場合には、その情報の全部が個人情報保護法上の個人情報に該当し、同法上の規制を受けることとなります。何をどう紐付けるかによって個人情報該当性が左右されることになりますので、個別具体的な判断を要する点に留意が必要です（第4章Ⅲ1参照）。

(2)　電気通信事業法による規制

2022年6月、行動ターゲティング広告に関する規制等を盛り込んだ改正電気通信事業法が成立しました。同改正法には、一定の要件に該当するアプリ事業者が、利用者の閲覧履歴を外部の広告会社等に提供する場合に、あらかじめ利用者に「通知」したり、サイトやアプリ内で「公表」したりするよう義務付けること等が盛り込まれています（第4章Ⅲ2(2)参照）。

(3)　自主規制

日本インタラクティブ広告協会（JIAA）の「行動ターゲティング広告ガイドライン[41]」は、会員企業向けの自主規制として、取得する情報の項目や利用目的等を利用者の知り得る状態に置くこと（同ガイドライン4条）、利用者が事業者による情報収集やその利用の可否を選択できる手段を提供すること（同ガイドライン5条）、同協会の指定するアイコンの行動ターゲティング広告への設置（同ガイドライン6条）等を定めています（第4章Ⅱ3(3)参照）。

40　消費者庁「事業者が講ずべき景品類の提供及び表示の管理上の措置についての指針」（令和4年6月29日）（https://www.caa.go.jp/notice/assets/representation_cms216_220629_04.pdf）
41　https://www.jiaa.org/wp-content/uploads/2019/11/JIAA_BTAguideline.pdf

事項索引

【アルファベット】

【あ行】

【か行】

【さ行】

【た行】

【な行】

【は行】

【ま行】

【や行】

【ら行】

【わ行】

編著者紹介

増田　雅史（ますだ　まさふみ）

〔第１章、第４章（コラム）、第５章、第６章、第８章担当〕

森・濱田松本法律事務所パートナー弁護士。IT・デジタル分野を一貫して手掛け、特にブロックチェーン分野やゲーム・ウェブサービスへの豊富なアドバイス経験を有する。かつてはオンライン・スマホゲーム分野の自主規制ルールづくり、現在はNFTをはじめとするWeb３分野のルールメイキングに深く関与。

2004年東京大学工学部卒業、2007年中央大学ロースクール修了、2008年弁護士登録（第二東京弁護士会）。2016年スタンフォード大学ロースクール修了後、米国ニューヨーク州弁護士として登録し、シカゴとシンガポールに駐在。帰国後、金融庁に専門官として勤務し、ブロックチェーン関連改正法の立案を担当。現在は、筑波大学大学院非常勤講師（情報法）、虎ノ門ヒルズインキュベーションセンター「ARCH」メンター、PMI Legal Communityパートナー、一般社団法人ブロックチェーン推進協会（BCCC）アドバイザー、一般社団法人日本暗号資産ビジネス協会（JCBA）NFT部会法律顧問、経済産業省「電子商取引及び情報財取引等に関する準則の改訂等のための研究会」を含む中央省庁の各種委員会委員など、多くの対外的活動に従事。

近時の主な著書として、『NFTビジネス見るだけノート』（監修、2022年、宝島社）、『NFTの教科書』（共編著、2021年、朝日新聞出版）、『暗号資産の法律』（共著、2020年、中央経済社）、『インターネットビジネスの著作権とルール　第２版』（共著、2020年、CRIC）がある。

杉浦　健二（すぎうら　けんじ）

〔第２章（Ⅱ）、第３章、第４章（Ⅰ～Ⅳ、コラム１）担当〕

STORIA法律事務所パートナー弁護士。経済産業省設置デジタルプラットフォーム取引相談窓口（アプリストア利用事業者向け）法律顧問。アプリやウェブサービスを中心としたオンラインビジネスをめぐる法的問題、個人情報保護法制を踏まえた個人データの利活用を主に取り扱う。

2000年関西大学社会学部マス・コミュニケーション学専攻を卒業後、一般企業にて広告業務等に従事。2006年関西学院大学大学院司法研究科を卒業後、2007年弁護士登録（兵庫県弁護士会）。2015年STORIA法律事務所を共同設立、2017年STORIA法律事務所東京オフィス設立、第一東京弁護士会登録。

本書に関連する近時の論考として「『外国における個人情報の保護に関する制度等の調

査』をふまえた企業対応」（ビジネス法務2022年6月号)、「改正個人情報保護法（2022年4月1日施行）のポイントと実務対応リスト―プラポリの改訂、外的環境の把握、仮名加工情報」（2022年・BUSINESS LAWYERS)、「ツイッターのシステム上生じるトリミングによる氏名表示権の侵害を認めた事例―リツイート最高裁判決―」（2021年・知財管理71巻7号974頁）等。

橋詰　卓司（はしづめ　たくじ）
〔第2章（Ⅰ)、第7章担当〕

弁護士ドットコム株式会社クラウドサイン事業本部リーガルデザインチーム所属。同社でリーガルテックサービスのマーケティング、企画開発、営業支援、およびトラストサービス分野のルールメイキングに携わる傍ら、副業としてアプリサービス企業・業界団体等を支援。

1999年に明治大学法学部法律学科を卒業後、電気通信業・人材サービス業・ウェブサービス業・アプリサービス業でそれぞれ法務・知的財産を担当。本書の前身となる『アプリ法務ハンドブック』（LexisNexis、共著）の共著者でもある。

その他著書として『ライセンス契約のすべて　実務応用編』（第一法規、共著)、『【改訂新版】良いウェブサービスを支える「利用規約」の作り方』（技術評論社、共著)、『会社議事録・契約書・登記添付書面のデジタル作成実務Q&A　電子署名・クラウドサインの活用法』（日本加除出版、共著）等がある。

著者紹介

上田　雅大（うえだ　まさひろ）
〔第1章（Ⅱ)、第8章担当〕

森・濱田松本法律事務所カウンセル弁護士。2009年神戸大学法学部卒業、2010年弁護士登録（第二東京弁護士会)。2020年ニューヨーク州弁護士登録。2019年コーネル大学ロースクール修了後、McDermott Will & Emery 法律事務所（Washington D.C.）にて執務。IT・知的財産法、消費者法に精通するほか、労働基準局への出向経験も有し幅広い業務を取り扱う。関連分野の著書として、『The Technology Disputes Law Review - Japan Capter』（共著、2021年、The Technology Disputes Law Review 1st Edition)、『企業訴訟実務問題シリーズ　インターネット訴訟』（共著、2017年、中央経済社)、『インターネット消費者相談Q&A（第4版)』（共著、2014年、民事法研究会）がある。

白井　俊太郎（しらい　しゅんたろう）

〔第８章（Ⅰ・Ⅲ）担当〕

森・濱田松本法律事務所シニア・アソシエイト弁護士。2011年慶應義塾大学法学部卒業、2013年慶應義塾大学法科大学院修了、2014年弁護士登録（第二東京弁護士会）。2021年ニューヨーク州・2022年カリフォルニア州弁護士登録。2020年シカゴ大学ロースクール修了後、Hengeler Mueller法律事務所（ドイツ連邦共和国デュッセルドルフ市）にて執務。ベンチャー投資、国内外のM&A業務を主要取扱業務として、企業法務に関連する案件に幅広く従事。

末長　祐（すえなが　たすく）

〔第４章（コラム２）、第８章（Ⅱ）担当〕

森・濱田松本法律事務所（名古屋オフィス）シニア・アソシエイト弁護士。2010年早稲田大学法学部卒業、2012年東京大学法科大学院修了、2015年弁護士登録（愛知県弁護士会）、2018年～2021年東京大学法科大学院未修者指導講師。主な業務分野は、M&A、コーポレート・ガバナンス、エンターテイメントなど。

門田　航希（かどた　こうき）

〔第１章（コラム）、第５章担当〕

森・濱田松本法律事務所アソシエイト弁護士。2018年慶應義塾大学法学部法律学科卒業、2019年弁護士登録（第二東京弁護士会）。主な取扱業務として、独占禁止法・下請法・景品表示法のほか、危機管理を中心とした業務を行っている。

中村　太智（なかむら　たいち）

〔第１章（Ⅱ）担当〕

森・濱田松本法律事務所アソシエイト弁護士。2018年慶應義塾大学法学部法律学科卒業、2020年弁護士登録（第二東京弁護士会）。2020年まで東京大学法科大学院未修者指導講師。M&A、コーポレート・ガバナンスを中心に税務・ウェルスマネジメント関連業務にも従事。近時の主な著作として、『雇用調整の基本』（共著、2021年、労務行政）等。

古橋　悠（ふるはし　ゆう）

〔第６章担当〕

森・濱田松本法律事務所アソシエイト弁護士。2018年東京大学法学部卒業、2020年弁護士登録（第二東京弁護士会）。M&A、コーポレート・ガバナンスを中心としつつ、自動運転や資金決済法等の規制業務にも従事。

新アプリ法務ハンドブック

2022年11月30日　初版発行
2024年１月24日　初版第２刷発行

編著者　増田雅史　杉浦健二　橋詰卓司
発行者　和田　裕

発行所　日本加除出版株式会社
本　社　〒171－8516
東京都豊島区南長崎３丁目16番６号

組版　㈱亨有堂印刷所　　印刷・製本（POD）　京葉流通倉庫㈱

定価はカバー等に表示してあります。
落丁本・乱丁本は当社にてお取替えいたします。
お問合せの他、ご意見・感想等がございましたら、下記までお知らせください。

〒171-8516
東京都豊島区南長崎３丁目16番６号
日本加除出版株式会社　営業企画課
電話　03-3953-5642
FAX　03-3953-2061
e-mail　toiawase@kajo.co.jp
URL　www.kajo.co.jp

ISBN978-4-8178-4853-6